Ulrich Bien
Einfach. Alles. Merken.

Ulrich Bien

Einfach. Alles. Merken.

Das perfekte Gedächtnistraining

Geniale Merktechniken

Plus DVD: Der Kompakt-Kurs zum Anschauen

2., aktualisierte Auflage

Bibliografische Information der Deutschen Nationalbibliothek

Die Deutsche Nationalbibliothek verzeichnet diese Publikation in der Deutschen National-bibliografie; detaillierte bibliografische Daten sind im Internet über http://dnb.ddb.de abrufbar.

ISBN 978-3-86910-482-9

Der Autor: Ulrich Bien ist Gedächtnistrainer und Experte für effektives Lernen und Arbeiten. Außerdem ist er Lehrbeauftragter an der Universität Eichstätt mit den Schwerpunkten Erwachse-nenbildung und Pädagogik.

2., aktualisierte Auflage

© 2011 humboldt
Eine Marke der Schlüterschen Verlagsgesellschaft mbH & Co. KG,
Hans-Böckler-Allee 7, 30173 Hannover
www.schluetersche.de
www.humboldt.de

Covergestaltung: DSP Zeitgeist GmbH, Ettlingen
Innengestaltung: akuSatz Andrea Kunkel, Stuttgart
Titelfoto: Getty Images / Matthias Clamer
Illustrationen
im Innenteil: Michael Fröhlich, Hannover
Satz: PER Medien+Marketing GmbH, Braunschweig
Druck: Grafisches Centrum Cuno GmbH & Co. KG, Calbe

Hergestellt in Deutschland.
Gedruckt auf Papier aus nachhaltiger Forstwirtschaft.

Inhalt

Vorwort:
Das geht? Das geht!

„Man kann einen Menschen nichts lehren, man kann ihm nur helfen, es in sich selbst zu entdecken." (Galileo Galilei)

Nein, ich lerne keine Telefonbücher auswendig! Meine Merkleistungen genügen meinen Ansprüchen – die sind natürlich gigantisch astronomisch – und trotzdem erlebe ich immer wieder, wie mich Teilnehmer in den Seminaren nach ein paar Stunden Training bei Übungen mühelos überflügeln. Das freut mich! Denn ich habe mich darauf spezialisiert zu lehren, wie Sie sich einfach alles merken können!

Die Teilnehmer meiner Gedächtnistrainings sind anspruchsvoll: nach einem Tag anders denken, mühelos lernen, alles merken, mehr wissen. Firmenchefs, Unternehmensberater, Wissenschaftler und Ärzte glauben nicht an esoterisches Vokabeltanzen und hypnotische Hirnvermehrung. Sie wollen Schritt halten in einer rasenden Welt, in der Wissen wächst wie Unkraut. Beruflicher Erfolg und persönlicher Fortschritt hängen von der persönlichen Leistungsfähigkeit ab.

Wer vorne fahren will, muss immer mehr Informationen da haben, wo sie hingehören: im Kopf! Auch, wenn die Werbung etwas anderes verkündet: Überholspur-Internet überall, Google auf dem iPhone und die hyperschnelle Terabyte-Festplatte nützen gar nichts bei Bewerbungstests, Besprechungen, Abschlussprüfungen und im Operationssaal. Stellen Sie sich einen Chirurgen vor, der bei Wikipedia nachschlägt, wie ein Blinddarm entfernt wird! Niemand macht Karriere mit dem Laptop. Eine Schnittstelle in den Schädel hat die Computerindustrie nicht im Angebot. Das menschliche Gehirn hatte keine Zeit, sich auf das Medien- und Informationszeitalter vorzubereiten. Wir tragen zwar kein Fell mehr, aber das Hirn hat sich seit der Urzeit kaum verändert. Die Informationsangriffe, die unsere Köpfe in Schule und Beruf jeden Tag zum Glühen bringen, sind nicht für unsere Hirne gemacht. Informationsüberlastung ist zum Reizwort für Arbeits- und Lernexperten geworden.

Die Masse geschmackloser, hirnunfreundlicher Fakten, Fakten, Fakten nimmt weiter zu. Zahllose Studien über gehirngerechtes Lernen und Arbeiten verstauben in den Archiven. Ein paar Laborschulen tanzen vor und keiner schaut hin. Die Kreidetafel hängt immer noch im Klassenraum. Frontalunterricht vorprogrammiert! Pauken ist das einzige Instrument, das jeder Schüler spielt. Auswendiglernen ist tragischer Leistungssport der Medizin- und Jurastudierenden. In vielen Unternehmen ist ein Informationsdschungel aus Datenmüll gewachsen, aus dem kein Mitarbeiter mehr herausfindet.

Keiner quält sich gerne. Aber von Lernenden wird das immer noch verlangt – kein Schweiß, kein Porsche. Bunte Flucht vor diesem Frust: Fernsehen bedudelt jeden Kopf statistisch-durchschnittlich über drei Stunden am Tag. Das muss einen guten Grund haben, schließlich wird niemand gezwungen, sich vor die Glotze zu hängen. Das Programm führt uns vor, wie Wissen zu Geld gemacht wird – oder auch nicht: Bei Jauch & Co. fliegen Kandidaten reihenweise aus dem Millionensitz. Welcher Schokoriegel ist nach einem Kriegsgott benannt? Snickers! Und die Schweizer Flagge: rotes Kreuz auf weißem Grund!

Werden wir immer dümmer? Oder schlauer? Als Antwort wird Kontrastprogramm serviert: Kinder schuften in der Schule wie die Großen. Der PISA-Daumen deutet direkt hinunter in die Bildungshölle. Eine Bildungslücke trennt die hartvergoldete Wissenselite von der dumpf-dummen Schuftermasse, die schon lange keine Klasse mehr ist. „Was Hänschen nicht lernt, schlägt Hans bei Wikipedia nach", schreiben Anne Weiss und Stefan Bonner in ihrer Deutschlandschau *Generation Doof*. Sind es wirklich nur noch wenige, die wissen, während der massige Rest mit TV-Programm Lebenszeit verheizt?

Es geht einfach anders! Kaum zu glauben, aber die Entwickler von Merktechniken sind der Generation Google voraus – auch, wenn sie auf hoch entwickelte Supercomputer verzichten und sich mit steinzeitalter Gehirnmasse beschäftigen. Das Ergebnis funktioniert außerordentlich gut! Es lässt sich allerdings nicht vorzeigen wie iPhone, Blackberry und Playstation.

Merktechniken sind eine kleine, kräftige Änderung im Kopf, die sich ohne Operation einbauen lässt. Sie verändern den Umgang mit Informationen. Dem Gehirn schmeckt es besser, es merkt sich etwas mühelos und lernt leichter. Das Ergebnis: mehr Wissen. Technik kann Intelligenz nicht ersetzen und sie lässt sich auch nicht als Pille schlucken. Durch Merktechniken werden Lernen, Merken und damit Wissen in kürzester Zeit merklich verbessert. Nebeneffekt: Lust auf Wissen statt Frust beim Lernen!

Bereits nach wenigen Minuten nutzen meine Seminarteilnehmer diese Methoden, mit denen Informationen schnell, zuverlässig und lange im Kopf abgespeichert werden. Machen Sie das Experiment im ersten Kapitel und probieren Sie es selbst aus!

Die meisten sind überrascht, was der Kopf alles kann. Manchmal berichten Teilnehmer, dass das Erlernen von Merktechniken ihr Leben verändert hat. Sie haben nach dem Gedächtnistraining Dinge getan, die sie vorher nicht für möglich gehalten hätten: vom Erlernen eines Instruments oder dem Beginn eines Studiums im hohen Alter bis hin zum Flugschein und dem Prüfungsabschluss mit Bestnote. Mit Merktechniken geht es bis zum Mond – und noch ein gutes Stück weiter!

In den letzten Jahren habe ich viele Merktechniken, die teilweise bereits in der Antike benutzt wurden, so weiterentwickelt, dass sie vor allem schnell und leicht erlernt und angewandt werden können. Nichts von alledem ist Raketenwissenschaft. Es sind praktische Denk-Instrumente, die einfach funktionieren! Aus den besten Techniken ist mein Gedächtnistraining entstanden: ein handlicher, gut ausgestatteter Werkzeugkasten, mit dem die Fähigkeiten des Gehirns voll genutzt

werden können und den jeder nach eigenen Wünschen und Bedürf-
nissen anpassen und ausbauen kann. Das Spannende an Merktechniken ist, dass jeder seinen eigenen, optimalen Lernweg geht. Wissen ist
ein Rätsel, das mit Merktechniken mühelos gelöst werden kann.
Merktechniken sollen nicht nur bei Vokabeln, Namen und Gesichtern
helfen. Der Grundsatz, nach dem alle Denktechnik gemacht ist: Das
einfache Werkzeug erfüllt die größtmögliche Anzahl von Zwecken.
Dieses Buch richtet sich an Anfänger, die in die wunderbare Welt der
Merktechniken einsteigen wollen, und es richtet sich an Fortgeschrit-
tene, die Merktechniken kennen und auf der Suche sind nach Ideen,
um ihre Fähigkeiten zu verbessern und neue Anwendungsgebiete zu
erobern.
Dieses Buch ist anders als meine Seminare. Es ist ein wenig mehr und
ein wenig weniger. Das Gedächtnistraining ist Vollkontakt mit den
einzelnen Teilnehmern. Das Buch ist eine ausführliche, weite Schau
tief in die Merktechniken hinein. Es biegt hier und da mal ab, um in
Nischen zu blicken, für die im Training keine Zeit ist. Der tägliche
Umgang mit Merktechniken ist so inspirierend, dass sich viele Ideen
und Praxisbeispiele angesammelt haben, die in ein Buch gehören,
weil sie in einem eintägigen Kurs keinen Platz haben. Und es wäre
schade, sie nicht mit Ihnen und anderen zu teilen.
In diesem Buch möchte ich Ihnen zeigen, wie Sie Merktechniken
erlernen, anwenden und sich einfach alles merken – und vielleicht
neue Wege in Ihrem Leben beschreiten.

Ulrich Bien

Einleitung:
Einfach. Alles. Merken.

Diese erste Übung ist ein komplettes Mini-Training. Sie werden auf den nächsten Seiten bereits effektive Merktechniken kennen lernen und eine schwierige Merkaufgabe meistern. Auch, wenn das Vorgehen auf den ersten Blick ungewöhnlich erscheint: Es lohnt sich, denn Ihr Gehirn wird danach anders denken als vorher!

Aller Anfang ist ... schwer!

Theorie ist grau, deswegen beginnt dieses Buch mit einer Übung, die auf den ersten Blick ein wenig verrückt erscheint: Wozu sollen Sie sich eine Reihenfolge von 20 Symbolen merken? Eine Menge abstrakte (lateinisch „getrennt", „entfernt") Information, die ohne Bezug einfach so dasteht. Solche Fakten merkt sich das Gehirn nur ungern, denn wir können nicht besonders viel damit anfangen! Genau das macht diese Übung reizvoll, denn Sie können beobachten, wie Sie lernen und wie gut Sie sich etwas merken können. Und wenn Sie sich Symbole einprägen, dann können Sie auch anderes, nützliches Wissen lernen.

Das Lernen mit Merktechniken im zweiten Teil dieses Kapitels wird anfangs noch verrückter aussehen als diese Aufgabe. Probieren Sie es aus, auch wenn Sie im ersten Moment „durchgedreht!" denken werden. Um die Reihenfolge der Symbole zu merken, werden Sie vier grundlegende Merktechniken anwenden lernen:

- Das **Verbildern** und **Übersetzen** von Informationen.
- Das **Verbinden** von Informationen.
- Die **Routentechnik:** Das schnelle Merken von vielen Informationen mithilfe der so genannten Zahlen-Symbol-Route.
- **Verdichten:** Die mehrfache, in diesem Fall die doppelte Belegung der Routenpunkte.

Die typischen Lern- und Merktests, wie Sie sie in anderen Büchern finden, fehlen an dieser Stelle, weil Ihnen am Ende dieses Buches keine Merkübung mehr Mühe machen wird. Der Vorher-nachher-Vergleich ist unnötig, denn Ihr Gehirn wird ganz anders und grundsätzlich besser funktionieren.

Merken im Selbstversuch

Schauen Sie sich die Reihenfolge der 20 Symbole in der Abbildung unten an. Nehmen Sie sich fünf Minuten Zeit und merken Sie sich die Reihenfolge von so vielen Symbolen wie möglich. Schätzen Sie bitte vorher, wie viele Symbole Sie sich in dieser Zeit fehlerfrei merken werden. Sollten fünf Minuten für Sie zu kurz sein, um sich überhaupt etwas von dieser Reihe merken zu können, verlängern Sie auf zehn oder fünfzehn Minuten Lernzeit.

Los gehts! Prägen Sie sich die Reihenfolge möglichst vieler Symbole in der vorgegebenen Zeit ein:

Was ist mit Ihrem Kopf passiert?

Wie wars? Bevor Sie zu einem Zettel greifen und die Reihenfolge notieren, denken Sie ein paar Minuten über folgende Fragen nach (natürlich auch, um Sie von der gerade gelernten Reihenfolge abzulenken):

- Hat Ihnen das Lernen Spaß gemacht (oder ganz im Gegenteil)? Welche Gefühle hatten Sie beim Lernen?
- Wie haben Sie versucht, sich die Reihenfolge der Symbole einzuprägen?
- Haben Sie mit einem System gelernt (unbewusst, oder weil Sie bereits Erfahrungen mit Merktechniken gemacht haben)? Wenn ja: Welche Methoden haben Sie angewandt?
- Wie haben Sie gelernt? Sind Sie mit dem Buch im Garten herumgelaufen oder haben Sie den Schreibtisch leer gefegt, das Buch darauf platziert, sich auf die Symbole konzentriert und für fünf Minuten nichts anderes mehr gesehen und gehört?
- Waren Sie entspannt oder angespannt beim Merken?
- Wie weit sind Sie gekommen? Wie viele Symbole haben Sie sich merken können? Haben Sie sich an Ihrem Ziel orientiert, bei der geplanten Anzahl einfach aufgehört oder munter weitergemacht?
- Überlegen Sie, wie viel von der Reihenfolge Sie nach einer Stunde, einem Tag, einer Woche noch wissen werden!
- Schätzen Sie: Wie viel Zeit würden Sie brauchen, um die ganze Reihenfolge zu lernen? Und was müssten Sie tun, um sich die Reihenfolge für immer zu merken? „Aufschreiben" gilt nicht als Antwort!
- Sind Sie zufrieden mit Ihrem Ergebnis?

Bei vielen Menschen wird während dieser fünf Minuten das Lernen sichtbar: Ihr Gefühlszustand ändert sich drastisch, das Selbstwertgefühl bricht zusammen, Verzweiflung breitet sich aus; währenddessen murmeln viele „kann ich nicht" oder „nichts für mich", dazu Kopfschütteln oder die vollständige Weigerung, das Können des Gehirns auf diese Probe zu stellen.

Überprüfen Sie nun, wie viele Symbole Sie ohne Fehler im Kopf behalten haben. Seien Sie nicht enttäuscht, wenn es weniger waren, als Sie erwartet haben. Wenn Sie fünf Symbole in Reihe ohne Fehler geschafft haben, liegen Sie im wissenschaftlich ermittelten Durchschnitt nämlich zwischen fünf und neun Informationseinheiten, die sich das Gedächtnis für wenige Minuten merken kann. Das gilt als menschlich normale Merkleistung.

Sie werden diese Werte in wenigen Minuten bei Weitem übertreffen. Versprochen!

Aller Anfang ist ... leicht!

Nun werden Sie Merktechniken benutzen, um die Symbole auf eine ganz andere Art zu lernen. Sie werden sich die Reihenfolge komplett merken und sich an alle 20 Symbole ohne Fehler erinnern können.

Aber das Lernergebnis mit Merktechniken ist noch ein ganz anderes: Sie werden sich die Reihenfolge mühelos einprägen und lange merken können. Und Sie werden die Symbole problemlos rückwärts nennen können. Sie werden sogar in der Lage sein, jedes Symbol innerhalb seiner Reihe zu nennen, ohne abzählen zu müssen.

Vielleicht werden Sie sich zunächst wundern, dass die Lösung mit Merktechniken viel aufwändiger und komplizierter aussieht, als die Symbole – wie immer – einfach irgendwie auswendig zu lernen. Und sollte Ihnen das auf den folgenden Seiten zu schnell gehen: Die gezeigten Merktechniken werden im weiteren Verlauf des Buchs alle noch einmal ausführlich erklärt und trainiert.

Los gehts! Um sich viele Informationen in Reihenfolge zu merken, werden so genannte Routen eingesetzt (Reihen von Merkpunkten). Solche Routen haben alle Menschen im Kopf – auch Sie! Die Zahlen von eins bis zehn sind so eine Reihe, die aber nicht sofort als Route benutzt werden kann. Die Routenpunkte dienen als Regal für die zu merkenden Informationen (in diesem Fall die Symbole). Später verbinden Sie jede Zahl mit zwei Symbolen, um die Fächer des Regals optimal zu belegen (Verdichten von Informationen).

In der Tabelle sehen Sie die Verteilung der Symbole auf die Zahlen von eins bis zehn. Das ist der Plan für das Regal, das wir in Ihrem Kopf bauen (konstruieren) werden:

Reihenfolge der 20 Symbole, auf 10 Zahlen verteilt

Zahl	Symbole
1	Dreieck, Kreuz
2	Kreis, Kreis
3	Kreuz, Kreuz
4	Sechseck, Dreieck
5	Kreis, Sechseck
6	Kreis, Kreuz
7	Sechseck, Sechseck
8	Kreis, Dreieck
9	Kreuz, Dreieck
10	Sechseck, Dreieck

Zahlen sind für den Kopf genauso abstrakte Informationen wie Dreieck, Kreuz, Kreis und Sechseck – das Merken sieht damit doppelt schwierig aus: Die 1 mit Dreieck und Kreuz zu verbinden, ist offensichtlich keine Sache für den Kopf. Deswegen wird alles in gehirnfreundliche Bilder übersetzt.

Denken Sie sich zuerst für jede Zahl einen Gegenstand aus, der Ähnlichkeit mit der Zahl hat. Die 1 kann in Ihrer Vorstellung durch einen Pfeil oder eine Rakete ersetzt werden, auch durch einen Mann oder eine Fahne. Suchen Sie das Bild, dass Sie am besten mit der Ziffer verbinden (assoziieren) können. Die 2 ähnelt einem Schwan, einem Abschleppwagen oder einem Seiltänzer. Die 3 kann eine Kneifzange sein, eine Gabel, ein Schnurrbart oder ein auf die Seite gelegter Vogel, der auf Sie zufliegt (ein typisches Symbol in Zeichnungen von Kindern).

Sollte Ihnen das Ausdenken von Bildern schwerfallen: Keine Sorge, das ist anfangs ganz normal. Das Gehirn gewöhnt sich schneller daran, als Sie denken! Übersetzen Sie die Symbole einfach in die Bilder, die Ihnen spontan einfallen. Und wenn nichts geht: Lassen Sie sich Zeit und stellen Sie sich die Zahl als eine gemalte Linie vor. Vergleichen Sie die Zahl mit allen möglichen Gegenständen, die sich zur Deckung bringen lassen. Oder wühlen Sie sich durch Küche, Bastelkiste und Abstellkammer.

Denken Sie alle zehn Zahlen durch und suchen Sie für jede ein Bild, in dem Sie die jeweilige Zahl sicher wiedererkennen. Beide Denkrichtungen sollten in Ihrem Kopf gut funktionieren: Dabei ist es schwerer, von der Zahl an einen Gegenstand zu denken als umgekehrt. Wenn Sie sich etwas merken, brauchen Sie den Hinweg (Zahl → Gegenstand), zum Erinnern den leichteren Weg zurück (Gegenstand → Zahl).

Einen Vorschlag für die Übersetzung aller Zahlen in Bilder sehen Sie rechts. Dabei ist nicht jede Zahl durchgehend in einen ähnlich aussehenden Gegenstand übersetzt worden: Die zehn steht für die Anzahl der Finger an den Händen – das Bild trägt bei dieser Art der Übersetzung die Zahl in sich. Auch ähnlich klingende Begriffe können als Platzhalter für eine Zahl benutzt werden,

zum Beispiel bei der 6, ohne an dieser Stelle das ähnlich klingende Bild beim Namen zu nennen. Das sind zwei weitere Möglichkeiten, abstrakte Zahlen in vorstellbare Bilder zu verwandeln.

Haben Sie für jede Zahl ein gutes Bild gefunden? Wenn Ihrem Kopf die Vorschläge oben nicht gefallen, benutzen Sie unbedingt Ihre selbst ausgedachten Bilder, dann bleibt die Reihenfolge später besser im Gedächtnis „kleben".

Machen Sie eine Lesepause und denken Sie Zahlen und Bilder in Ruhe durch. Wenn jedes Bild der jeweiligen Zahl ähnlich genug sieht, dann sollten Sie – ohne lernen zu müssen – die Zahl-Bild-Kombinationen im Kopf haben. Wenn nicht, stellen Sie sich die Kombinationen, an die Sie sich nicht gut erinnern konnten, noch einmal vor. Wenn ein Bild gar nicht vor Ihrem inneren Auge auftaucht, tauschen Sie es gegen eine bessere Assoziation.

Die Symbole könnten Sie nun genauso in Bilder übersetzen: Das Dreieck sieht aus wie eine Tanne, der Kreis ähnelt einer Pizza, das Kreuz ist das Zeichen für einen Krankenwagen und das Sechseck hat die Form Ihres Wohnzimmertischs. Aber alle Symbole tauchen fünfmal in der Reihenfolge auf. Achtung: Fünfmal Pizza ist langweilig für das Gehirn! Und Langeweile sollten Sie unbedingt vermeiden. Deswegen wird bei Merktechniken für häufig wiederkehrende, gleiche oder ähnliche Informationen ein Übersetzungssystem benutzt, also für das Umwandeln der Symbole ein Thema gewählt. So können Sie sich jedes Symbol in der Reihenfolge als ein anderes Bild vorstellen, das dem Thema entspricht. Das Kreuz könnte zum Bespiel für das Thema „Mensch" stehen. Damit kann es einmal in ein Körperteil (Fuß, Auge, Kopf) und ein anderes Mal in eine Person „übersetzt" werden, zum Beispiel in Ihren Lieblingsschauspieler, den Partner oder den Chef.

In der Tabelle sehen Sie einen Vorschlag für vier Themen, denen die Symbole zugeordnet werden können:

Übersetzungssystem für die Symbole

Symbol	Thema
Kreuz	Mensch
Dreieck	Natur
Sechseck	Technik
Kreis	Essen

Damit es leichter ist, beim Erinnern zurück zum richtigen Symbol zu finden, denken Sie sich Merkhilfen für die Kombination von Symbol und Thema aus. Hier ein Lösungsvorschlag, beides fest im Kopf miteinander zu verbinden:

- **Kreuz = Mensch:** Das Kreuz als Symbol für einen Arzt oder ein Krankenhaus. Dort geht es ausschließlich um den Menschen (und alle seine Teile).
- **Dreieck = Natur:** Tannenwälder werden auf Landkarten als Dreieck dargestellt. (Denken Sie sich einen Strich darunter als Stamm.) Aber seien Sie vorsichtig, wenn Sie tief in die Kiste mit den Naturbildern greifen: Ein See wird häufig als Kreis zurückübersetzt, weil sich das Gehirn einen See gerne rund vorstellt.
- **Sechseck = Technik:** Schraubenmuttern haben einen sechseckigen Kopf.
- **Kreis = Essen:** Eine Pizza ist kreisrund, sofern der Teig von einem echten Italiener von Hand durch die Luft geschleudert wurde. Wieder aufpassen: Ein Stück Butter ist nicht unbedingt rund, steht aber auch für das Kreis-Symbol.

Nun können Sie es sich flexibel merken und den Kreis einmal mit Pizza übersetzen, ein anderes Mal mit Vollmilch oder Gummibärchen. Das Sechseck verwandelt sich in Bagger, Mixer oder in eine Raumstation (eine sechseckige Raumstation, dann hält sich das Bild besser am Gehirn fest). Das Dreieck wird zur Topfpflanze (eine ungewöhnliche Züchtung mit dreieckigen Blättern) und zu Regenwetter (mit dreieckigen Tropfen). Diese Bilder sind abwechslungsreich, und die unsinnigen Ergänzungen in den Klammern machen die Vorstellung amüsant – das Gehirn mag beides und merkt es sich besser als die abstrakte Information, die Sie am Anfang gelernt haben!

Übersetzen Sie nun alle Zahlen und Symbole aus dem Merk-Plan. Der widerspenstige Lernstoff sieht sofort ganz anders aus (siehe Tabelle unten). Sollten Ihnen die benutzten Begriffe nicht zusagen, dann ersetzen Sie diese durch Ihre eigenen Bilder. Denken Sie, was Ihrem Kopf gefällt – nichts anderes!

Zahlen und Symbole gehirngerecht übersetzt

Zahlen	Symbole
Pfeil	Wald + Filmstar
Schwan	Lutscher + Rotwein
Kneifzange	Braut + Chefkoch
Segelboot	Lichterkette + Zugspitze
Abschleppwagen	Schlagsahne + Roboter
Kirsche	Torte + Heinzelmännchen
Kran	UFO + Elektrozahnbürste
Kette	Pizza + Palme
Luftballon	Baby + Wüste
Hände	Motorboot + Blumenbeet

Beim Durchlesen der Begriffe haben Sie sicher an der einen und anderen Stelle geschmunzelt, oder? Lernen muss Spaß machen! Das ist der wichtigste Grundsatz. Und das Lernen der Reihenfolge besteht jetzt lediglich daraus, dass Sie jeweils drei Begriffe einmal in Ihrem Kopf zu einer lustigen Szene zusammensetzen. Das klingt vielleicht ungewöhnlich, aber Lernen durch Wiederholung ist so völlig unnötig.

Seien Sie hemmungslos kreativ! Spinnen ist erlaubt! Je lustiger und lebendiger die Szenen, desto besser bleiben sie im Hirn hängen. Und: Massives Übertreiben jenseits von Anstand und Vernunft malt die allerbesten Bilder. Keine Sorge, niemand kann Ihnen in den Kopf schauen, und Sie müssen auch niemandem erzählen, was Sie gerade denken.

Sie können das erste Bild (Pfeil + Wald + Filmstar) zum Beispiel so verbildern: Sie schießen den Pfeil in einen düsteren Wald. Dann bitten Sie Ihren weiblichen Lieblingsfilmstar (der zufällig neben Ihnen steht), ob sie den Pfeil nicht bitte zurückholen könnte. (Dabei wird sie sich Abendkleid und Frisur völlig ruinieren.) Können Sie sich diese kleine Szene vorstellen?

Achten Sie beim Konstruieren der Bilder auf die richtige Reihenfolge, damit Sie beim doppelten Belegen die Symbole nicht vertauschen. Im ersten Bild schießen Sie zuerst den Pfeil ab, erst danach können Sie die Schauspielerin darum bitten, ihn zurückzuholen. In diesem Bild kann die Reihenfolge der Symbole beim Erinnern nicht verwechselt werden.

Das zweite Bild könnte ein Schwan sein, der Lutscher und Rotwein verspeist. Aber bei dem Bild besteht wieder die Gefahr, die Reihenfolge der Symbole zu verwechseln (Auch, wenn es sich in diesem Fall zweimal um einen Kreis handelt: trotzdem üben!). Erst Wein, dann Lutscher? Oder doch umgekehrt? Bauen Sie das Bild so, dass Ihr Gehirn die Reihenfolge nicht durcheinanderbringt: Der Schwan schluckt den Lutscher, der in seinem Hals stecken bleibt. Der Schwan hustet und muss würgen. Um den Lutscher in den Magen rutschen zu lassen, schüttet er sich dann eine Flasche Rotwein in den Hals.

Lernen, ohne zu lernen

Gehen Sie jede Zeile der Tabelle durch und konstruieren Sie Ihre eigenen Szenen zu jedem Dreierpack (Zahl plus zwei Symbole). Stellen Sie sich jedes erdachte Bild nur einmal und so lustig wie möglich vor. Wenn Sie experimentierfreudig sind, gehen Sie die Liste von hinten nach vorne durch oder durcheinander – Sie werden sehen, dass Sie sich die Symbole trotzdem in der richtigen Reihenfolge merken.

Entdecken Sie den Spaß am Fantasieren! Damit geht alles besser in den Kopf, auch wenn verrückte Bilder von Filmstars und Schwänen nicht mehr viel mit der ursprünglichen Symbolreihenfolge zu tun haben.

Haben Sie sich alles vorstellen können? Herzlichen Glückwunsch, denn Sie haben die Sprache gewechselt: So muss man sich abstrakte Informationen merken, damit sie im Kopf bleiben! Alles, was Sie sich ausgedacht haben, ist kopfverträglich und gehirnfreundlich.

Tipp: Aufschreiben erlaubt!
Merktechniken sind keine reine Kopfakrobatik. Ziel ist es, **nach** dem Lernen auf Hilfsmittel zu verzichten (Notizen, Lernkarten, Spickzettel). Das Experimentieren mit Lernstoff ist ein wichtiger Teil des Merkens. Das geht nicht immer freihändig und ausschließlich im Kopf. Aber: Schreiben und skizzieren Sie nur, um die Informationen in eine gehirngerechte Form zu bringen, und nicht, um Zettel voller Schönschrift ungelernt in einem Aktenordner verstauben zu lassen. Sie haben Ihren Kopf zwischen den Ohren! Er steckt nicht irgendwo im Regal.

Jetzt wieder raus damit! Überprüfen Sie, ob Sie sich an die ganze Reihenfolge erinnern. Gehen Sie die Zahlen von eins bis zehn im Kopf durch, verwandeln Sie jede Zahl in das entsprechende Bild und holen Sie aus den Szenen die Symbole heraus. Wenn Sie sich erfolgreich und vollständig erinnert haben, probieren Sie es auch von hinten nach vorne.

Sollte Ihnen ein Bild nicht mehr (vollständig) einfallen, dann ärgern Sie sich nicht, dass Sie etwas vergessen haben. Freuen Sie sich über das, was hängen geblieben ist! Aber fragen Sie sich, warum das Bild nicht wieder vor Ihrem inneren Auge auftaucht: Denken Sie sich das Bild verrückter als vorher, bis es so bunt ist, dass Ihr Kopf sich daran sicher erinnern kann.

Und es geht noch mehr: Was war das zehnte Symbol in der Reihe? Um das herauszufinden, müssen Sie auf dem fünften Merkpunkt (5 = Abschleppwagen) an das zweite Bild denken. Wenn Ihnen ein Roboter einfällt und Sie den in ein Sechseck übersetzen, dann sind Sie auf dem Weg der Merktechniken schon sehr weit vorangekommen. Versuchen Sie, weitere Positionen in der Reihenfolge auf diese Weise zu erinnern. Was war das 15. Symbol? Kleine Hilfe: Das erste Bild auf dem achten Merkpunkt!

Hat Ihnen diese Art zu lernen Spaß gemacht? Wie leicht ist das Merken und Erinnern der Bilder? Vergleichen Sie das mit Ihrem ersten Versuch ohne Merktechniken. Und an wie viele Symbole können Sie sich nach ein paar Stunden, nach Tagen und Wochen erinnern? Probieren Sie es aus! Mit richtig starken Bildern werden Sie die Reihenfolge sehr lange im Kopf behalten.

Was mit abstrakten Symbolen geht, das funktioniert auch mit richtigem Wissen – zum Beispiel mit Erdkunde. Versuchen Sie, sich mit der Zahlen-Symbol-Route die zwanzig Regionen von Italien zu merken. Gehen Sie genauso vor wie vorher, nur müssen Sie die Namen der Regionen in Bilder verwandeln.

Die zwanzig Regionen Italiens

Sizilien	Abruzzen	Piemont
Sardinien	Latium	Aostatal
Kalabrien	Umbrien	Lombardei
Basilikata	Marken	Trentino-Südtirol
Apulien	Toskana	Friaul-Julisch Venetien
Kampanien	Emilia-Romagna	Venetien
Molise	Ligurien	

Stellen Sie sich für den ersten Merkpunkt zum Beispiel folgendes Bild vor: Eine Sardine (Sardinien) zielt mit einen Pfeil (die Eins) auf eine Basilika, auf der ein Kater sitzt (Basilikata). Der Schwan (die Zwei) sitzt auf Lilien (Sizilien) und kolibriert (macht Geräusche wie ein

Kolibri – das Wort ist frei erfunden, erinnert aber an Kalabrien). Und jetzt sind Sie dran!

Wie gehts weiter? Ausbau und Erweiterung ...

Sie haben in diesem Kapitel bereits viel über Merktechniken gelernt. Nutzen Sie dieses Wissen und bauen Sie die Techniken weiter aus, damit Sie sich mehr merken können:

- Speichern Sie andere Dinge auf der Zahlen-Symbol-Route, zum Beispiel den Einkaufszettel oder eine Aufgabenliste.
- Erweitern Sie die Zahlen-Symbol-Route bis 20 oder darüber hinaus, um sich mehr darauf merken zu können. Wenn Ihnen keine Bilder für zweistellige Zahlen einfallen, dann können Sie sich für die Zahlen 1 bis 10 jeweils einen kleinen Gegenstand ausdenken und große Dinge für die Zahlen 11 bis 20. So könnte die 1 eine Kerze und die 11 ein Fernsehturm sein. Wenn Sie bis 30 weiterdenken wollen, dann sind die Zahlen von 1 bis 10 kleine Dinge (1 = Kerze und 3 = Gabel), 11 bis 20 Gegenstände mittlerer Größe (11 = Mann und 13 = zwei Bowlingkugeln) und 21 bis 30 richtig große Objekte (21 = Fernsehturm und 23 = Bogenbrücke).
- Spielen Sie „Ich packe meinen Koffer" – allein oder mit anderen. Packen Sie in Ihren Koffer eine Hose, dann eine Hose und ein Hemd, dann eine Hose, ein Hemd und einen Hut. Packen Sie noch einen beliebigen Gegenstand dazu und gehen Sie die Reihe wieder von vorne durch. Je voller Ihr Koffer wird, desto schwieriger wird es. Haben Sie sich an alle Dinge fehlerfrei erinnert, dann packen Sie noch etwas ein – so lange, bis ein Mitspieler einen Fehler macht. Um den Unterschied zu spüren, können Sie sich die Dinge zuerst ohne und dann mithilfe der Route merken.
- Üben Sie mit Spielkarten. (Merken Sie sich nur die Farben Kreuz, Pik, Karo und Herz oder schwieriger: Farbe und Wert.) Auch bunte Zettel, Spielsteine und Münzen sind zum Trainieren geeignet. (Den-

ken Sie daran, dass Sie sich bei Farben und Münzen ein Übersetzungssystem ausdenken.) Im Spielwarenhandel sind zahlreiche Merkspiele erhältlich, die ebenfalls mit diesen Merktechniken gespielt werden können: Zum Beispiel sind „Senso" und „Simon" beides elektronische Versionen von „Ich packe meinen Koffer" (mit Farben).

■ Probieren Sie, wie viele Dinge Sie maximal auf einen Merkpunkt legen können, ohne dass Sie durcheinander kommen. Vier Informationen pro Punkt sollten Sie schaffen. Zehn oder mehr sind Meisterklasse.

Eine ausführliche Version dieser Übung (mit Farben statt Symbolen) können Sie sich im Internet auf YouTube unter folgendem Link ansehen: http://www.youtube.com/user/denkreich.

Was ist drin? Der Werkzeugkasten

„Blick in dein Inneres! Da ist eine Quelle des Guten, die niemals aufhört zu sprudeln, wenn du nicht aufhörst nachzugraben." (Marc Aurel)

Am Anfang lernen Sie Ihr Gehirn besser kennen, denn Anders-Denken ist auch eine Frage der Einstellung. Im ersten Teil wird erklärt, wie der Kopf funktioniert, was drin ist und wie es dort hineinkommt. Die Leistung des Gehirns wird oft unterschätzt. Gleichzeitig können einige Eigenheiten des Kopfes genutzt werden, derer sich viele Menschen nicht bewusst sind, zum Beispiel die Fähigkeit, sich unendlich viele Bilder merken zu können, während bei Zahlen (oder Symbolen) durchschnittlich nach sieben Ziffern Schluss ist.
Die anschließend vorgestellten Merktechniken sind vergleichbar mit einem Werkzeugkasten für den Kopf. Jede Technik ist eng mit den anderen verknüpft. Wenn Sie ein Regal bauen, brauchen Sie dafür auch mehr als nur einen Hammer. Es ist das Zusammenspiel verschie-

dener Werkzeuge in den richtigen Händen (im Kopf). Dann funktionieren Merktechniken richtig gut.

Grundlage für erfolgreiches Lernen und Merken sind wache Sinne, der
richtige Umgang mit dem Lernstoff und eine positive Einstellung zum
Lernen: Aufmerksames Beobachten und sorgfältige Analyse der Informationen sind der Schlüssel zu mehr Wissen!

Im nächsten Teil lernen Sie das Verwandeln von abstrakten Fakten in
gehirngerechte Informationen. Damit können Sie sich dann schon fast
alles merken. Anschließend folgen gefragte Anwendungen: das Einprägen von Namen und Gesichtern, das Merken von vielen Zahlen
(Telefonnummern, Daten, Geheimnummern) und das Erlernen von
Fremdsprachen.

Zum schnellen Merken vieler Informationen in kurzer Zeit sind
besondere Techniken nötig: Bündel- und Routenmethoden werden
im nächsten Teil vorgestellt. Sie werden auch erfahren, wie Sie Massen
von Wissen als prächtigen Gedächtnispalast in Ihrem Kopf errichten.

Zum Schluss werden Sie lernen, wie Sie die Merktechniken ausbauen und trainieren können. Außerdem werden ein paar schwierige
(Merk-)Fälle vorgestellt, darunter das Einprägen von 52 Spielkarten,
das Abspeichern eines ewigen Kopf-Kalenders und ein Gedächtnis-
kunststück, mit dem Sie beeindrucken und andere für Merktechniken
begeistern können.

Alle Merktechniken sind so gemacht, dass Sie optimales Lernen, Merken und Wissen möglich machen. Sie erfüllen die folgenden Anforderungen:

- **Schnell** und **einfach:** Jede Merktechnik ist unkompliziert erlern-
  bar. Alle Kapitel enthalten Übungen, mit denen Sie sofort beginnen
  können, die jeweilige Technik zu nutzen.
- **Vielseitig:** Jede Merktechnik ist für ganz verschiedene Arten von
  Informationen geeignet. Für spezielle Fälle lassen sie sich mit wenig
  Aufwand anpassen.

- **Anpassbar:** Genauso kann jede Merktechnik für Ihren Kopf angepasst werden. Wenn Ihnen vorgeschlagene Lösungen nicht zusagen, entwickeln Sie Ihre eigene Version der Technik. Wie im ersten Beispiel: Wenn Sie bei einer Eins nicht an einen Pfeil denken, dann tauschen Sie das Bild gegen einen Turm aus. Die Technik funktioniert trotzdem!
- **Erweiterbar:** Jede Merktechnik kann weiterentwickelt werden, um damit mehr, einfacher und schneller zu lernen. Hinweise und Tipps dafür finden Sie am Ende jedes Kapitels im Abschnitt „Wie gehts weiter?"

Und nun steigen Sie ein in Ihren Kopf und riskieren Sie einen ganz anderen Blick auf das, was da drin passiert!

Einführung:
Warum die Birne brennt

Was wissen wir? Wie funktionieren Denken und Merken? Und vor allem: Was ist das, was da in unserem Kopf unsere Persönlichkeit und unsere Erinnerungen enthält? Jedes Gehirn ist perfekt – nur leider glauben wir das nicht! Wilhelm Busch hat es so gesagt, wie viele es denken: „Die Tätigkeit des blumenkohlähnlichen Gehirns pflegt man Geist zu nennen."

Zwischen den Ohren: So tickt der Kopf

„Gehirn: Ein Organ, mit dem wir denken, dass wir denken."
(Ambrose Bierce, amerikanischer Journalist und Schriftsteller)

Kopf-Kapazität

Nichts ist komplexer als das menschliche Gehirn. Ein Wunderwerk der Natur. Absolut perfekt und unvergleichlich. Und zwar jedes! Auch, wenn wir nicht immer das Gefühl haben, dass unser Kopf richtig tickt. Die Evolution hat uns ein Werkzeug in den Schädel gelegt, das eigentlich keine Schwächen hat.

Wer sein Hirn zum Kopieren in den Computerladen schicken wollte, müsste eine Menge Festplatten einpacken: Grob gerechnet, beträgt die Speicherkapazität des Gehirns etwa 100 Terabyte. Beim Vergleich mit Druckbuchstaben sind das eine ganze Menge Nullen: 100 000 000 000 000 Zeichen passen rein in den Kopf!

Verglichen mit dem Roman *20 000 Meilen unter dem Meer* von Jules Verne mit rund 386 000 Zeichen ergibt das die stolze Auflage von 260 Millionen Exemplaren, die aufeinandergestapelt einen 2 590 Kilometer hohen Buchturm bilden würden – umgelegt etwa 34-mal die Länge des Panama-Kanals. Allerdings muss betont werden, dass diese Berechnung nicht die tatsächliche Aufnahmefähigkeit des Gehirns darstellt. Die dürfte weit darüber liegen, weil Informationen nicht als getippter Text eingelagert sind, sondern in unterschiedlicher Form. Manche Wissenschaftler behaupten, dass ein Mensch sein gesamtes Leben vollständig im Hirn abspeichert, wir aber (leider) nicht bewusst darauf zugreifen können. Mit Hypnose wurde immer wieder gezeigt, dass sich Menschen an vergessene Ereignisse bis ins Detail erinnern. Leider ist Hypnose ungeeignet für Arbeit und Unterricht.

Zudem verhält sich der Kopf auch nicht wie ein Rechenprozessor oder wie eine Festplatte: Je mehr Informationen das Gehirn sich merkt, desto leichter fällt es, neue Fakten mit dem vorhandenen Wissen zu verknüpfen. Ein völlig trockener Küchenschwamm saugt auch keine Flüssigkeit auf. Erst, wenn er feucht ist, kann er Wasser am besten aufnehmen. Je mehr wir uns im Denken schonen, desto stärker rosten wir ein!

Auch, wenn die Menge der Gehirnzellen nicht grenzenlos ist, gibt es genügend Raum, das gesamte Leben – mit allem, was dazugehört – im Kopf unterzubringen. Selbst bei heftigem Informationskonsum werden Sie Ihren Kopf nicht an die Grenzen der Aufnahmefähigkeit bringen. Verbannen Sie die Computer-Vergleiche aus ihrem Kopf!

Dabei hält eine veraltete Vorstellung den Kopf in Schranken: Vor über einem halben Jahrhundert hat der amerikanische Psychologe George A. Miller Experimente durchgeführt, die sich in unser Gedächtnis so fest eingebrannt haben, dass sie das Lernen heute deutlich erschweren.

Miller fand heraus, dass das Kurzzeitgedächtnis eine Engstelle unseres Gehirns ist, in der nur wenige Informationen für kurze Zeit behalten werden können. Seine Ergebnisse veröffentlichte Miller 1956 in einem Aufsatz *Die magische Nummer sieben, plus/minus zwei* (übersetzt): Im Kurzzeitgedächtnis kann man sich etwa sieben (zwischen fünf und neun) Informationen für wenige Minuten merken. Mehr nicht!

Danach werden die Informationen entweder langfristig behalten oder wieder vergessen. Später wurde außerdem festgestellt, dass sich das Kurzzeitgedächtnis auch durch Training nicht mehr merken kann. Das Behalten von acht Informationseinheiten (englisch „chunks" = Informationseinheiten) wird bei Wikipedia als „weit überdurchschnittlich" bezeichnet. Und es geht weiter so: „Neun Chunks kommen außerordentlich selten vor und liegen eindeutig im Genie-Bereich bei einem IQ von über 150."

Probieren Sie es! Lesen Sie sich die Liste von Gegenständen unten langsam durch. Schließen Sie das Buch und prüfen Sie, wie viele Begriffe Sie sich merken konnten.

Prägen Sie sich diese Begriffe innerhalb einer halben Minute ein

Pferd	Strand	Kirche	Schlittschuh
Walzer	Hupe	Lagerfeuer	Schnittlauch
Kette	Keksdose	Münze	Geier
Rübe	Gardine	Tennisschläger	Lichterkette

Ihr Ergebnis dürfte – wie von Miller festgestellt – bei zwischen fünf und neun gemerkten Begriffen liegen. (Wenn Sie keine Merktechniken benutzt haben.) Die Experimente von Miller sind weiter verfeinert worden: Dabei wurde herausgefunden, dass die Dinge am Anfang und am Ende einer Liste am besten behalten werden, denn beim Start ist die Aufmerksamkeit am höchsten, und am Ende hallen die Begriffe in der Erinnerung am längsten nach.

Dass die Miller-Sieben nicht die Grenze der Merkfähigkeit ist, haben Sie bereits am eigenen Kopf erfahren: Erinnern Sie sich noch an alle 20 Symbole aus der ersten Übung? Versuchen Sie, sich die Begriffe oben mithilfe der Zahlen-Symbol-Route zu merken.

Das erste Bild könnte ein Schimmel sein (konkreter als der abstrakte Begriff „Pferd"), der schneller galoppieren kann, als ein Pfeil fliegt (Pfeil = Symbol für die eins auf der Zahlen-Symbol-Route). Wenn Sie

Platz sparend arbeiten wollen, packen Sie in die Szene weitere Dinge von der Liste: Der Schimmel galoppiert vor dem Pfeil im Walzertakt („An der schönen blauen Donau" von Johann Strauß Sohn), springt über eine rostige Eisenkette und knabbert nebenbei eine knackige Rübe, bis er am Strand (vom Ostseebad Binz) angekommen ist. Damit haben Sie fünf Begriffe auf einen Streich erledigt. Merken Sie sich nun alle Begriffe. Packen Sie entweder möglichst viele Dinge auf einem Merkpunkt zusammen (das geht schneller), oder lernen Sie in der korrekten Reihenfolge (das ist merk-sportlicher).

Was bei Millers Untersuchungen nicht berücksichtigt wurde, ist die Tatsache, dass Informationseinheiten („chunks") unterschiedlich groß sein können. Lesen Sie folgende Reihe von Wörtern:

> Uns die zum wird freut Arbeit die Vergnügen.

Hierbei handelt es sich um acht Einzelinformationen, die nach einmaligem, schnellem Lesen nicht lange im Kopf bleiben. Ganz anders reagiert der Kopf auf dieselben Wörter in etwas veränderter Reihenfolge. Das Zitat von William Shakespeare bleibt geordnet ohne Schwierigkeiten im Kopf hängen:

> Die Arbeit, die uns freut, wird zum Vergnügen.

Hier wird der Unterschied der Größe von Informationseinheiten deutlich: Eine Reihe von Wörtern besteht einmal aus acht Informationen, das andere Mal aus einer. Der Begriff „Pferd" ist eine Information, genau wie das Pferd, das vor einem Pfeil hergaloppiert und noch ein paar andere Dinge tut – auch nur ein Bild und damit eigentlich nur eine Informationseinheit. Wie Sie an diesen Beispielen sehen: Die kurzfristig speicherbare Menge ist vor allem abhängig von der Art der Information.

Rein und raus

Das Gehirn ist über fünf Sinne mit dem Außen verbunden. Sehen, Hören, Riechen, Schmecken und Tasten liefern ununterbrochen eine gigantische Menge von Daten im Kopf ab. Allein durch die Augen nimmt das Gehirn rund zehn Millionen Informationen pro Sekunde auf; und damit nicht genug: Es verarbeitet diese auch noch. Denn wir sehen keine bunte und sinnlose Tapete, sondern eine dreidimensionale Welt. Zu den gesehenen Informationen kommen eine Million Informationen zusätzlich über das Tasten, jeweils 100 000 Informationen über Hören und Riechen sowie 1 000 Eindrücke über das Schmecken. Jede Sekunde!

Erkennt das Gehirn im unendlichen Strom von Sinneseindrücken Muster und Regeln, dann fällt dem Kopf das Verstehen und Lernen leicht. Dazu gehört zum Beispiel auch die Erfahrung, dass Gegenstände nach unten fallen. Ein oder zwei solche Erfahrungen bilden Pfade in den Strukturen des Gehirns (ähnlich wie Trampelpfade im Wald). Der Kopf versucht, die gelernte Regel erneut zu entdecken und zu wiederholen (indem er Dinge zu Boden wirft und Fallobst aufmerksam studiert). So werden diese Wege immer weiter ausgetreten. Irgendwann ist aus dem Trampelpfad eine Autobahn geworden, die von unseren Vorstellungen nicht mehr verlassen wird. Der Kopf neigt dazu, sich auf bekannten Wegen festzufahren.

Zeichen für Zeichen zu entziffern, das lernen Kinder in den ersten Schuljahren. Das Gehirn gewöhnt sich an das Aussehen der Wörter und nimmt diese bald nicht mehr als eine Reihe von Zeichen wahr, sondern als Muster. Dabei erkennt der Kopf sogar Wörter, die falsch geschrieben sind. Lesen Sie den folgenden Satz – zügig und ohne lange zu überlegen, was Sie da eigentlich sehen:

> Das Gihren ist acuh dnan in der Lgae, Weötrr zu vretseehn, wnen nur der etsre und ltztee Bhuctsbae krokret snid, whräned alle adrenen Bhuctbasn beeliibg gimescht wreedn.

Dem Kopf genügt es, das die Wörter ungefähr so aussehen, wie sie eigentlich aussehen sollten (oben stehen jeweils nur erster und letzter Buchstabe der Wörter an der richtigen Stelle, während alle anderen Buchstaben vertauscht sind).

Das nächste Beispiel zeigt, dass andererseits schon eine leichte Veränderung einer gewohnten Regel für Verwirrung im Schädel sorgen kann. Schauen Sie sich folgende Wörter an:

GEN-   KERZ-   SCHEINH-
UG   ENG-   EILIG
             ERADE

Das Gehirn kann die Wörter nicht sofort richtig zusammensetzen, weil die Silben an der falschen Stelle getrennt sind. Genauso wird das Lesen von links nach rechts von westeuropäischen Gehirnen nahezu zwingend praktiziert. Schauen Sie sich folgendes Buchstabenquadrat an:

D B U
I R S
N D A

Werden gewohnte Regeln verletzt, dann bleibt das Hirn hängen – genau genommen der Teil des Kopfes, der für das Lesen zuständig ist. Positive Nebenwirkung: Andere Regionen des Gehirns werden aktiv, um beim Lösen der Aufgabe zu helfen. Spieltrieb und Neugier werden geweckt. So werden drei geläufige Abkürzungen zu einer interessanten Aufgabe für das Hirn, nur weil sie von oben nach unten statt von links nach rechts geschrieben stehen.

Tipp: Sorgen Sie für Unruhe

Stecken Sie Schlüsselbund, Geldbörse oder Mobiltelefon in die andere Hosentasche, fahren oder gehen Sie einen neuen Weg zur Arbeit und benutzen Sie die Computermaus mit der anderen Hand. Gewohnheiten zu durchbrechen aktiviert das Gehirn! Schon kleine Veränderungen, wie das Ändern der üblichen Ordnung in den Taschen, sorgen für Trubel im Kopf. Neue Wege erweitern die Vorstellung von Ihrer Umgebung und sind eine interessante Abwechslung. Die Mausbedienung mit der unüblichen Hand wird sich zuerst unangenehm anfühlen, aber der direkte Draht zwischen Kopf und Hand ist wissenschaftlich nachgewiesen: Sekretärinnen, die viel tippen, sind durchschnittlich intelligenter. Schwierige Handarbeiten bringen die Birne zum Leuchten.

Kopfgenial – Merktechniken funktionieren!

„Wenn du tust, was du schon immer getan hast,
wirst du bekommen, was du schon immer bekommen hast.
Wenn du das, was du möchtest, nicht bekommst,
dann tue etwas anderes." (Richard Bandler)

Damals war alles schlauer

Früher ging es nicht anders: Vor der Erfindung von Papier und Datenspeicher wurden Kulturen mündlich von Generation zu Generation weitergegeben. Papier war teuer oder noch gar nicht erfunden. Im alten Griechenland hatten Studenten keine Bücherwände in der Wohnung. Ihnen blieb nichts, außer mit dem Kopf zu lernen. Leitspruch der Studenten heute: Man muss es nicht wissen, man muss nur wissen, wo es nachzulesen ist.

Viele griechische und römische Philosophen, Politiker und Kaiser waren bekannt für ihr phänomenales Gedächtnis. Der griechische Philosoph Platon wetterte heftig gegen das Schreiben: *„... diese Kunst wird Vergessenheit schaffen in den Seelen derer, die sie erlernen, aus Achtlosigkeit gegen das Gedächtnis, da die Leute im Vertrauen auf das Schriftstück von außen sich werden erinnern lassen durch fremde Zeichen, nicht von innen heraus durch Selbstbesinnen."* (Ironischerweise wurde uns dieses Zitat nur überliefert, weil es aufgeschrieben wurde!)

Aus der Antike stammt auch die älteste Überlieferung von Merktechniken: Simonides von Keos lebte 500 v. Christus und war das, was heute als Alleinunterhalter bezeichnet wird. Bei einem Festmahl sang er zu Ehren des Gastgebers auf diesen ein Loblied. Als er seinen Vortrag beendet hatte, verließ er das Haus, und nur wenig später stürzte das Gebäude ein. Simonides war der einzige Überlebende der Feier. Als die Angehörigen die Toten abholen wollten, zeigte sich, dass die Leichen von den Steinen bis zur Unkenntlichkeit zerquetscht worden waren. Simonides konnte sich jedoch genau daran erinnern, wo jeder Einzelne gesessen hatte, und dadurch die Toten identifizieren. Erstaunt darüber, dass er sich dies so gut gemerkt hatte, machte er einen Selbstversuch: Im Geist legte er Gegenstände an markante Punkte eines Raumes, an die er sich ebenfalls fehlerfrei erinnern konnte.

Im Mittelalter wurde unterschieden zwischen der Kunst des Merkens und der Kunst des Erinnerns („ars memoriae" und „ars reminiscentiae") – beide Ausdrücke klingen heute in unseren Ohren seltsam. Damals besaßen fast nur Klöster Bücher, und die waren vor dem Geistesblitz von Johannes Gutenberg von Hand geschrieben, selten und unbezahlbar. Stellen Sie sich vor, wie lange es dauern würde, ein Universallexikon abzuschreiben!

Mittlerweile wird Wissen massenhaft ins Billy-Regal geschoben. Aber auch Papier verstaubt nicht ganz problemfrei, denn es ist nicht unbegrenzt haltbar – legen Sie einmal eine Tageszeitung drei Wochen lang in die Sonne und vergleichen Sie diese Ausgabe dann mit einem druckfrischen Exemplar. Und digitale Speichermedien haben eine noch viel kürzere Lebensdauer. Bekanntestes Opfer dieses Problems war vor ein paar Jahren die US-amerikanische Luft- und Raumfahrtbehörde NASA. Nicht ausgewertete Magnetbänder der Viking-Mission 1976 zum Mars konnten nicht mehr gelesen werden, weil die Programmierer entweder die NASA verlassen hatten oder zwischenzeitlich gestorben waren.

Zukunftsforscher betiteln dieses Jahrhundert als „Digital Dark Age" („Digitales Mittelalter"), weil nichts von den Daten in Zukunft lesbar sein wird, die heute auf Festplatten gespeichert sind. Wir sollten unseren Enkelkindern doch etwas von der guten alten Zeit erzählen.

Nicht alle tun es

Einfach alles merken – mit Merktechniken geht das! Die in Gedächt-nistrainings am häufigsten gestellte Frage: Warum haben sich diese geheimnisvollen Methoden nicht durchgesetzt, obwohl sie in der Antike bereits bekannt waren? Die Frage ist nicht leicht zu beantwor-ten, aber immerhin sind die Merktechniken über so lange Zeit nicht vergessen worden.

Es gibt zwei Sorten von Menschen, die mit Merktechniken arbeiten: Der größere Teil aktiver Nutzer schweigt darüber, dass er Hilfsmittel zum Denken benutzt. Nach außen ein Genie, drinnen nur ein gut trai-nierter Gehirnakrobat mit einem normalen Intelligenzquotienten – wer gibt schon zu, eigentlich nur Durchschnitt zu sein?

Es würde in vielen Fällen auch keinen Sinn machen, diese Art zu den-ken Mitmenschen offen zu zeigen. Schnell würde man als geistig nicht ganz auf der Höhe abgestempelt. Würden Sie Ihrem Nachbarn erzäh-len, dass die Ziffer eins für Sie ein Pfeil ist und ein Dreieck der Wald, in den Ihr Kreuz-Filmstar läuft, um das Geschoss zu suchen?

Merktechnik ist vergleichbar mit Zauberei. Sind die Tricks bekannt, dann ist die Schau langweilig, weil Jungfrauen nicht fliegen können und David Copperfield nicht durch die Chinesische Mauer marschie-ren kann. Magie ist eine Frage der Perspektive: Während der Zuschauer staunt, vollführt der Zauberer seine Tricks mit Geschick und Technik. Ist Ihnen aufgefallen, dass Magic und Genie ähnlich klingen?

Es ist unglaublich beeindruckend, wenn Menschen sich Zahlen, Daten und Fakten in rauen Mengen merken, nach drei Wochen perfekt Spa-nisch sprechen und die Hauptstadt von Sierra Leone kennen. Hier wird starr und steif an ein Gesetz der Natur geglaubt: Genies werden gebo-ren und nicht gemacht! Und Streber sind armselige, blasse Geschöpfe, die, statt zu leben, ihre Zeit in gekrümmter Haltung am Schreibtisch verbringen. Wers glaubt!

Die zweite Sorte von Anwendern nennt sich Gedächtniskünstler und steht immer wieder mal bei *Wetten, dass …?* auf der Bühne, um sich eine Reihe von ein- und ausgeschalteten Glühbirnen oder die Vornamen des gesamten Publikums zu merken. Dann werden Merktechniken gerne in die Ecke menschlicher Defekte verbannt: eine herausragende Fähigkeit, die ein Normalbürger ohnehin nicht nachahmen kann, weil die im Fernsehen nicht normal sein können. Aber die meisten Gedächtniskünstler haben Durchschnittsgehirne zwischen den Ohren. Was da im Samstagsprogramm gezeigt wird, ist von jedem Kopf mit ein wenig Training machbar.

Solche Auftritte haben einen weiteren Effekt: Kopfkünstlern werden Tricks und Manipulation unterstellt. Damit sind wir wieder bei der Frage, warum Merktechniken nicht auf dem Stundenplan stehen. Magie und Manipulation passen nicht zur ernsthaften Bildung. Anscheinend darf Lernen nicht Vergnügen sein!

Als Mitte 2009 die EU-Vorschrift zum Verkaufsverbot von Glühbirnen in Kraft trat, stiegen die Verkaufszahlen von umweltfreundlichen Energiesparlampen in vielen europäischen Ländern, während in Deutschland Hamsterkäufe den Absatz Energie fressender alter Birnen im zweistelligen Prozentbereich in die Höhe schießen ließen. Auch wenn das mit Denken nicht viel zu tun hat, zeigt es doch, wie wir denken. Wir halten uns an alten Vorstellungen (und Glühbirnen) fest, bis es nicht mehr anders geht. In Asien ist das Interesse an Merktechniken enorm. Die Nachfrage kommt dort gleichermaßen aus Unternehmen, Schulen und Behörden. Gleichzeitig werden in Deutschland Fairness und Gleichberechtigung als wichtige Tugenden des Bildungssystems herausgestellt. Und die Eltern haben es ja auch so geschafft. Warum sollten unsere Kinder es leichter haben? Eine nachwachsende Generation, die besser gebildet ist und die Alten überflügelt, scheint unvorstellbar zu sein.

Die Gleichheit der Menschen wird beim Denken und Lernen aufrechterhalten, während mittlerweile Brustumfänge und Nasenformen mit

Geld schöner werden. Aber auch in Sachen Bildung wird bereits nachgeholfen: In Deutschland keimen Privatschulen, unbezahlbare Business Schools und Edel-Nachhilfen, die nicht von Fünfer-Kandidaten besucht werden. Und die Dunkelziffer von Berufstätigen und Politikern, die sich mit Medikamenten fit und leistungsfähig machen, wird auch in Deutschland bedenklich größer. In Zeitschriften für Studierende wird Gehirntuning mit Pillen rege diskutiert und für denkbar befunden. Das Risiko langfristiger Schäden wird mit dem Argument „alles hat seinen Preis" in Kauf genommen.

Die näherliegende Lösung ist einfach und einfach genial: Gedächtnistraining ist wirkungsvoll und frei von Nebenwirkungen. Es verändert unser Denken, vereinfacht das Lernen und verbessert damit unser Wissen. Und wer viel weiß, schwimmt vorneweg.

Kopf der unbegrenzten Möglichkeiten

Merktechniken sind kein Gehirnjogging, genau wie Lernen kein Selbstzweck ist. Obwohl Schüler öfter das Gefühl haben, sie müssen etwas lernen, weil der Lehrapparat es will. Die Fähigkeit, neue Dinge zu begreifen, ist Grundlage unserer Existenz. Wäre das Gehirn nicht in der Lage, Zusammenhänge zu erkennen, Regeln aufzustellen und Wissen zu speichern: Der Mensch würde sich von anderen Wesen in Gehegen füttern lassen.

Viele haben vom Mnemorieren (von Mnemosyne, der griechischen Göttin der Erinnerung) schon gehört: Da spaziert man durch die Stadt und legt Informationen am Denkmal, auf dem Kirchplatz und vor dem Einkaufszentrum ab. Oder: Namen werden zum Merken in Bilder verwandelt. So wird Herr Hirschau zu einem mächtigen Zehn-Ender, der auf einem Bein hüpft und „Aua!" schreit, weil ihm ein schwerer Felsbrocken auf den Huf gefallen ist. Aber es fehlt die Erklärung, wie Merktechniken genau funktionieren. Genau da hängt der Haken: Jeder halbherzige und ungefähre Versuch, Merktechniken anzuwenden, dürfte erfolglos enden. Zu aufwändig! Doch zu kompliziert! Bringt mir nichts! Erst, wenn Merktechniken voll verstanden werden, entfalten sie ihre Wirkung.

Der Reiz von Merktechniken liegt darin, das Arbeitsprinzip des Kopfes mit ein paar einfachen Regeln zu ändern und so Aufnahmefähigkeit und Kapazität über jedes gewohnte Maß hinaus zu steigern. Merktechniken sind keine Wundermittel, obwohl sie Ähnliches bewirken können.

Und sie sind kein Mittel zum Zweck: Die Gedächtniskunst besteht nicht darin, Messer und Gabel gekonnt zu benutzen, sondern es geht um die Speisen, die lecker schmecken sollen. Wer interessiert sich für Geschirr und Besteck, wenn ein Drei-Sterne-Menü serviert wird? Merktechniken sind der Schlüssel zu dem unendlichen, faszinierenden Wissen, das wir im Kopf haben wollen, um es zu benutzen: Fremdsprachen, berufliches Fachwissen, Musikstücke, Kochrezepte, Zehnfingertippen, Abitur, Abschlussprüfung und Millionen anderer Dinge mehr. Selbst vor dem Hamburger Telefonbuch und dem Jura- oder Medizinstudium brauchen Sie keine Angst zu haben.

Steigen Sie mit viel Schwung in das mentale Paradies der Merktechniken ein! Merken ist keine Frage des Wiederholens, der Intelligenz oder des Alters! Der neue Umgang mit dem Kopf bringt die Denkanlage in Schwung und aktiviert Bereiche, die bei den meisten Menschen eingerostet sind. Kurz gesagt: Es geht darum, mehr zu wissen, einfacher zu lernen, Spaß beim Lernen zu haben, nicht genug in den Kopf bekommen zu können. Ist Ihnen das beim Vokabelnbüffeln schon einmal passiert?

Lernen mit Merktechniken ist wie ein gutes Rätsel: Es geht darum, den Schlüssel zu den Fakten zu finden, herumzuexperimentieren, neue Wege zu denken. Was oder wie viel Sie sich merken wollen, spielt keine Rolle. Die entscheidende Frage lautet: „Wie?"

Haben Sie schon eine Vorstellung davon, wie es wäre, wenn Sie sich einfach alles merken könnten? Oder anders ausgedrückt:

Einmal lernen. Nie mehr vergessen.

Klingt zu gut, um tatsächlich zu funktionieren? Sie werden erleben, dass Lernen genau so sein kann. Sie können sich mit dieser Vorstellung anfreunden.

Die zwei Arten von Wissen

Sie müssen wissen, wobei Merktechniken dem Kopf helfen, denn Gedächtnistraining macht zwar schlauer, aber nicht intelligent im eigentlichen Sinn. Mithilfe eines einfachen Modells lässt sich Wissen in zwei grundlegend verschiedene Arten unterscheiden: in Faktenwissen und in Verstehenswissen.

Zusammenhänge zu erkennen und aus diesen eine Vorstellung zu entwickeln (zu verstehen) ist ein komplexer und vielschichtiger Vorgang. Dinge, die wir einmal verstanden haben, bleiben extrem lange im Hirn hängen. Wenn Sie ein Buch über Verbrennungsmotoren lesen, ins Technikmuseum gehen, um dort Modelle von Motoren zu studieren, und einem Mechaniker über die Schulter schauen, werden Sie irgendwann das Prinzip verstanden haben. Einmal kapiert, sitzt dieses Wissen fest im Langzeitgedächtnis. Sie rufen es ab, indem Sie es aus dem Kopf rekonstruieren – zum Beispiel, wenn Sie jemandem erklären, wie ein Motor funktioniert.

REKONSTRUIEREN

KONSTRUIEREN

Gleiches gilt für lange zurückliegende Mathestunden: Sie erinnern sich vielleicht nicht spontan, wie viel Grad die Summe der Winkel in einem Dreieck beträgt, aber mit Stift, Papier und ein paar Minuten Nachdenken können Sie dieses Wissen rekonstruieren, und Ihnen wird wieder einfallen, dass die Summe 180 Grad ist.

Der Vorteil von Verstehenswissen ist die lange Haltbarkeit im Kopf. Sein Nachteil besteht darin, dass mit Merktechniken nicht nachgeholfen werden kann, wenn etwas nicht begriffen wird. Entweder das Thema wird verstanden oder eben nicht. Diese Form der Intelligenz kann keine Merktechnik verändern.

Anders verhält es sich mit dem Faktenwissen. Es geht schwerer in den Kopf, ist schneller wieder aus diesem verschwunden und lässt sich durch Logik oder Rekonstruktion nicht zurück ins Bewusstsein zerren. Die Tatsache, dass das Empire State Building in New York 381 Meter hoch ist, können Sie nicht logisch aus dem Gebäude ableiten. Selbst nach dreißig Runden um das Fundament werden Sie der Zahl keinen Schritt nähergekommen sein.

Die Menge an abstrakten, gehirnunfreundlichen Informationen nimmt zu. Das kindliche „Warum?" wird von Lehrern immer seltener beantwortet. „Das ist eben so!" Fakt! Studierende der Veterinärmedizin müssen für Klausuren technische Daten (Größe, Form, Vermehrungsgeschwindigkeit) von Parasiten auswendig lernen. Angehende Juristen und Mediziner fragen gar nicht, warum sie etwas lernen müssen, sondern nur, wann der Prüfungstermin ist.

Ein Gipfel der Faktisierung ist das Erreichen des so genannten „optimalen Ordnungsgrades" des Deutschen Instituts für Normung e.V. in Berlin. In DIN-Normen wird alles Erdenkliche mit absoluter Präzision geregelt, durchnummeriert, vermessen und sortiert. So zum Beispiel DIN 13164, die den Inhalt von Verbandskästen regelt. Oder in DIN 13050, wo Begriffe aus dem Rettungswesen definiert werden: Hier lernen wir, dass es einen Unterschied gibt zwischen technischen Rettungsmitteln (Krankentransportwagen) und Rettungsmaterial (Medizinprodukten) – das ist Wissen, das gelernt und nicht verstanden werden will. Wenn Sie alle Normen auswendig lernen wollen (später vielleicht), finden Sie diese bei Wikipedia: http://de.wikipedia.org/wiki/Liste_der_DIN-Normen.

Zurück in die praktische Welt: Neue Autos lassen sich ohne Studium der Gebrauchsanweisungen nicht mehr fahren. Auch das Bedienen von Maschinen und Computern ist alles andere als logisch. Die Anordnung der Buchstaben auf einer Tastatur ist weder finger- noch gehirnfreundlich: Der amerikanische Erfinder Christopher Latham Sholes hat die Belegung vermutlich 1868 entwickelt. Logisch wäre es, die am häufigsten benutzen Buchstaben unter den Fingern in Grundstellung zu positionieren. Sholes Anordnung ist genau das Gegenteil: Die häufigsten Buchstabenfolgen sind weit voneinander getrennt, um damals das Verhaken der Hämmer einer mechanischen Schreibmaschine zu vermeiden. Die Technik hatte Vorrang! Obwohl bekannt ist, dass die heutige Tastatur ungesund für Hände, Arme und Muskulatur ist, und obwohl durch eine andere Anordnung der Tasten schneller geschrieben werden könnte, und obwohl es bei einem Computer das Hammerproblem nicht mehr gibt, geht es dem Tippen wie den Merktechniken: Irgendwie hat sich die bessere Lösung nicht durchgesetzt. Und wir lernen Tippen durch reichlich Wiederholen. Schauen Sie in ein Lehrbuch für Maschinenschreiben und zählen Sie, wie oft dort ein Buchstabe geübt wird, bis er sitzt. Wenn Sie anders schreiben wollen, schauen Sie sich die Dvorak-Tastatur bei Wikipedia an unter: http://de.wikipedia.org/wiki/Dvorak-Tastaturbelegung.

Zum weiten (Trümmer-)Feld des Faktenwissens gehören auch:

- **Telefon- und Geheimnummern von Kreditkarten:** Im letztgenannten Fall ist es gut, dass der Code einer Geldkarte sich nicht aus dem Aussehen der Karte ablesen lässt.
- **Namen:** Sie können eine Ihnen unbekannte Person so lange ansehen, wie Sie wollen. Namen sind niemandem ins Gesicht geschrieben.

- **Technische Daten**: Autos sehen schnell oder langsam aus, allerdings kann das täuschen, und auch die Farbe einer Waschmaschine verrät nichts darüber, wie sauber gewaschen wird.
- Daten **historischer Ereignisse** und **Geburtstage** sind Zufall und damit abstrakte Fakten. (Astrologen sehen das allerdings anders.)

Fast alle Arten von Zahlen (Bestellnummern, Preise, Postleitzahlen) sind ebenfalls Faktenwissen, auch Adressen und Standorte von Gebäuden (außer vielleicht das Rathaus am Rathausplatz, was zum Beispiel für München, Berlin, Hamburg und viele andere Städte nicht gilt) sowie Wissenswertes über Sehenswürdigkeiten. Außerdem sind fast alle Fragen in Fernsehshows Faktenwissen vom Feinsten.

Auch Wörter stehen manchmal sinnlos da. Unsere Sprache hat zwar einen Ursprung (und könnte damit auch dem Verstehenwissen zugeordnet werden), aber der ist weit weg und ist weitgehend unbekannt. Wussten Sie, dass „lernen" vom gotischen Wort „lais" abstammt, was so viel wie „ich weiß" bedeutet, und „laists" übersetzt „Spur" heißt? „Lernen" hat sich entwickelt aus dem Begriff für das Nachgehen einer Fährte – was mit dem heutigen Büffeln und Pauken nicht viel zu tun hat.

Beim Faktenwissen helfen Merktechniken, denn sie verändern es so, dass der Kopf es sich wie Verstehenswissen merken kann – wir es also nicht stur pauken müssen, sondern die Informationen logisch in das Gehirn hinein*konstruieren*, damit sie jederzeit *rekonstruiert* werden können. Oder abstrakte Informationen werden mit Sinn versehen und in lebendige Bilder verwandelt, damit sich der Kopf einfacher und länger daran erinnert. Erinnern Sie sich noch an die Reihenfolge der Symbole aus der ersten Aufgabe?

Hoch die Tür! Wie viel geht rein?

67 890 Stellen der Kreiszahl Pi hat sich Choa Lu aus China gemerkt (und ein unbestätigter Rekord endete sogar nach 100 000 Stellen) – wir kommen ein paar Kapitel später darauf zurück. David Farrow hat sich die Reihenfolge von 3 068 Spielkarten (das sind 59 Pokerspiele) eingeprägt und nur einen Fehler gemacht. Der Brite Ben Pridmore merkt sich ein Pokerspiel mit 52 Karten in weniger als 25 Sekunden. Clemens Mayer aus Deutschland prägte sich 181 Namen und Gesichter in 15 Minuten ein. Der Gedächtnissportler Johannes Mallow schaffte 110 historische Daten in fünf Minuten.

Unmöglich? Alle diese Gehirnrekorde liegen weit über dem, was allgemein für machbar gehalten wird. Sie beweisen, dass unser Gedächtnis lange nicht so beschränkt ist, wie angenommen wird. Sich ein paar Tausend Zahlen zu merken, ist nicht mehr vergleichbar mit der Millerschen Grenze von sieben Informationseinheiten.

Unter den Teilnehmern von Gedächtnismeisterschaften sind ein paar exzentrische Charaktere mit außergewöhnlichem Gehirn, aber die meisten haben Durchschnittsgehirne, und diese Leistungen sind in allen Fällen das Ergebnis ausgefeilter Merktechniken.

Nur eine Frage der Technik

Mit ein wenig Übung und viel Merktechnik können auch Sie sich die Reihenfolge von 52 Spielkarten merken. (Schauen Sie ins Kapitel „Ass im Kopf statt Trumpf im Ärmel".) Sie werden zuerst vielleicht zehn Minuten dafür benötigen, und es mit ein bisschen Training problemlos unter fünf Minuten schaffen.

Der Weltrekord von Ben Pridmore, sich 52 Spielkarten in unter 25 Sekunden zu merken, ist ein gutes Beispiel dafür, dass Lernmenge und Lerngeschwindigkeit vor allem von einer Sache abhängen: von einer guten Merktechnik. Stellen Sie sich vor, Pridmore hätte die

Karten einzeln vor sich auf den Tisch geblättert und er hätte für jede Karte eine halbe Sekunde Zeit gebraucht. Allein die Handbewegungen sind kaum so rasch ausführbar. Der Brite ist so rasend schnell, weil er eine verbesserte Merktechnik benutzt und mehrere Karten gleichzeitig ablegen, ansehen und sich merken kann.

Grenzen für das Merken gibt es (fast) keine, wenn die Technik gut durchdacht ist. Das Telefonbuch von Hamburg, von München oder von Berlin auswendig zu lernen, ist auf normalen Lernwegen gar nicht machbar, es sei denn, Sie nehmen sich viele Jahre Zeit dafür – und selbst dann wird es alles andere als ein Vergnügen sein. Mit Merktechniken wird Masse möglich – in einer erträglichen Zeit und vor allem: mit mehr Spaß an der Sache, weil das dumpfe Auswendiglernen und Wiederholen vermieden werden kann.

Augen auf! Kopf an! – Einstellungssachen

Leichte Schläge auf den Hinterkopf erhöhen das Denkvermögen! Das sprichwörtliche Kopf-Klopfen macht mehr dumm als schlau: Untersuchungen der Gehirne von Boxern und Fußballspielern (die viel mit dem Kopf machen) haben gezeigt, dass bei harten Kopf-Kontakten ständig kleine Hirnerschütterungen am IQ rütteln. Im Gehirn entstehen feine Risse, die Konzentration und Erinnerung messbar schlechter werden lassen. Allerdings sind diese Symptome nach kurzer Zeit wieder verschwunden. Wenn Sie Probleme mit dem Lernen haben, brauchen Sie also auf Fußball nicht zu verzichten.

Tugenden der Merk-Meister

Was Hänschen nicht lernen will, dass lernt Hänschen auch nicht! Das Gehirn regelt die Verarbeitung von Informationen vor allem aus der eigenen Laune heraus. Wenn die geistige Klappe fällt, dann hat auch das bunteste Lehrkonzept nicht die geringste Chance. Alle schlafen, einer tanzt Boogie-Woogie … Andererseits staunen Erwachsene, wie problemlos der Nachwuchs die Eltern beim Wissen über Computer bereits im zarten Alter von sechs Jahren mühelos überflügelt. Was Kindern Spaß macht, brauchen sie gar nicht richtig zu lernen.

Neben der Lust an einer Sache (für die es keine Technik gibt) sind zwei weitere Grundlagen für erfolgreiches Lernen unbedingt erforderlich, die nicht direkt zu den Merktechniken gehören, hier aber vorgestellt werden: Konzentration und Aufmerksamkeit.

Im Fadenkreuz – Konzentration

„Macht Google uns blöd?", fragte der amerikanische Autor Nicholas G. Carr in einem Zeitschriftenartikel, der in den USA für Furore sorgte. Was wir beim Anschauen von Hochgeschwindigkeits-Krach-Bumm-Peng-Fernsehen bereits ahnen, scheint sich zu bestätigen: Bonbon-buntes Internet, Zapp-Fernsehen und das gleichzeitige Surfen und Glotze glotzen machen unser Gehirn zu einer panisch zitternden Glibbermasse, die unter Starkstrom steht.

An unseren Augen ziehen Websites, Werbespots und Filmschnipsel im Sekundentakt vorbei, Kommunikation mit Freunden und Bekannten ist auf Ultra-Kurzbotschaften reduziert. In Kurznachrichten (SMS) und Chat wird bereits von Abkürzungskultur gesprochen. Dabei wird nicht nur kurz geschrieben, sondern auch massiv an Buchstaben gespart. „Kajenimemispä" heißt „Kann jetzt nicht, melde mich später". Der Internet-Knigge rät Bloggern (der neuen Generation von Journalisten), nicht mehr als 100 Wörter pro Artikel zu schreiben – egal, ob Kurznachricht oder Hintergrundreport. Über den Bildschirm geht nicht mehr in den Kopf. (Dieser Absatz enthält rund 100 Wörter, ist also für den durchschnittlichen Internetbenutzer nur schwer zu konsumieren.)

Kurz: Schüler können den Argumentationen der Lehrer nicht mehr folgen. Wir zappen die Reportage nach der ersten Szene weg. Wir hören dem Nachrichtensprecher nach dem ersten Luftholen nicht mehr zu. Wir können selbst einfache Aufgaben kaum beenden.

Ein paar Stunden bei einer Sache zu bleiben, ist unmöglich. Viele Menschen haben mittlerweile Schwierigkeiten, Bücher zu lesen, weil Ihnen die Konzentration dafür fehlt. Auch das Internet verändert massiv geistige Gewohnheiten: „Auf einen Text, der länger ist als drei oder vier Absätze, kann ich mich nicht mehr konzentrieren", gibt der amerikanische Online-Journalist Bruce Friedman in einem Interview zu. Google wird immer beliebter, weil Internet-User keine Lust haben, Webadressen, Firmennamen und Suchbegriffe korrekt einzutippen. (Bei der Suche nach „autokf" fragt die Suchmaschine höflich: „Meinten Sie ‚Autokauf'?")

Was für den Kopf zu komplex geworden ist, wird passend gemacht: Kurzfassungen der Weltliteratur sind in den USA beliebte Lektüre. Aus Bram Strokers Klassiker *Dracula*, der rund 500 Seiten lang ist, wird ein zusammengekochtes Konzentrat von 30 Seiten. Literarische Tiefe und Weite werden auf das Fassungsvermögen einer winzigen Energietrunk-Dose zusammengepresst – und sollen wohl auch so konsumiert werden. Genauso sind Fachbücher in Amerika als Schrumpfausgaben für viel beschäftigte (besonders unkonzentrierte) Manager erhältlich. Verlage sollten Werbeseiten zwischen die Kapitel kleben, um den Lesern die gewohnte TV-Zerhack-Ordnung zu bieten. Nicht zufällig werden immer mehr Kinofilme von erfolgreichen Werbe- und Musikclip-Regisseuren gedreht.

Tipp: Konzentration durch Lesen steigern

Sie können Ihre Konzentrationsfähigkeit mithilfe eines Buchs messen und steigern. Probieren Sie aus, wie viele Seiten Sie konzentriert und ohne Anstrengung am Stück lesen können. Tauchen Sie in einen spannenden Roman ein und lassen Sie sich durch nichts stören. Wenn Sie *Krieg und Frieden* von Lew Tolstoi am Stück schaffen, brauchen Sie sich keine Sorgen zu machen. Ist nach einer Seite Schluss, dann finden Sie heraus, unter welchen Bedingungen Sie etwas mehr lesen könnten. Steigern Sie Ihr Pensum stetig. Und verwechseln Sie Masse nicht mit Klasse: Wenn Sie eine halbe Stunde in einem Thema versinken und nicht merken, dass das Haus um Sie herum zusammenbricht, ist das besser, als stundenlang an der Konzentrationsoberfläche zu dümpeln.

Konzentration entsteht nicht nur im Kopf, sondern hängt vor allem von äußeren Einflüssen ab. Neben einer stillen Umgebung (Versuchen Sie mal, auf dem Standstreifen einer Autobahn etwas zu lesen.) sind ausreichend Schlaf, richtig dosiertes Arbeiten sowie der passende

Ausgleich, gesunde Ernährung, viel Flüssigkeit, Tageslicht und frische Luft ein gutes Wellness-Programm für den Kopf. Und: Kümmern Sie sich nur um eine Sache auf einmal. Mit Unterbrechung und Ablenkung brauchen Sie doppelt so lange und haben alles nur halb so richtig gemacht!

Wenn Sie lernen, dann tun Sie das so konzentriert wie möglich. Stellen Sie sich einen Wecker, stopfen Sie sich Watte in die Ohren, lassen Sie sich von nichts ablenken und genießen Sie die Zeit, in der Sie sich mit einem Thema ohne Störung beschäftigen. Quälen Sie sich auf keinen Fall mit dem Absitzen endloser Lern- und Arbeitszeiten. Wenn Ihr Gehirn nicht mehr will, geht auch nichts mehr rein. 144 Tage lang je zehn Minuten intensiv zu lernen, ist sinnvoller, als an einem Tag 24 Stunden zu pauken.

Wie gehts weiter?

Verlängern Sie konsequent Ihre Konzentrationsphasen. Probieren Sie aus, wie und wann Sie sich am besten konzentrieren können. Sorgen Sie für Ruhe, schalten Sie Radio und Fernseher aus, wenn Sie wichtige Dinge erledigen oder lernen. Mit der Melodie im Ohr geht es nicht schneller (erst recht nicht mit dem Werbe-Quatsch-Programm einiger Radiosender). Und wenn im Büro wieder zu viel Trubel ist: Kaufen Sie sich Ohrstöpsel, schalten Sie Ihr E-Mail-Programm ab und gehen Sie nicht ans Telefon. Arbeiten Sie so lange, bis Ihr Kopf nicht mehr bei der Sache ist. Dann entspannen Sie sich für ein paar Minuten oder widmen sich einer anderen Aufgabe.

Bald werden Sie nicht nur länger am Stück arbeiten und lernen, Sie werden auch schneller werden und deutlich weniger Fehler machen!

Schlau wie Sherlock – Aufmerksamkeit

Ein Arzt beklagte sich darüber, dass er ein schlechtes Gedächtnis habe. Als studierter Mediziner konnte sein Kopf in so schlechtem Zustand nicht sein. Sein Problem war: Wenn ein Patient in das Sprechzimmer kam, schaute er auf die Krankenakte, las den Namen ab und begrüßte den Patienten mit Namen. Beim Beginn der Untersuchung hatte er den Namen bereits wieder vergessen. Das ist kein Beispiel für ein schlechtes Gedächtnis, sondern für geringe Aufmerksamkeit!

Dabei wird klar, warum das Bild vom zerstreuten Professor kein Widerspruch in sich ist: Ein genialer Denker kann ohne Hosen zur Vorlesung erscheinen. Mangelnde Aufmerksamkeit hat nichts mit Intelligenz zu tun: Es gibt viele Kopfarbeiter, die ihre Schwierigkeiten mit alltäglichen Dingen haben, weil der Haustürschlüssel unwichtiger ist als die großen Herausforderungen von Quantenphysik, Krebsforschung und Theoretischer Mathematik. Das Gehirn setzt Prioritäten: Wichtige Dinge gehen vor. Alles andere wird ausgeblendet, auch am Morgen eine Hose anzuziehen.

Es kann passieren, dass wir auf die Uhr schauen, unser Gehirn den Gegenstand am Armgelenk auch als Uhr erkennt, wir aber ein paar Sekunden später keine Ahnung mehr haben, wie spät es ist. Die Sinne haben die Uhr erfasst, aber im Kopf war etwas anderes wichtiger, als aus dem gesehenen Bild die Stellung der Zeiger zur Uhrzeit zu verarbeiten.

Unser Gehirn quält sich nicht mit Kleinigkeiten, wenn es glaubt, über wichtigere Dinge nachdenken zu müssen. So entstehen die typischen Merk-Pannen des Alltags. Wo sind meine Schlüssel? Habe ich die Tür abgeschlossen? Ist noch Milch im Kühlschrank? Bevor Sie nach zwanzig Metern wieder zurück zur Haustür gehen und zum dritten Mal nachschauen, ob Sie die Tür wirklich abgeschlossen haben, sollten Sie den Moment ganz aufmerksam wahrnehmen, wenn Sie den Schlüssel im Schloss umdrehen. Zwingen Sie Ihren Kopf dazu, dieses für Sie nicht ganz unwichtige Ereignis bewusst zu erfassen, zu verstehen und abzuspeichern. Das ist Ihr Gehirn da im Kopf! Lassen Sie es nicht abschweifen, wenn Sie Dinge erledigen, die Ihnen wichtig sind.

Der Arzt macht es genauso: Er überfliegt die Patientenakte nicht mehr flüchtig und geistesabwesend, sondern schaut sich den Namen aufmerksam an, bis sein Kopf das Zeichen gibt: Habe gesehen, erkannt und verstanden! Das dauert ein paar Sekunden länger, aber dafür hält der Name bis zum Ende der Behandlung.

Gerade beim Lernen ist Aufmerksamkeit gefragt: Wer lustlos die Latein-Vokabeln herunterliest, sieht nicht wirklich hin. Beim Auswendiglernen eines Gedichts nützt es wenig, den Text tausendundeinmal zu überfliegen. Die Wörter werden ohne die geringste Chance vom Gehirn elegant entsorgt.

Tipp: Blinde Gewohnheit

Kennen Sie Ihre Wohnung? Wirklich? Dann verbinden Sie sich die Augen und versuchen Sie so, ein Brot zu schmieren oder die Kleidung zu wechseln. Wer das Experiment wagt, sich ohne Hilfe der Augen in vertrauter Umgebung zu orientieren und Dinge zu tun, die sehend völlig selbstverständlich sind, der wird sich wundern. Ohne den wichtigsten Sinn des Menschen funktioniert oft gar nichts. Dann bekommen wir zu spüren, was sich der Kopf alles nicht merkt: Wo liegen die Messer in der Schublade? Wo hängt der Anzug, das Kleid, die Krawatte? Welche Schuhe stehen wo im Regal? Wenn Sie ein Gefühl für Details bekommen wollen und wenn Sie Ihre anderen Sinne aktivieren möchten, dann sollten Sie üben, etwas mit geschlossenen Augen zu tun.

Dunkelheit ist auch ein ideales Mittel, um sich besser zu konzentrieren: Wenn Sie kreativ oder konzentriert arbeiten wollen, versuchen Sie, das in einem völlig finsteren Raum zu tun, aber nur, wenn Sie keine Platzangst oder Anflüge von Panik haben. Nehmen Sie sich feste Karteikarten mit, die Sie gut ertasten können, um sich Notizen zu machen – auch das geht, ohne zu sehen.

Aufmerksamkeit ist neben der Motivation eine der wichtigsten Fähigkeiten, die Sie pflegen und perfektionieren sollten. Denn Aufmerksamkeit hat viel mit Intelligenz zu tun. Sherlock Holmes, Auguste Dupin, Hercule Poirot, Jane Marple und alle anderen Meisterdetektive zeichnet vor allem eine Eigenschaft aus: ihre Fähigkeit, aufmerksam zu beobachten! Auch, wenn es sich um Figuren aus Romanen handelt, werden sie durchweg als schlaue Köpfe angesehen – das Vergrößerungsglas ist nicht zufällig zum Markenzeichen der von Arthur Conan Doyle geschaffenen Figur geworden. Typisch für jede Holmes-Geschichte ist der Unbekannte, der in der Wohnung des Detektivs erscheint und nach seinem Verlassen von dem Meisterdenker perfekt analysiert wird, während dessen Mitstreiter Dr. Watson starr vor Staunen zuhört: „Watson, ist ihnen aufgefallen, dass der Mann eine Vorliebe für Abendspaziergänge bei Regen hat?" Das sind Anzeichen für eine ausgezeichnete Aufmerksamkeit.

Schubladendenken – Symbolisieren

Wenn Sie auf die Schnelle ein Haus skizzieren, wird die Zeichnung mit hoher Wahrscheinlichkeit dem Bild unten ähneln. Allerdings hat das Ergebnis keinerlei Ähnlichkeit mit irgendeinem aus Stein gebauten Haus, das irgendwo steht.

Unser Kopf neigt dazu, Dinge in Symbole zu verwandeln. Das bekommen kleine Kinder bereits beim Malen eingerichtet: Punkt, Punkt, Komma, Strich – ist alles, aber kein Gesicht. Der Hirnforscher Manfred Spitzer nimmt Tomaten als Beispiel dafür, wie unser Kopf vereinfacht: Das Hirn kennt Form, Geruch und Geschmack von Tomaten,  aber es erinnert sich nicht an jede einzelne Tomate, die wir in unserem Leben verspeist haben. Nach Spitzer ist Lernen niemals auf Einzelheiten gerichtet, sondern immer auf Allgemeinheiten.

Diese Verallgemeinerung ist ein Selbstschutz des Kopfes, um sich nicht mit unnötigen Informationen zu überlasten. Daran lässt sich auch sehen, wie praktisch der Kopf denkt: Müssen wir uns an jede Tomate erinnern, die wir in unserem Leben gegessen haben?

Werden die Kategorien, in die unser Gehirn die Dinge der Welt stopft, zu groß, fällt Wissen durch. Wir erkennen etwas und haken das Gesehene geistig ab, indem wir es in eine zu große Kopfkategorie stopfen. Präzision hilft beim Erinnern und beim Merken. Ein Pferd ist zwar ein Pferd, aber Aufmerksamkeit und Interesse zerlegen die Gattung der Reittiere in eine lange Liste der Arten, vom Abaco-Wildpferd bis zum Zweibrücker Warmblut. (Wenn Sie einen Eindruck davon bekommen wollen, wie viele Rassen zur Kategorie „Pferd" gehören, dann schauen Sie bei Wikipedia nach: http://de.wikipedia.org/wiki/Pferderassen.)

Tipp: Erweitern Sie Ihre Vorstellungskraft
Geben Sie Ihrer Vorstellungskraft neuen Schwung, indem Sie sich von allgemeingültigen Begriffen befreien. Wenn Sie ein paar Minuten Zeit haben (im Stau, in der U-Bahn oder in der Schlange an der Supermarktkasse), dann nehmen Sie einen Oberbegriff und zerlegen diesen in kleinere Teile. So kann eine Brille nicht nur eine Brille, sondern eine Lesebrille, eine Sonnenbrille, eine Schutzbrille, eine Schwimm- oder eine Fahrradbrille sein, und auch eine Taucherbrille oder ein Zwicker. So finden Sie die besseren Begriffe für die Dinge dieser Welt. Nebeneffekt: Sie erweitern nicht nur Ihren Wortschatz, sondern verbessern auch Ihre Allgemeinbildung! Schon bald sagen Sie nicht mehr: „braver Hund", sondern „brave Gelbbacke"!

Tiefer blicken – Weitere Wahrnehmung

Verbessern Sie Ihre Beobachtungsgabe (aufmerksames Beobachten plus konkretes Benennen der Dinge)! Verändern Sie Ihre Sicht auf die Welt und schärfen Sie den Blick für das Wesentliche! Arbeiten Sie nicht nur mit Ihrer linken Gehirnhälfte, die in einen Raum schaut und denkt: Stuhl, Tisch, Bild an der Wand. Aktivieren Sie Ihr Gehirn und wechseln Sie vom Modus „Erkennen" in den Modus „Betrachten" und vom „Bemerken" zum „Einprägen". So verwandeln sich erkannte Dinge (Symbole) in einzigartige Gegenstände, die Sie sicher, länger und besser im Kopf behalten.

Betrachten Sie das Bild auf der vorigen Seite für eine Minute (oder weniger, wenn Sie glauben, alles in der Zeichnung gesehen zu haben). Lesen Sie danach weiter, ohne zurückzublättern.

Denken Sie kurz darüber nach, wie Sie das Bild betrachtet haben: Sind Ihnen Details aufgefallen? Sind Sie mit den Augen über die Szene gehuscht oder haben Sie auch die Kleinigkeiten in aller Ruhe betrachtet? Ist Ihnen etwas Besonderes aufgefallen?

Vielleicht wollen Sie jetzt gerne noch einmal zurückblättern, aber versuchen Sie vorher, folgende Fragen zu beantworten.

- Trägt die Frau eine Sonnenbrille?
- Was tut der stehende Mann?
- Halten beide Kinder Spielzeug in der Hand?
- Wie viele Bälle sind im Bild zu sehen?
- In welche Richtung fährt das Schiff? Und in welche fliegt das Flugzeug?

Solche Beobachtungsspiele können hervorragend mit dem Partner und in der Gruppe gespielt werden. Aber Vorsicht: Ein typisches Beziehungsdrama ist die Partnerin, die ihrem Gatten spontan die Augen zuhält und fragt: „Welche Farbe hat mein Kleid, das ich heute trage?" In der letzten Runde vor dem unglücklichen Ende wird folgende Frage gestellt: „Welche Farbe haben meine Augen?" Scherz beiseite: Prüfen Sie sich kritisch, ob Sie bei den vielen Kleinigkeiten im Alltag richtig hinsehen. Kennen Sie die Namen der Straßen, die Sie auf der Fahrt zur Arbeit überqueren? Wie heißen Ihre Nachbarn? Was haben Sie gestern zu Mittag gegessen? Schauen Sie genau hin, es wird Ihren Blick auf die Welt verändern und Ihren Geist erweitern!

Spannend wird das Beobachten, wenn es mit messerscharfem Kombinieren verbunden ist. (Dann können Sie sich als Meisterdetektiv selbstständig machen.) Sie sehen den Fleck Bratensoße auf der Krawatte Ihres Kollegen, der behauptet, Vegetarier zu sein. Sie fühlen die Unruhe des Fleischfachverkäufers, der Ihnen versichert, dass die

Wurst frisch ist. Der Lateinlehrer verneint, dass morgen ein Vokabeltest geschrieben wird. Wahrsager nutzen Signale, die andere nicht sehen, weil sie nicht hinsehen. Lesen Sie im Internet unter folgendem Link über einen genialen „Gedankenjäger", der einen Lügner überführt: http://www.blick.ch/people/artikel43315.

Hier ein Rätsel, mit dem Sie Ihre Aufmerksamkeit und Ihre Kombinationsgabe ausprobieren können. Die Frage zu der Abbildung unten lautet: In welche Richtung fährt der Bus?

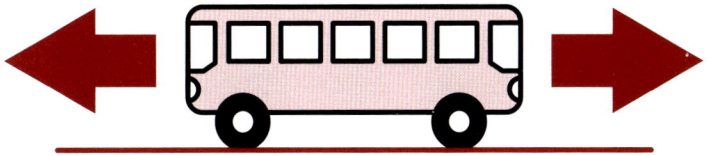

In welche Richtung fährt der Bus?

Kinder lösen dieses Rätsel schneller als Erwachsene, weil Sie eine bessere Vorstellungsgabe haben und den symbolisierten Bus in Gedanken gegen einen echten Bus ersetzen. Wenn Sie keine Antwort auf die Frage haben, noch zwei Tipps: Es geht um das, was in der Abbildung nicht zu sehen ist. Und versuchen Sie (wie die Kinder), sich einen richtigen Bus vorzustellen. Umkreisen Sie in Gedanken diesen Bus und stellen Sie sich vor, wie er auf der Straße fährt, anhält und die Fahrgäste ein- und aussteigen.

In Deutschland (und anderen Ländern mit Rechtsverkehr) fährt der Bus nach links. Ein Bus in England (Linksverkehr) würde nach rechts fahren. Haben Sie die Lösung? Was Sie nicht sehen, sind die Einstiegstüren auf der Ihnen abgewandten Seite. Also fährt der Bus nach links, es sei denn, der Fahrer legt den Rückwärtsgang ein. Denkbar ist alles!

Aufmerksamkeit ist nicht nur eine Sache der Augen. Arbeiten Sie sich mit allen Sinnen durch die Welt. Gerüche, das Ertasten von Oberflächen und Geräusche helfen, Details über die Welt zu erfahren und Ihr Wissensnetz zu erweitern. Das eröffnet neue Perspektiven und aktiviert das Gehirn. Wann haben Sie zum letzten Mal die Oberfläche einer Straße berührt? (Bitte beachten Sie dabei die anderen Teilnehmer am Straßenverkehr!) Wie schmeckt Gras? Wie fühlt sich eine Schlange an? (Bitte nur in Anwesenheit eines staatlich geprüften Schlangenbändigers ausprobieren.)

Tipp: Ein Leben ohne Uhr
Steigern Sie ihre Beobachtungsgabe, indem Sie keine Uhr mehr tragen. Schauen Sie die Uhrzeit bei anderen ab. Es gibt genügend Zeit zu sehen, überall, solange Sie sich nicht in der Wüste oder an anderen verlassenen Orten aufhalten. Sogar manche Kaffeemaschinen sind mittlerweile mit Digitaluhren ausgestattet.

Wie gehts weiter?

Schärfen Sie Ihre Sinne! Gehen Sie besonders aufmerksam mit den Dingen um, die Ihnen bisher nicht aufgefallen sind: Schauen Sie ganz bewusst nach, ob Milch im Kühlschrank ist. (Fühlen Sie das Gewicht, der halb vollen Verpackung oder riechen Sie den sauren Geruch verdorbener Milch.) Schließen Sie aufmerksam die Haustür ab und betrachten Sie die Tankanzeige für ein paar Sekunden, bevor Sie aus dem Wagen steigen. Sie werden sich besser an diese Dinge erinnern.

Nehmen Sie Ihre Umwelt mit den Augen auseinander. Tasten, riechen, schmecken Sie, um viele Sinneseindrücke einzusammeln. Seien Sie neugierig! Schauen Sie um Ecken und in jede Ritze.

Erst denken, dann merken – Analyse

„Dumm ist der, der Dummes tut", ist das Motto von Forrest Gump, das ihm von seinem Erfinder Winston Groom in den Mund gelegt wurde. Meistens tun wir Sachen zu schnell und beginnen mit dem Lernen, bevor wir uns Gedanken darüber machen, was da vor uns auf dem Tisch liegt. Eine gute Vorbereitung ist fast die ganze Miete. Richtiges Lernen ist wie Fallschirmspringen: Die Vorbereitung dauert länger als der Sprung, aber dafür gibt es keine unangenehmen Überraschungen.

Von links nach rechts und von oben nach unten

Wir lesen Bücher brav von vorne nach hinten. Was bei Romanen spannend ist, kann beim Lernen Spannungen erzeugen. Der Kopf ist anders aufgebaut, als Lehrbücher es sind. (Sonst würden wir uns die Inhalte problemlos merken können.) Das Gehirn lernt leichter, wenn es an Bekanntes anknüpfen kann. Am Anfang muss der Plan für das Regal grob skizziert werden. An die wichtigsten Stichworte werden nach und nach Details geklebt. Wenn Sie ein Buch auf diese Weise lesen wollten, müssten Sie zuerst die Überschriften, dann die Einleitungen der Kapitel und zuletzt den Rest vom Text lesen.

Das Inhaltsverzeichnis bei Zeitschriften ist nicht dafür gemacht, die Themen nach dem Durchlesen wiederzufinden, sondern es ist vor dem Lesen eine Orientierungshilfe für das Gehirn, sich mit den Themen anzufreunden. Studieren Sie Übersichten bewusst und ausführlich. Das sind die Bretter des Regals im Kopf. Beim Durchblättern erkennt das Gehirn die Überschriften wieder: Das Gehirn hat das Grobe erfasst und fühlt sich bereits vertraut mit den Themen. Damit sind die Sinnesautobahnen geöffnet. Fakten und Details werden leichter in den Kopf geschoben.

Tipp: Wegweiser weisen den Weg

Wie im Museum: Suchen Sie immer und überall nach Übersichten, Zusammenfassungen, Plänen und anderen Hinweisen. Forschen Sie sich durch Inhaltsverzeichnisse und Indizes. Nutzen Sie das als Einstieg in ein Thema. Bevor Sie sich mit den komplizierten Profi-Fachbüchern befassen, riskieren Sie einen Blick in populärwissenschaftliche Zeitschriftenartikel. Kurze und klar verständliche Definitionen (Beispiel: Was ist Kommunikation? Was ist Recht?) begeistern sogar Professoren in Prüfungen, weil Studierende meistens endlose Listen mit Details herunterrattern, ohne dass ein Zusammenhang erkennbar wird. Wikipedia und Lexika sind der ideale Startpunkt – auch im Jurastudium ist es keine Schande, mal einen einfachen Rechtsratgeber zu lesen. Selbst eine vage Vorstellung von Superstringtheorie und einzelne Brocken einer Fremdsprache sind bereits ein gutes Fundament zum Lernen.

Wissen, was man weiß

Wenige Themen, mit denen wir uns beschäftigen, sind vollkommen neu. Kein weißes Blatt Papier ist wirklich völlig unbeschrieben (jedenfalls nicht im Kopf). Wenn Sie sich mit einem neuen Thema beschäftigen wollen, dann finden Sie zuerst heraus, was Sie bereits darüber wissen, bevor Sie das erste Buch aufschlagen. Sie werden überrascht sein, wie viele Fakten schon in Ihrem Kopf vorhanden sind.

Meist informieren wir uns ausführlich über ein Thema – und merken nicht, dass wir damit bereits mitten im Lernen stecken: Der Kauf einer Digitalkamera oder eines neuen Fernsehers macht viele Menschen zu besseren Experten als die Verkäufer in den Multimedia-Märkten. Sie lernen ganz selbstverständlich, indem sie eine Unmenge von Testberichten lesen und im Internet recherchieren. Warum sollte es schwerer sein, etwas scheinbar Kompliziertes zu lernen? Hinderlich ist meistens nur die fehlende Lust am Lernen!

Wer eine Fremdsprache sprechen will, war vielleicht schon in dem Land, wo diese Sprache gesprochen wird, oder hat Freunde dort. Die ersten Sätze hängen bereits im Hirn herum. Vokabellisten über Speisen und Getränke oder Sätze für das Benutzen von Taxis und Bussen sind mehr als weniger vollständig. Dann wird Informationsmaterial von Sprachschulen studiert, Lehrbücher in der Buchhandlung durchgeblättert, Fernsehsender in dieser Sprache gesehen. Das Gehirn hat längst mit dem Lernen begonnen. Wir sprechen aber meistens erst dann vom Lernen, wenn es mühevoll wird.

Wer mit System herausfinden will, was er bereits über ein Thema weiß, kann eine Gedächtniskarte (Mindmap) anfertigen. Dabei wird das Thema in die Mitte eines Blattes geschrieben und alle wichtigen Unterthemen als Zweige an den zentralen Begriff gehängt. Von denen werden Abzweigungen zu weiteren Unterthemen gezeichnet. Wenn Sie mit Ihrem Halbwissen experimentieren wollen: Fertigen Sie Gedächtniskarten über Verbrennungsmotoren, Flugzeuge, das Transportwesen und Textilien an (erst recht, wenn Sie glauben, nichts über diese Themen zu wissen). Und probieren Sie aus, was Sie über völlig unbekannte Themen alles im Kopf haben.

Diese Darstellung von Information entspricht der Denk-Organisation des Gehirns. Die wichtigsten Begriffe sind dort ebenso groß geschrieben. Von da werden Verbindungen zu Unterthemen gezogen. Das Netz wird mit dem Lernen immer dichter, bis ein Dschungel aus Wissen vorhanden ist. Dabei trennt das Gehirn nicht sauber nach Themen, wie allgemein vermutet: Assoziationen, also die Verbindungen von Stichwort zu Stichwort, laufen auf wirren Wegen durch das Gehirn. So ist es möglich, dass der Kopf ungewöhnliche, völlig unlogische Assoziationsketten aufbaut.

Was eigenartig klingt, ist ein klarer Vorteil für Merktechniken: Das Gehirn kann Botanik mit Segelfliegen und Anatomie mit Kunstgeschichte und dem Mittagessen von gestern verbinden. Der Satz „Nie ohne Seife waschen" ist ein Merkspruch für die Reihenfolge der Himmelsrichtungen im Uhrzeigersinn und hat nichts mit Geografie zu tun. Je mehr Verknüpfungen zu einem Thema bestehen, desto sicherer ist es im Gehirn verankert und desto besser können wir uns daran erinnern.

Tipp: Wandern Sie auf den Wegen Ihres Kopfes
Denken Sie sich einen Begriff aus und assoziieren Sie einen weiteren Begriff, ohne lange zu überlegen. Bilden Sie eine Kette von Begriffen und beobachten Sie, wohin Ihr Gehirn Sie auf dieser Reise führt. Versuchen Sie herauszufinden, warum scheinbar abwegige Begriffe in Ihrem Kopf miteinander verbunden sind. Auch mit einem Partner oder in einer Gruppe macht dieses Spiel Spaß und ist lehrreich, weil Sie von den Mitspielern erfahren, wie deren Köpfe ticken.

Prinzip Kettensäge – Zerlegen

Nehmen Sie immer das große Messer: Je komplizierter das Thema scheint, desto gründlicher sollten Sie es zerlegen. Suchen Sie nach kreativen Wegen, die Lern-Nuss zu knacken. Vieles ist nicht so schwer zu lernen, wie es auf den ersten und zweiten Blick aussieht.

Chinesischsprechen wird häufig für eine unvorstellbar schwierige Aufgabe gehalten. Aber: Haben Sie darüber nachgedacht, dass Chinesisch die am häufigsten gesprochene Sprache der Welt ist? Was für über 1,2 Milliarden Menschen selbstverständlich ist, kann nicht unmöglich sein! Sprachschulen erklären gerne, dass viele Jahre intensiven Studiums nötig sind (Vokabeln pauken, bis alle Sicherungen durchbrennen), um sich mit dem Reich der Mitte unterhalten zu können. Selbst mit den besten Merktechniken ist das vollständige Chinesisch (rund 60 000 Schriftzeichen) nicht in ein paar Tagen im Kopf gespeichert (obwohl man sich mit den richtigen Methoden durchaus 100 Zeichen am Tag merken kann).

Wer tiefer bohrt, trifft auf ganz andere Tatsachen: Ein Chinese gilt nicht mehr als Analphabet, wenn er 1 500 Zeichen lesen kann. Gebildete Chinesen verstehen rund 6 000 Zeichen – mehr nicht! Die Statistik ändert die Sicht auf diese Sprache vollends: Mit den 1 000 am häufigsten verwendeten Schriftzeichen lassen sich 90 Prozent aller geschriebenen Texte verstehen.

99 Prozent aller Texte können Sie mit circa 2 800 Zeichen lesen. Wo liegt das Problem? Wenn Sie nur zehn Schriftzeichen jeden Tag lernen, beherrschen Sie 2 800 Zeichen nach einem dreiviertel Jahr. Die längste und höchste Chinesische Mauer haben wir nur im Kopf. Es gibt schwierigere Sprachen! Und noch ein ganz entscheidender Vorteil: Das Chinesische ist fast frei von Grammatik!

Stellen Sie sich immer folgende Fragen, bevor Sie mit dem Lernen von irgendetwas beginnen:

- **Wie sieht die Struktur hinter dem Thema aus?** Zersägen Sie alles so gründlich wie möglich, dann sehen Sie klarer, und das scheinbare Lern-Monster brüllt gar nicht mehr so gefährlich.
- **Was ist bekannt?** Verschaffen Sie sich einen Überblick, was über das Thema bereits in Ihrem Kopf drin ist.
- **Was ist leicht zu lernen und was wird mehr Zeit benötigen?** Mixen Sie einen Lern-Cocktail, der aus leichten, mittleren und schweren Lektionen besteht. Schieben Sie die schweren Themen zusätzlich unter das Mikroskop und zerlegen Sie diese weiter, bis Sie alles durch und durch verstanden haben.
- **Was muss ich wirklich wissen, um das Gelernte anwenden zu können?** Bevor Sie den Zehnjahresvertrag mit der Sprachschule unterschreiben, überlegen Sie, wie viel Sie tatsächlich lernen müssen. Weniger kann vor Frust bewahren: Sie müssen ja auch nicht gleich alle zwölf deutschen Sportbootführerscheine machen, wenn Sie einmal im Jahr in ein Boot steigen.
- **Wie viel Zeit brauche ich, wenn ich konzentriert lerne?** Bekannte Weisheit: Einen Plan machen und regelmäßig daran arbeiten. Zehn Vokabeln am Tag sind nach einem Jahr ein ziemlich hoher Haufen Fremdsprachenwissen.

■ **Was sind optimale Methoden, um das Thema zu lernen?** Benutzen Sie viele unterschiedliche Merktechniken und verzichten Sie auf Lernen durch Wiederholung. Und wenn ein Thema gar keinen Spaß macht: Sofort damit anfangen und konsequent regelmäßig in kleinen Stücken lernen.

Lernen auf neuen Wegen

Die Frage „Warum?" wird viel zu häufig mit der Antwort „Das ist eben so!" abgespeist. Geben Sie sich damit nicht zufrieden. Auf gar keinen Fall! Niemals und nirgendwo! Eingespielte (gelernte und gewohnte) Methoden müssen noch lange nicht die besten sein. Erinnern Sie sich an die Anordnung der Tasten auf der Schreibmaschine? Lehrer predigen Methoden, die von ihnen seit Jahren benutzt werden. Wer lange genug etwas tut, ist irgendwann überzeugt davon, dass es richtig und gut sein muss. Ein Vorbild, das den eigenen Methoden kritisch gegenübersteht oder daran zweifelt, passt nicht in die Bildungshierarchie. So ist es Ihre Aufgabe, neue Wege zu gehen.

Zugegeben, es ist nicht einfach, eingespielte Regeln und Verfahren als Neuling auf den Kopf zu stellen. Sie sollten nicht die ganze Bildungswelt umkrempeln wollen. Aber ein kritischer Blick und die Offenheit für Neues lohnen immer, mindestens für das eigene Lernen. Wenn Sie der Einzige sind, der mit einer anderen Technik besser lernt, dann ist das mehr als genug.

Wenn Sie zum Beispiel Gitarre spielen wollen, können Sie entweder zu einem Lehrer der alten Schule gehen – und Sie werden das altbekannte (und unbeliebte) Programm abgespult bekommen: Noten- und Harmonielehre und dann klassische Kleinkunstwerke zupfen für die nächsten fünf bis fünfzig Jahre. (Dies ist vielleicht eine übertriebene Darstellung, aber auf dem deutschen Musiklehrermarkt durchaus noch zu finden.)

Stellen Sie sich zuerst die Frage, was Sie mit dem Stück Holz anfangen wollen. Klassische Romanzen sind eine andere Lern-Liga, als Schlager am Lagerfeuer zu schrammeln. Während Sie für die Konzertreife mit auditorischem Ernst an die Sache herangehen sollten, brauchen Sie für die Zeltlager-Variante nur ein paar so genannte Griffbilder, die auch für Anfänger sofort les- und greifbar sind (siehe Abbildung): Jede horizontale Linie stellt eine Saite der Gitarre dar, die vertikalen Linien die Bünde (Metallstreifen am Hals der Gitarre), und die schwarzen Punkte sind die Positionen der Finger, damit es so klingt, wie es klingen soll. Alles, was Sie brauchen, ist eine gestimmte Gitarre, dann können Sie ohne Vorkenntnisse solche Akkorde spielen.

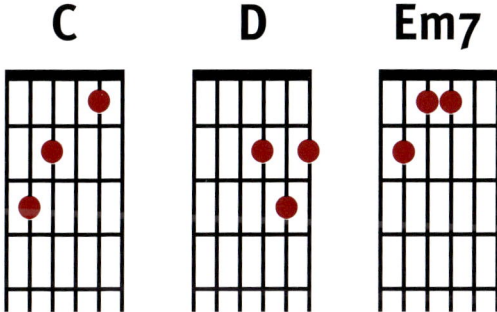

Die tiefere Analyse der Gitarrenmusik lohnt (auch als Beispiel, wie einfach Lernen sein kann, wenn gründlich analysiert wird): Spektakulär ist die Tatsache, dass Sie mit nur drei Akkorden (und null Gitarrenstunden) fast alle Nummer-eins-Popsongs der letzten 50 Jahre spielen können: Von „I saw her standing there" der Beatles über traditionelle Lieder wie „Amazing Grace" bis „La Bamba" und „Tutti Frutti". „Ein Akkord genügt, zwei Akkorde machen den Song besser, und mit drei Akkorden ist man im Jazz angekommen", hat der amerikanische Rockmusiker Lou Reed einmal gesagt.

Es geht sogar mit noch weniger: Für „Working Class Hero" von John Lennon genügen zwei Akkorde, genauso für „Songbird" von Oasis, „Lady in Black" von Uriah Heep und „Paperback Writer" von den

Beatles. Auch „Living next door to Alice" von Smokie begnügt sich mit drei Akkorden, die jeweils mit nur drei Fingern gespielt werden. Eine Lern-Angelegenheit von weniger als fünf Minuten. Gute Musik ist alles andere als schwierig zu spielen!

Der Lagerfeuer-Stil mag vielen zu einfach sein, und am Horizont tauchen die ersten bedrohlichen Notenlinien auf: Abstrakte Informationen, die keinen Bezug zu den Saiten einer Gitarre haben – insgesamt schwer zu merken und völlig frei von Logik. Schlimmer noch: Auf einer Gitarre kann dieselbe Note auf verschiedenen Saiten gespielt werden. Wenn Sie nicht wissen, welche Saite und welcher Bund gemeint sind, gibt es Knoten in den Fingern und im Gehirn.

Auch dafür gibt es eine bessere Lösung: Tabulatoren. Die sehen Noten sehr ähnlich, aber die sechs Linien stellen die Saiten der Gitarre dar (wie bei den Akkorden). Damit haben Sie den direkten Bezug zum Instrument. Statt Punkte sind darauf Zahlen eingezeichnet, die den Bund anzeigen, wo die Saite gegriffen werden muss (siehe Abbildung unten). Tabulatoren lassen sich ebenfalls ohne eine Gitarrenstunde verstehen und praktisch sofort spielen. Einfacher geht es nicht!

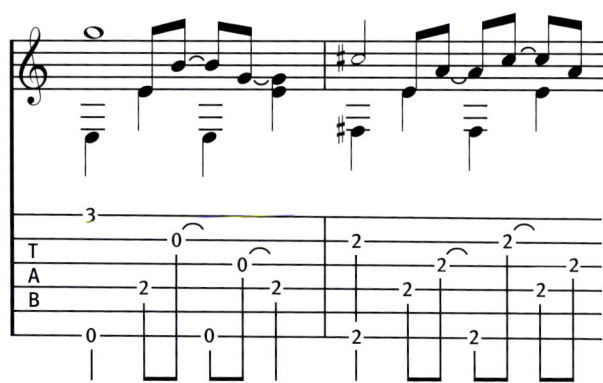

In den USA ist diese Darstellung in Gitarrenbüchern weitverbreitet, während in Deutschland am Anfang von Musiklehrbüchern immer noch Kapitel über das Notenlesen und den angeblichen Sinn dieser Lernmühe abgedruckt sind: „Früher oder später kommen Sie nicht daran vorbei …" Darauf wollen wir nicht wetten!

Wer sich gar nicht mit Papier, sondern nur mit der Gitarre oder einem anderen Instrument beschäftigen will, der findet im Internet mittlerweile Tausende von Lernvideos, in denen das Spielen Stück für Stück erklärt wird. Allein die Suche nach den Stichwörtern „guitar" (Englisch für Gitarre) und „lesson" (Lernstunde) produziert über 300 000 Treffer auf der Video-Plattform YouTube (http://www.youtube.com). Top-Video: „Sweet Child o' mine" von Guns 'n' Roses mit 3,2 Millionen Zuschauern. Die Google-Videosuche (http://video.google.com) spuckt zu denselben Stichworten über 700 000 Treffer aus. Und wenn es nicht Gitarre sein soll, dann sind zum Beispiel auch für die Ukulele weit über 1000 Lehrvideos zu finden.

Gewohnheitswidrig: Entgegen der Einbahnstraße

Lernen wird häufig mit Abfragen verwechselt: Das Frage-und-Antwort-Spiel ist nicht nur ein typisches Instrument, um Wissen zu prüfen, sondern es ist auch die meistgenutzte Methode des Gehirns, um sich zu erinnern: Durch einen Reiz (ein Stichwort zu einem Thema) sucht das Hirn nach der passenden Antwort (Reaktion). Die Abfrage ist aber kein geeignetes Instrument, um eine Aussage über Intelligenz zu treffen.

Leider ist es eine eingespielte Methode, mit der Lehrer Ihre Schüler in die messbare Wissenskontrolle zwingen. Jede richtige Antwort bringt positive Punkte. Unser Gehirn trottet brav dem Frage-Antwort-Schema hinterher. Genau das wird uns ja auch täglich im Fernsehen vorgeführt. Nur für Fragen zu lernen, die andere stellen, hat fatale Folgen: Das Gehirn lernt nur die Hälfte, und die Hirnzellen werden sauber in eine Richtung gebügelt.

Dazu ein kleines Experiment: Prägen Sie sich die abgebildeten vier chinesischen Schriftzeichen und deren Bedeutung so schnell wie möglich ein. Wenn Sie glauben, die Zeichen sind in Ihrem Kopf, lesen Sie bitte weiter.

wēn

溫

warm, Temperatur

gǎng

港

Hafen

hē

喝

trinken

hú

湖

See

Aufgabe:
Merken Sie sich diese Zeichen!

Das Gehirn verhält sich bei dieser Übung immer gleich: Das chinesische Zeichen wird vereinfacht (symbolisiert) und mit seiner Übersetzung irgendwie verknotet. Sie haben sicher keine Probleme, die Bedeutung der vier Schriftzeichen zu nennen, wenn Sie sich die Zeichen anschauen. Aber können Sie das Schriftzeichen für „Hafen" zeichnen? Und wie sah das Schriftzeichen für „trinken" aus?

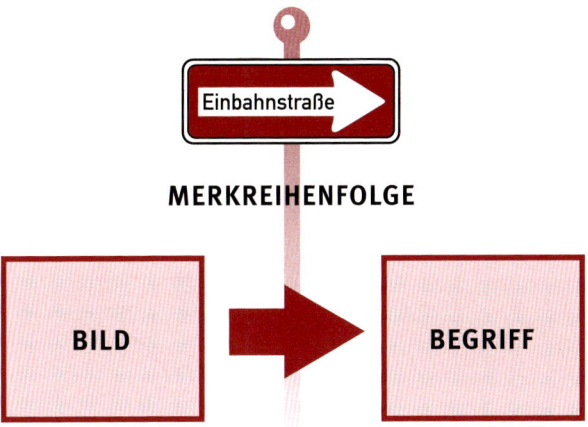

Wenn Sie Chinesisch lernen, dann wollen Sie es sicher auch irgendwann einmal schreiben. Wahrscheinlich werden Sie jetzt argumentieren, dass Sie nach einer gewissen Zeit (mit genügend Gewohnheit und Routine) die Zeichen nicht nur wiedererkennen, sondern auch schreiben können. Aber richtig gutes Lernen ist immer Merken in zwei Richtungen!

Das einseitige Vokabellernen ist häufig und üblich: Beim blanken Pauken gewöhnt das Gehirn sich schnell an die Merk-Einbahnstraße. Schüler trommeln sich die deutsche Bedeutung von Vokabeln in den Kopf und reagieren bei umgekehrten Fragen mit „Hey, das ist unfair!" Aber das Gehirn gewöhnt sich auch an ganz andere Lerngewohnheiten: Es prägt sich sogar die Reihenfolge der Wörter im Vokabelheft ein. Wer exakt von oben nach unten lernt, macht es dem Hirn leicht: Vorgänger und Nachfolger werden als Merkhilfe benutzt. Beim Lernen noch kein Problem, dafür aber später bei der Abfrage.

Das zweiseitige Lernen hat den Vorteil, dass Sie sich intensiver mit dem Lernstoff beschäftigen. Die Übersetzung wird durch das Wissen über das Aussehen des Zeichens ergänzt. Bei chinesischen Zeichen ist das Bild eine interessante Sache für die rechte Hirnhälfte (Verarbeiten von Bildern). Drehen und wenden Sie die Lernreihenfolge immer wieder herum. Am Ende wird das Ergebnis ein besseres sein.

Tipp: Fahren Sie durch die Flaggen-Einbahnstraße
Das Lernen aller Länderflaggen ist eine einfache Sache, aber auch eine typische Lern-Einbahnstraße. Die Flaggen so zu lernen, dass Sie sie korrekt zeichnen können, ist eine ganz andere Herausforderung. Wenn Sie das nächste Mal eine Fahne sehen, prägen Sie sich deren Form und Farben ein. Eine Liste der Nationalflaggen finden Sie bei Wikipedia: http://de.wikipedia.org/wiki/Liste_der_Nationalflaggen. Und die passende Merktechnik dazu gibts im Kapitel „Mal mal!"

Stellen Sie immer die Sinnfrage: Warum und wofür muss ich wie viel davon in welcher Form im Kopf haben? Ehrlich gesagt: Es genügt meistens, nur in eine Richtung zu fahren. Machen Sie sich und Ihrem Kopf nicht zu viel Arbeit, wenn der Aufwand unnötig ist, zum Beispiel für Prüfungen, bei denen theoretisches Wissen ohne Sinn und Zweck abgefragt wird.

Es lohnt sich auch, die Art der Abfrage unter die Lupe zu nehmen. Sie werden anders lernen, wenn Sie vorher wissen, dass die Prüfung aus einer Mehrfachauswahl (Multiple-Choice-Verfahren) besteht, als wenn jede Frage ausformuliert werden muss. Das Radfahren und der Seemannsknoten werden anders gelernt als Hautausschläge oder chemische Formeln.

Schauen Sie sich die sechs Felder und die darin abgebildeten Symbole an. Prägen Sie sich die Anordnung der Symbole in den Feldern und die jeweilige Nummer des Feldes ein.

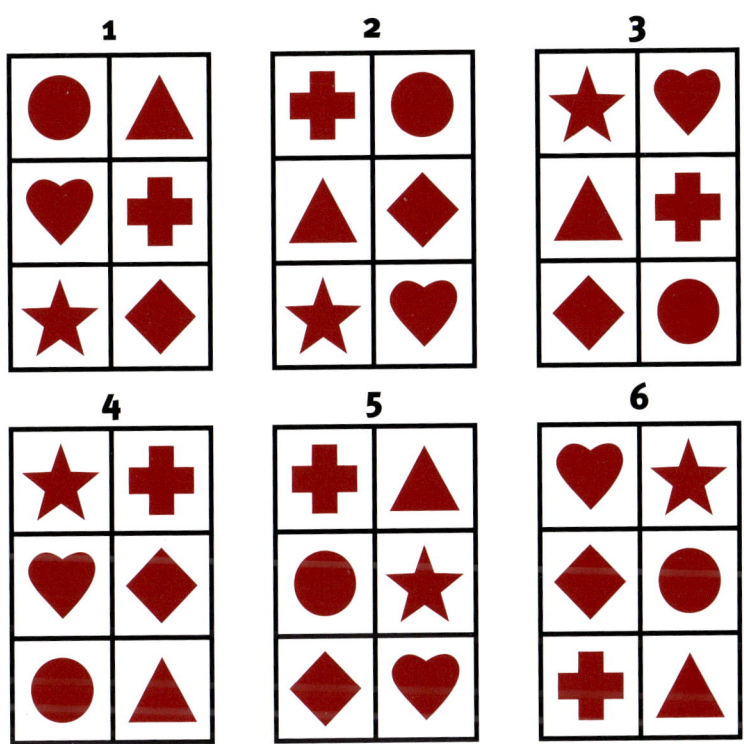

Aufgabe:
Merken Sie sich die Symbole in den Kästen!

Haben Sie vor dem Lernen nachgesehen, wie die Frage zu dieser Aufgabe aussieht? Wenn nicht, haben Sie sich jetzt zu viel Lern-Arbeit gemacht. Es geht nämlich nur darum, den Feldern die richtige Nummer zuzuweisen. Wenn Sie sich die Abbildung noch einmal genau ansehen, müssen Sie nur herausfinden, wo der Unterschied in der Anordnung der Symbole in den sechs Feldern liegt und diesen den Nummern zuordnen.

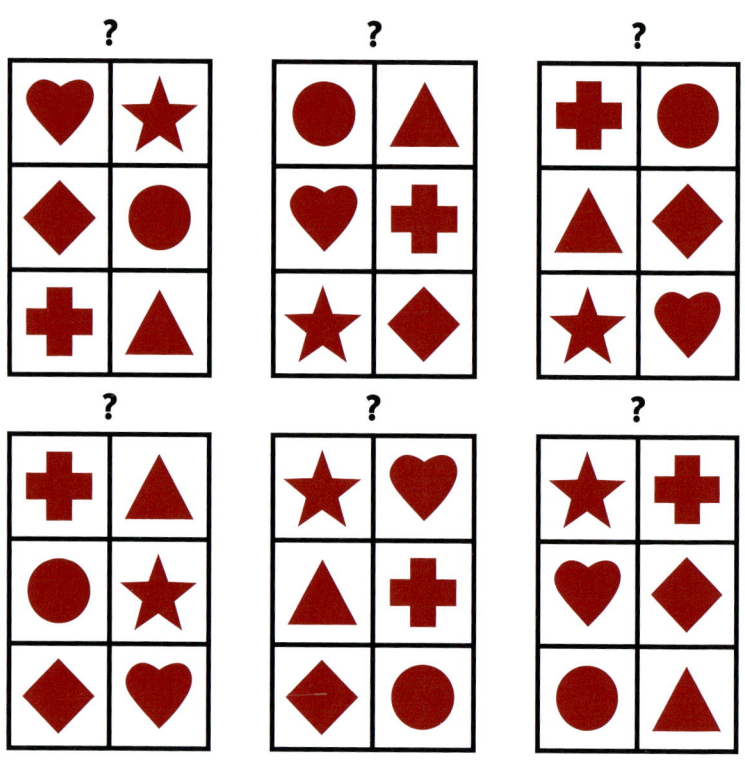

Frage:
Welche Nummer gehört zu welchem Kasten?

Die Lösung ist leicht merkbar: In allen Feldern steht der Kreis als einziges Symbol immer an einer anderen Stelle. Und er springt in Form einer gespiegelten Ziffer 6 gegen den Uhrzeigersinn, oben links beginnend, durch das Raster. Das zu lernen dauert wenige Sekunden. Ärgern Sie sich nicht, wenn Sie die Positionen aller Symbole gelernt haben. Sie haben Ihrem Gehirn damit wieder mal richtig Beine gemacht!

Wie gehts weiter?

Verschaffen Sie sich den ganz großen Überblick und zerlegen Sie Lernstoff grundsätzlich in kleinste Teile. Wählen Sie den sanften Einstieg: Immer vom Groben zum Feinen lernen. Machen Sie sich einen Plan, was Sie sich wann und wie merken wollen. Werden Sie kritisch und kreativ. Vorgegebene Lösungen und Lernmethoden sind nicht immer die besten. Geben Sie sich nicht damit zufrieden, Frage-und-Antwort-Spiele zu spielen. Sichern Sie das gelernte Wissen ab, indem Sie Lernwege in beide Richtungen gehen.

Lerne lieber ungewöhnlich

Erinnern Sie sich daran, was Sie am 11. September 2001 getan haben? Ganz sicher! Die meisten Menschen können sich gut daran erinnern, wo sie gewesen sind und was sie gemacht haben. Erinnern Sie sich auch daran, was Sie einen Tag vorher und einen Tag danach getan haben? Wenn es nichts Außergewöhnliches war, vermutlich nicht.

Unser Gehirn arbeitet nicht immer streng in Reihenfolge: erst ins Arbeitsgedächtnis, dann in den Langzeitspeicher. Außergewöhnliche Ereignisse werden unvergesslich ins Hirn geschrieben. Das gilt natürlich nicht nur für negative Erlebnisse, sondern auch für positive Dinge. Schließlich sollen Sie nicht darauf warten, dass eine Katastrophe geschieht, bevor Sie sich hinsetzen, um Italienisch oder Mathematik zu lernen.

Deswegen sind triste Büros und der immer gleiche Schreibtisch grundsätzlich der falsche Platz zum Lernen. Wir erinnern uns an gar nichts in dieser ewig öden Umgebung. Es wird ja auch nicht jeder Shakespeare vor der gleichen Kulisse gespielt. Beim Sprechen sorgen Betonungen für Abwechslung: Monoton gesprochene Texte sind unverständlich und erst recht nicht zu begreifen.

Das Gehirn braucht Aktion und Abwechslung. Immer gleiche Tomaten, mit denen wir nichts anderes tun, als sie in Scheiben zu schneiden und zu verzehren, werden so lange in unserem Kopf bleiben, wie die Verdauung dauert. Spenden Sie einer Sache eine ordentliche Portion Bedeutung – und Sie werden sie nie mehr vergessen: Wenn Sie sich an einen Radiergummi für immer und ewig erinnern wollen, beißen Sie hinein! Sofern Sie sich nicht von Büromaterial ernähren, wird es vermutlich der einzige Radiergummi bleiben, in den Sie hineingebissen haben. Und wenn Sie später die Bissspuren auf dem Radiergummi sehen, werden Sie sich daran erinnern, dieses Buch gelesen zu haben. So ungewöhnlich kann Merken sein!

Wenn Ihr Kopf sich nicht merken will, wohin Sie Ihren Schlüssel gelegt haben (in den meisten Fällen sind die Schlüssel da, wo sie immer liegen), dann deponieren Sie ihn das nächste Mal im Tiefkühlfach oder an einem anderen ungewöhnlichen Ort. Sie werden an dem Tag sicher nicht vergessen, wo der Schlüssel friert. Wenn Sie bei einem Bekannten im Kühlfach einen Schlüssel finden, fragen Sie ihn, ob er auch dieses Buch gelesen hat.

Wie gehts weiter?

Bereichern Sie Ihr Lernen mit einfallsreicher Abwechslung. Durchschnittliches Lernen funktioniert nicht! Werden Sie energisch gefühlvoll: Brüllen Sie die Vokabeln laut heraus, die Sie nicht im Kopf behalten können. Lernen Sie überall: Klettern Sie für Latein im Park auf die Bäume, oder springen Sie mit einem deftigen juristischen Präzedenzfall in den Ententeich – zumindest in Gedanken. Oder Sie verschaffen sich eine angenehm ungewöhnliche Atmosphäre zum Lernen: „Weißt Du noch, als wir diese schwierige Vokabel im Baumhaus bei Gewitter gelernt haben?"

Sinn und Unsinn

Nackte Tatsachen verweigert das Gehirn! Verständlich, denn „Maßliche Anforderungen an Treppenbauwerke" (DIN 18065) ohne Lust lernen zu wollen, macht der Kopf nicht mit und stellt die Grönemeyer-Frage: „Was soll das?" Wenn Sie Ihr Gehirn begeistern wollen, dann soll es sich Informationen nach seinem Geschmack merken – und nicht gähnend korrekte Darstellungen in Lehrbüchern.

Musterschüler – Muster und Regeln

Je verwirrender eine Information ist, desto aktiver wird Ihr Gehirn und versucht, in dem Durcheinander Muster zu erkennen oder in dem Chaos nach Regeln zu fischen. Schauen Sie sich diese Zahlenfolge an:

1 1 1 2 1 3 1 4 2 1 2 2 2 3 2 4 3 1 3 2 3 3 3 4 4 1 4 2 4 3 4 4

Auf den ersten Blick sind das 32 Ziffern, und weil das Hirn beim Lernversuch nach Nummer sieben die Klappe zumachen würde, ist die Reihe eigentlich schwierig zu lernen. Beim genauen Hinsehen werden Sie entdecken, dass die Reihenfolge nicht zufällig entstanden ist, sondern einer Regel folgt: Der Eins folgen die Ziffern eins bis vier (1 1, 1 2, 1 3, 1 4), dann folgen der Zwei die Ziffern eins bis vier und so weiter. Hat das Gehirn die Regel erkannt und verstanden, zerfällt das Problem in ein schlichtes „logisch!" oder in einen der bekanntesten griechischen Ausrufe: „Heureka!" – was so viel bedeutet wie „Ich habs gefunden!" und angeblich von Archimedes von Syrakus begeistert postuliert wurde, als er nackt durch die Straßen lief, weil er in der Badewanne das nach ihm benannte archimedische Prinzip entdeckt hatte. Aber zurück in die Reihe: Sie merken sich hier *eine* Regel statt 32 Ziffern!

Die Gier des Kopfes nach Mustern und Regeln kann hervorragend zum Lernen benutzt werden. Lassen Sie Ihr Gehirn nach der Grammatik in einer Fremdsprache suchen, statt Deklinationstabellen in die Birne zu pressen. Es wird die Grammatik irgendwann erkennen und wie von selbst benutzen. Wir haben das mindestens einmal am eigenen Kopf erfahren: beim Erlernen unserer Muttersprache. Oder haben Ihre Eltern Ihnen am Abend aus der Grammatik vorgelesen?

Das Erkennen von Regeln und Mustern ist meistens nicht ganz einfach, weil Faktenwissen selten aus Regeln entsteht (wie die Höhe von Gebäuden oder das Datum eines historischen Ereignisses). Aber immer wieder finden sich Dinge, die Regeln folgen.

Ein unter Mathefreunden beliebtes Geometrieproblem ist das Auffalten eines Würfels in ein flaches, zusammenhängendes Netz aus Flächen (Würfelnetz), aus dem sich mit Schere und Kleber wieder ein Würfel basteln lässt.

Ein Würfel lässt sich auf elf Arten in eine flache Hüpfspiel-Vorlage auseinanderblättern, wie Sie in der Abbildung sehen können. Analysieren Sie die Formen. Suchen Sie nach Ähnlichkeiten und Mustern. Lassen sich die Formen in Gruppen einteilen? Lassen Sie Ihren Kopf die Muster entdecken, um sich alle Netze leicht merken zu können!

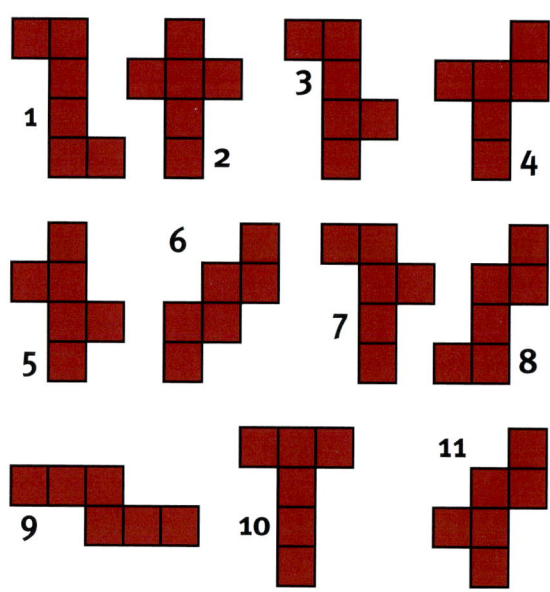

Wie viele Würfelnetze müssen Sie tatsächlich lernen und wie viele lassen sich aus einem anderen Netz ableiten? Lösungsvorschlag: Wenn Sie von Netz Nummer 10 als Grundmodell ausgehen, können Sie daraus die Netze 1, 2, 3, 5 und 7 ableiten. (Die Variationen entstehen, indem Sie die beiden Quadrate links und rechts von der Mitte nach unten schieben.) Sechs erledigt! Netz 8, 6, 11 (und auch 1) folgen einer anderen Regel: Sie sind aus jeweils zwei Winkeln mit drei Quadraten zusammengesetzt, die sich an verschiedenen Stellen berühren. Nochmals drei in einer Gruppe zusammengefasst! Bleiben nur Netz 9 und 4, die Sie sich tatsächlich merken müssten. Oder haben Sie dafür auch eine Merkhilfe gefunden?

Wie Sie bei der Zahlenfolge oben bereits gesehen haben, spart das Entdecken einer Regel Zeit und Mühe. Außerdem ist die Information damit viel fester abgespeichert, als wenn Sie auswendig gelernt wird.

Schauen Sie sich das Winkeralphabet (S. 80) an. Erkennen Sie die Regel, nach der die Positionen der Buchstaben gebildet werden? Nehmen Sie sich wieder ein wenig Zeit und analysieren Sie die Bilder, bis Sie die Regel gefunden haben.

Aus der Ausgangsposition (beide Flaggen zeigen nach unten) wird eine Flagge in 45-Grad-Schritten im Uhrzeigersinn um den Körper herum bewegt, während die andere Flagge unten bleibt. Inklusive Startstellung haben Sie sofort sieben Positionen im Kopf! Danach wird die zweite Flagge in einer Stellung gehalten, die etwa zwischen sieben und acht Uhr liegt, und die zweite Flagge startet auf neun Uhr (Buchstabe H) und bewegt sich wieder in 45-Grad-Schritten um den Körper herum, bis zum Buchstaben N. Unangenehme Ausnahme ist die Stellung für den Buchstaben J.

Wenn Sie die Buchstaben und die dazugehörigen Positionen der Flaggen weiter analysieren, werden Sie sehen, dass Sie mit der 45-Grad-Regel und dem Weiterziehen der zweiten Flagge nach jedem Umkreisen des Körpers bis zum Buchstaben U kommen – einzige Ausnahme bleibt bis dahin das J. Also eine Regel und eine Ausnahme, und Sie haben (inklusive Startstellung) in kürzester Zeit 22 Positionen im Kopf. Einzig die Buchstaben J, V, W, X, Y und Z müssen Sie sich anders merken. Oder haben Sie die Regel dafür auch schon entdeckt?

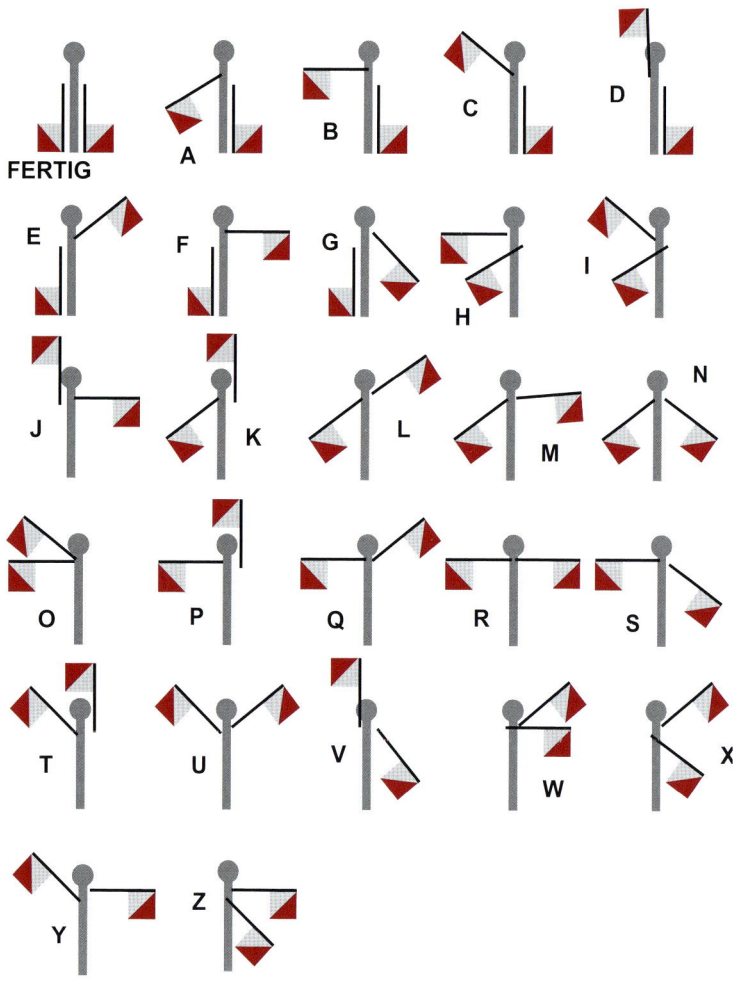

Noch ein Hinweis, der Ihnen als angehendem Profi-Analysten sicher bereits aufgefallen ist: Zum Lernen ist diese Darstellung eigentlich nicht geeignet, weil Sie damit das Winkeralphabet nur lesen lernen. Wenn Sie selbst signalisieren wollen, müssen Sie die Haltung der Flaggen spiegeln. Also gleich beide Varianten merken!

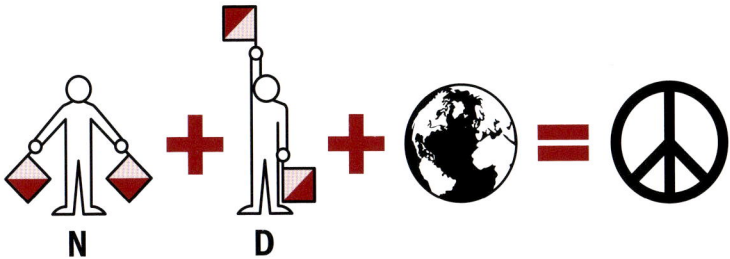

Kennen Sie das Symbol der Atomwaffengegner? Oft als Mercedes-Stern mit kleinem Fehler interpretiert, hat es einen anderen Sinn und außerdem einen Bezug zum Winkeralphabet! Die Linien im Kreis stehen nämlich für die beiden Buchstaben „N" (für „nuclear" = nuklear) und „D" (für „disarmament" = Abrüstung). Der Kreis stellt die Erde dar. Eine gute Merkhilfe für zwei Buchstaben. Mehr gewusst ist mehr gemerkt!

Manchmal hängt das Gehirn zu schnell in bekannten Regeln fest und tappt in die Falle der eigenen Denk-Routine. Schauen Sie sich die Buchstabenreihenfolge im Kasten unten an:

ISSYMCA

Auf den ersten Blick geht das lesegewohnte Gehirn der Folge von Buchstaben auf den Leim, bildet sofort „ISSY", das irgendwie englisch klingt, und hängt dann vollkommen fest. Silben sind fest in den Kopf eingetackert. Erst auf den zweiten Blick zerfällt die Abfolge in die beiden Abkürzungen ISS (Internationale Raumstation ISS = International Space Station) und YMCA (Young Men's Christian Association, deutsch: Christlicher Verein junger Menschen/CVJM).

Oder der Kopf sieht mit dem ersten Blick nicht das, was er sehen könnte. Schauen Sie sich die Reihenfolge der Zahlen unten an:

1 1 0 9 2 0 0 1 7 2 4 3 6 5 1 1 0 1 0 0 0

Je länger Sie sich mit der Reihe aus 21 Zahlen beschäftigen, desto mehr Auffälligkeiten wird Ihr Gehirn darin erkennen. Ursprünglich ist die Abfolge aus folgender Geschichte entstanden: Seit dem 11. September 2001 (Anschlag auf das World Trade Center) rufen die sieben Zwerge 24 Stunden am Tag, 365 Tage im Jahr den Notruf an, um Tausende Katastrophen zu melden. Einfach merkwürdig, oder?

Sinn drin?

Auch, wenn die Beispiele oben nicht viel mit praktisch nutzbarer Bildung zu tun haben, lässt sich dieses Vorgehen auf Wissen übertragen, das sich zu lernen lohnt: Morsecode starr von A bis Z zu büffeln, ist ganz und gar nicht die beste Methode. Analysieren und Umstellen der Strich-Punkt-Folgen ist sinnvoller: So ergeben alle Zeichen, die nur aus Punkten bestehen, das Wort „Eis". (E besteht aus einem, I aus zwei und S aus drei Punkten.) Drei Zeichen blitzschnell gelernt! Und es geht noch mehr mit dem Merksatz „EIS Hoch 5", darin steckt zusätzlich das H mit 4 Punkten und die Ziffer fünf, die (natürlich) aus fünf Punkten besteht. Analysieren Sie den gesamten Code, bis Sie möglichst viele Muster entdeckt haben.

A	.—	**N**	—.	**0**	—————
B	—...	**O**	———	**1**	.————
C	—.—.	**P**	.——.	**2**	..———
D	—..	**Q**	——.—	**3**	...——
E	.	**R**	.—.	**4**	....—
F	..—.	**S**	...	**5**	.....
G	——.	**T**	—	**6**	—....
H	....	**U**	..—	**7**	——...
I	..	**V**	...—	**8**	———..
J	.———	**W**	.——	**9**	————.
K	—.—	**X**	—..—		
L	.—..	**Y**	—.——		
M	——	**Z**	——..		

Und hier noch einmal das Morsealphabet, diesmal aber ganz anders geordnet, nämlich nach Anzahl und Abfolge der Striche und Punkte:

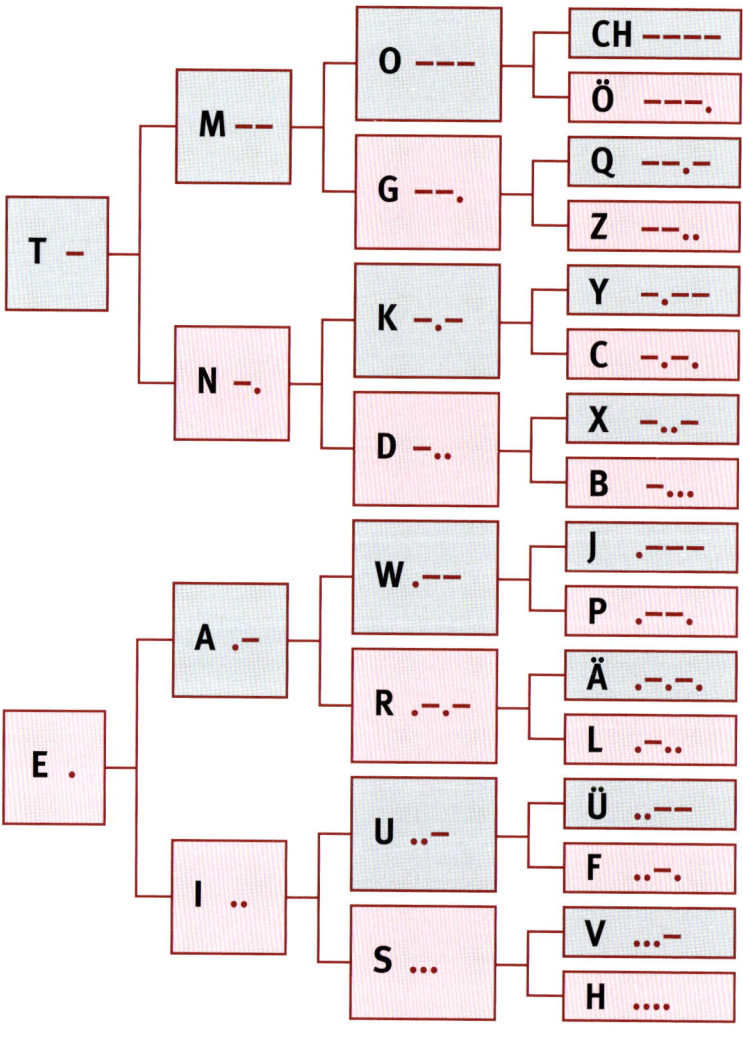

Nicht nur die Anordnung des Morsecodes von A bis Z macht wenig Sinn, auch die Reihenfolge des Alphabets ist scheinbar wenig zweckmäßig. Eine Ordnung in Gruppen (zuerst die Vokale und dann die Konsonanten) oder nach statistischer Häufigkeit (E, N, I, S, R, A usw.) wäre logischer. Was nach einer Laune der Kultur aussieht, hatte bei seiner Entstehung durchaus einen Sinn gehabt, den wir leider nicht mehr kennen: Im phönizischen Alphabet, das dem lateinischen und griechischen Alphabet weitgehend ähnelt, waren die Buchstaben gleichzeitig Zahlworte.

Tipp: Lernen von Z bis A

Eine Konzentrationsübung, die den Kopf wach macht: Trainieren Sie, das Alphabet von hinten nach vorne aufzusagen. Das ist gar nicht leicht! Zwar bekommen wir das Abc von klein auf in der üblichen Reihenfolge zu hören, aber der umgekehrte Weg macht vielen Menschen echte Schwierigkeiten. Probieren Sie es aus und üben Sie, bis Sie die umgedrehte Reihenfolge aus dem Effeff beherrschen! Im Kapitel über Routentechniken werden Sie den Rückwärtsgang praktisch (be)nutzen können.

Das „Effeff" (siehe Kasten oben) stammt vermutlich aus dem Lateinischen „ex forma, ex functione": Etwas ist nicht nur der Form, sondern auch der Funktion nach bekannt. Einfach gesagt, wir kennen nicht nur die Fakten, sondern auch den Sinn dahinter. Sollte Ihnen diese Erklärung nicht gefallen (obwohl Sie damit gleich Ihre Lateinkenntnisse verbessern), schlägt Wikipedia vier weitere Herleitungen vor. Und für das weltbekannte „Okay" gibt es mehr als zehn vermutete Ursprünge, alle nachschlagenswert, unterhaltsam und wissenswert (bei Wikipedia unter http://de.wikipedia.org/wiki/Okay). Schließlich ist „okay" das bekannteste Wort der Welt.

Machen Sie es sich zum Prinzip, nach dem Sinn von Informationen zu forschen. Noch ein Beispiel, das Sinn enthält: Unten sehen Sie den

Union Jack (offiziell „Union Flag"), die Flagge des Vereinigten König-reichs Großbritannien und Nordirland. Kennen Sie die Bedeutung und den Ursprung?

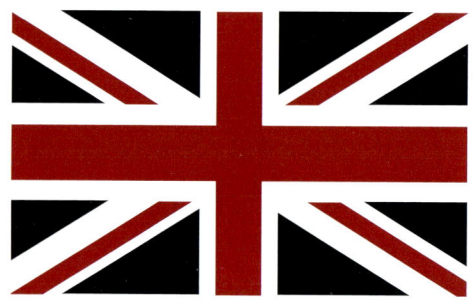

Bevor Sie mehr darüber erfahren, eine andere Frage: Haben Sie die Flagge aufmerksam betrachtet? Nach genauer Analyse fallen die Details ins Auge: Die Flagge ist nicht spiegelsymmetrisch, was viele Menschen übersehen. Die roten, diagonalen Linien „liegen" auf der linken Seite der Flagge (beides beginnt mit L) im unteren Teil der weißen, diago-nalen Linien. Und auf der rechten Seite „recken" sie sich zur Decke (beides beginnt mit R). Außerdem lassen sich die Diagonalen nicht mit dem Lineal miteinander verbinden, sondern laufen aneinander vorbei – auch das hat eine Bedeutung.

Kennen Sie die Entwicklung des Union Jack, dann kennen Sie gleich drei Flaggen auf einen Streich: Das rote Kreuz (Georgskreuz) ist die Flagge von England, das weiße Andreaskreuz auf blauem Grund die von Schottland und das rote, diagonale Kreuz (St.-Patricks-Kreuz) auf weißem Hintergrund ist die irische Flagge.

Die Flaggen wurden im Laufe der Geschichte nach und nach überein-andergelegt. So gibt es zwei Versionen des Union Jack: Ab 1606 wurde die Kombination von England und Schottland benutzt. Mit der Inte-gration der irischen Nachbarinsel wurde die irische Flagge 1801 mit aufgenommen.

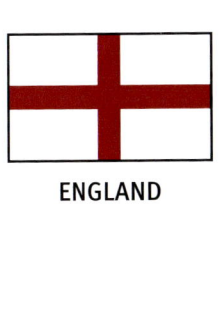

ENGLAND

SCHOTTLAND

1606

IRLAND

1801

Und warum hängen die Iren schief im Bild? Der Union Jack zeigt die politischen Verhältnisse der Länder untereinander: Die Asymmetrie des irischen Kreuzes ist keine Laune eines kreativen Zeichners, sondern hat durchaus ihren Sinn: Sie soll zeigen, dass Irland nicht gleichberechtigt neben Schottland auf der Fahne steht. Deswegen wurde das St.-Patricks-Kreuz asymmetrisch verschoben.

Es lohnt immer, nach dem „Warum?" zu fragen. So haben auch die für das westeuropäische Auge verwirrenden chinesischen Schriftzeichen einen Ursprung. In der Abbildung auf der nächsten Seite sehen Sie die historische Entwicklung des Schriftzeichens für „Trommel" (Gu). Sehen Sie die Ähnlichkeit? Weitere Begriffe sind aus dem Zeichen (logisch) abgeleitet: So ist das Wort „Applaus" (Gu Zhang) eine Kombination aus den Zeichen für Trommel und Handfläche.

Heutige Schreibweise

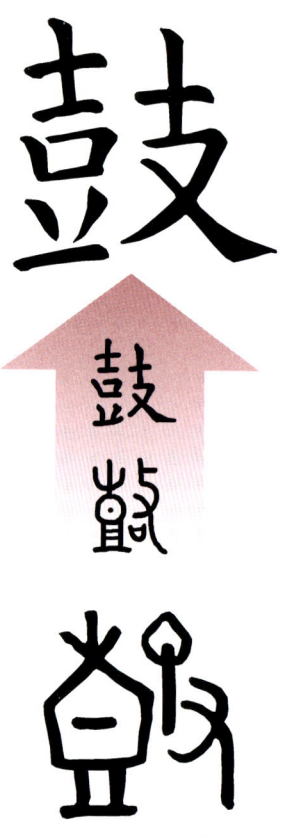

Ursprungszeichen

Machen Sie sich auf die Suche nach dem Sinn! Reaktivieren Sie Ihr Lexikon oder tummeln Sie sich bei Wikipedia. Es gibt viele interessante Kleinigkeiten zu entdecken, die Ihr Allgemeinwissen und Ihren Horizont erweitern – ein wichtiger Grund, um sich noch mehr zu merken und zu lernen, denn je größer das Fundament ist, desto größer und prächtiger kann Ihr Gehirn darauf (auf)bauen.

Tipp: Die Liste der schwarzen Löcher
Führen Sie eine Liste, auf der Sie sich alles merken, was Sie nicht kennen: Wo liegt Tonga? Was bedeutet „skandieren"? Kommt die Band „Spandau Ballet" aus Berlin? Woher stammt der Name „Meerrettich"? Wenn Sie abends am Computer sitzen oder ein Lexikon in Reichweite haben, haken Sie alle offenen Punkte auf Ihrer Liste ab. Gewöhnen Sie sich daran, Unbekanntes in neues Wissen zu verwandeln. Für Eilige gibt es Internet auf dem Handy, um Fragen sofort zu beantworten.

Unsinn statt Sinn

Noch einmal Musik: Die Teilnehmerin eines Gedächtnistrainings spielte seit vielen Jahren Klavier und hatte noch immer Probleme, sich die Noten der hohen Töne zu merken. Sie sprach von den „vielen Noten über den Linien". (Weil Noten abstrakte Informationen sind und es keine logische Verbindung zwischen Klaviatur und Notenlinien gibt.) Obwohl sie Dutzende Stücke auswendig spielen konnte, fing sie bei neuen Liedern immer wieder an, diese Noten mit dem Finger abzuzählen.

Die schnelle Analyse des Problems zeigte, dass die Klavierspielerin sich nur vier Noten nicht merken konnte, die sie häufig spielte –

mehr nicht! In der klassischen Musik ist die höchste gesungene Note das dreigestrichene F (in der Arie der *Königin der Nacht* aus Mozarts *Zauberflöte*). Bis dahin sind es noch drei Noten mehr, die über den Linien liegen.

In der Abbildung sehen Sie eine Merkhilfe, in der die Positionen der Noten mit den jeweiligen Namen verbunden sind.

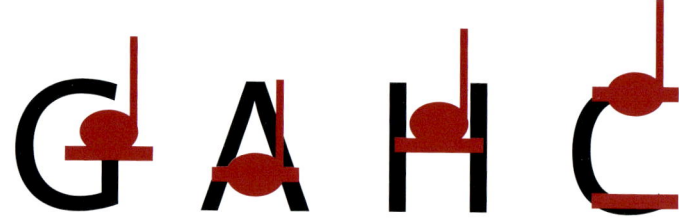

Beim G liegt die Note auf dem Querstrich des großgeschriebenen Buchstabens. Beim A steckt die Note auf dem Querstrich, wie ein Hühnchen auf dem Grillspieß. Beim H ist die Note von oben in den Buchstaben hineingefallen, und das C besteht – mit ein wenig Fantasie – aus zwei verbundenen horizontalen Notenlinien, wobei die Note von der oberen Linie des C aufgespießt wird. Damit ist eine eigentlich sinnlose, aber gut vorstellbare Lösung für das Problem gefunden. Suchen Sie zur Übung auch für die unteren Noten im Bass-Schlüssel eine Lösung. Was für eine Merkhilfe würden Sie benutzen? Es muss auch nicht immer ein Bild sein. Wie oben: Füllen Sie abstrakte Informationen mit Sinn!

Der Unterschied besteht hier darin, dass Sie sich einfach einen guten Grund (eine scheinbar logische Verbindung) ausdenken, wenn kein echter Sinn auffindbar ist. Eigentlich ist die Merkhilfe völliger Unsinn, denn natürlich sind die Noten nicht nach diesem Prinzip benannt und auf den Notenlinien platziert worden. Für das Gehirn allerdings ist die Fantasievorstellung ebenso gut geeignet. Mit so etwas hat der Kopf kein moralisches Problem.

Ein anderes Beispiel, etwas Unlogisches logisch zu machen (und damit nicht pauken und es sich für immer merken zu müssen), ist die Anordnung der Farben auf der Olympischen Flagge. Schauen Sie sich die Abbildung an. Kennen Sie die Farben der fünf Ringe?

Obwohl wir die Fahne schon tausendmal gesehen haben, kennen wir die Anordnung der Farben nicht – einmal wegen geringer Aufmerksamkeit, zum anderen, weil die Farbmischung scheinbar willkürlich gewählt zu sein scheint.

Lösen wir das Rätsel auf: Welche Farben enthält die Olympische Flagge? Der Hintergrund ist weiß, die Ringe sind schwarz, rot, grün, gelb und blau. Es ist gar nicht schwer, sich das zu merken, weil die meisten Flaggen diese Farben enthalten.

Um die Anordnung der Farben zu behalten, müssen Sie sich nur eine einzige Tatsache einprägen: Der schwarze Kreis ist oben in der Mitte. Der Rest ist einfach logisch! Wenn Sie sich die übrigen Farben als geschriebene Worte vorstellen, dann haben Sie die Hinweise auf die Anordnung. Sortieren wir zunächst auf die Seiten: Die Wörter „grün" und „rot" enthalten ein R. Also auf die rechte Seite damit. „Blau" und „gelb" enthalten ein L. Wohin? Links natürlich – einfach logisch, oder? Bleibt nur die Frage, welche Farbe jeweils oben ist und welche unten. Auch das ist schnell beantwortet. Bei dem Wort „rot" steht das R weiter vorne als bei „grün". Also rot nach oben und grün nach unten. Auf der linken Seite ist es genauso: In „Blau" ist das L weiter vorne als in „Gelb", also blau nach oben. Damit haben Sie sich die Anordnung der Farben mühelos gemerkt.

Das Reizvolle an dieser Art sich etwas zu merken: Wenn Sie den Lernstoff auf diese Weise verstanden haben, dann brauchen Sie nichts zu wiederholen und können dieses Wissen auch noch nach Jahren fehlerfrei abrufen. Damit haben Sie abstraktes Faktenwissen in gehirngerechtes Verstehenswissen verwandelt!

Das Gleiche können Sie auch mit der italienischen und der französischen Flagge machen, um die Reihenfolge der Farben zuverlässig zu rekonstruieren. Für Frankreich: Sie kennen die Farben? Blau, weiß, rot. Weiß ist in der Mitte (statt schwarz wie bei der olympischen Flagge), blau mit dem L nach links und rot enthält das R, also nach rechts. Fertig! Italien? Vorsicht! Hier muss anders gedacht werden, denn grün mit R steht links! Aber es müssen ja nicht immer Wörter sein, die Sie als Merkhilfe benutzen. Bei der Flagge der Italiener können Sie die Buchstaben „g" und „r" in Pfeile verwandeln. (Stellen Sie sich die Buchstaben als Richtungspfeile an Straßenkreuzungen vor.) Bei einem kleingeschriebenen G zeigt der untere Bogen nach links, während ein „r" wie ein Pfeil aussieht, der nach rechts zeigt. Sichern Sie diese Vorstellung mit dem Gedanken an italienische Autofahrer, die kreuz und quer über Kreuzungen rasen. Auf den ersten Blick erscheint diese Methode aufwändiger als herkömmliches Lernen, aber probieren Sie mal aus, welche Variante länger im Kopf bleibt.

Zum Schluss dieses Kapitels ein letztes Beispiel: Auf der gegenüberliegenden Seite sehen Sie das uralte Legespiel Tangram. (Hintergrundinformation als Lernhilfe: Tangram heißt auch Siebenbrett oder Siebenschlau – ein Hinweis auf die Anzahl der Teile.) Suchen Sie eine (un)sinnvolle Erklärung für die Schnittlinien in dem Quadrat, damit Sie jederzeit ein Tangram selbst bauen können!

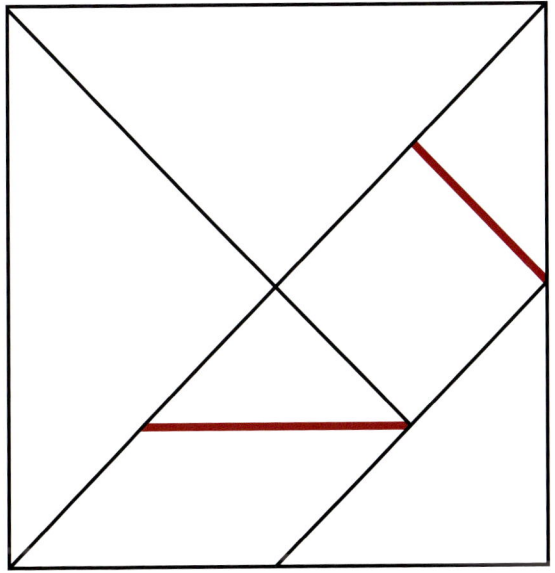

Zwei Linien wegzulassen, führt direkt zur Merk-Lösung. Wenn Sie die beiden farbigen Linien zunächst in Ihrem Kopf streichen, dann ergibt sich ein symmetrisches Muster, das man sich leicht merken kann. Jetzt stellen Sie sich bildlich vor, dass ein Tangram nur aus Dreiecken in drei Größen (Merkhilfe: zwei groß, zwei klein, ein mittleres allein), einem Quadrat und einem Parallelogramm besteht. Die beiden Formen in der Mitte müssen folglich weiter zerstückelt werden – und zwar durch jeweils eine Linie. In diesen beiden Feldern müssen Quadrat und Parallelogramm entstehen. Stellen Sie sich vor, dass ein Quadrat sich verformt, wenn es herunterfällt und dann aussieht wie ein Parallelogramm. Oben zeichnen Sie also die eine Linie so ein, dass ein Quadrat entsteht (Dafür gibt es nur eine Möglichkeit.) und unten ein Parallelogramm. (Auch hier kann die Linie nur auf eine Weise gezogen werden, um das zu erreichen.)

Wie gehts weiter?

Knöpfen Sie sich harte Nüsse vor und suchen Sie nach Mustern und Regeln. Forschen Sie nach dem Sinn von Informationen, um Faktenwissen in Verstehenswissen zu verwandeln. Vieles hat einen Sinn, auch Dinge, von denen wir es gar nicht erwarten. Und wenn Sie tatsächlich vor etwas völlig Sinnfreiem stehen, dann bereichern Sie den Unsinn mit fantasiertem Sinn und selbst gestrickter Logik in Form von Bildern und Hinweisen.

Gut zum Üben dieser Merktechnik sind besonders abstrakte Informationen wie Alphabete anderer Sprachen (zum Beispiel Russisch und Japanisch), aber auch das Morse- und das Signalflaggenalphabet (nicht verwechseln mit dem oben genannten Winkeralphabet). Je mehr Sie beim ersten Hinsehen die Stirn in Falten legen, desto spannender ist es, die Lern-Nuss zu knacken.

Tipp: Doppelt merkt sichs besser!

Lassen Sie Fakten niemals alleine dastehen. (Bauen Sie in die olympische Flagge den Namen ihres Zeichners Pierre de Coubertin ein und forschen Sie nach dem Sinn der Farben von französischer und italienischer Flagge!) Nehmen Sie sich vor, immer mindestens eine weitere Information hinzuzufügen. So entsteht im Kopf um das Wissen ein kleines Netz, das durch Hinzufügen weiterer Fakten stetig größer wird. Im weiteren Verlauf des Buchs werden Sie den Grundsatz „Doppelt merkt sichs besser!" öfter zu lesen bekommen!

Angeln – Basistechniken

Bisher haben Sie viel über die Eigenarten und die Funktionsweise des Gehirns kennen gelernt und wie diese für erfolgreiches Lernen genutzt werden können. Schon damit können Sie Ihre Gedächtnisleistung deutlich steigern. In diesem Teil werden nun Merktechniken vorgestellt, die das Lernen einfach einfach machen. Lassen Sie sich anstecken von den kreativen und spielerischen Methoden, mit denen Ihnen das klassische Pauken und Büffeln schnell fremd sein wird!

Mal mal! – Verbildern

„Verliebte und Verrückte sind beide von so brausendem Gehirn,
so bildungsreicher Fantasie, die wahrnimmt,
was nie die kühlere Vernunft begreift!"

(aus: Ein Sommernachtstraum von William Shakespeare)

„Bildung", „bilden" und „gebildet" enthalten alle das gleiche Wort: „Bild"! Das ist keine Werbung für eine deutsche Tageszeitung, obwohl diese das gleiche Ziel verfolgt: den Lesern spannende Informationen unterhaltend und verständlich anzubieten, anstatt sie in einer Bleiwüste alleinzulassen, für die mindestens ein Fremdwörterlexikon benötigt wird, um die Orientierung zu behalten.

Das Gehirn liebt Bilder!

Die beiden Gehirnhälften sind allerdings für unterschiedliche Aufgaben zuständig: Beim Lernen, Rechnen, bei der Mustererkennung und generell beim Arbeiten wird vorwiegend die linke Hälfte beansprucht (alle logischen Funktionen), während die kreative, rechte Seite in dieser Zeit in die Pause geschickt wird.

Die rechte Gehirnhälfte hat nicht viel zu tun in der heutigen Bildungs- und Arbeitswelt, die zum großen Teil aus trockenen Zahlen und öden Sachtexten ohne Illustrationen besteht. Sie ist hungrig nach (Gedanken-)Futter. Die Augen liefern den größten Teil der Sinneswahrnehmungen ins Gehirn: 60 Prozent aller Informationen, mit denen der Kopf versorgt wird, sind Bilder. Deswegen ist der Kopf so scharf auf Fernsehen – absolut leicht verdauliche Kost, die keinerlei Verarbeitungsleistung bedarf, wie zum Beispiel das Lesen. Das Gehirn ist ein bequemer Zeitgenosse, der sich ungern unnötige Arbeit macht.

Lionel Standing von der Bishop's Universität in Kanada hat bereits 1973 in einem Artikel mit dem Titel *10 000 Bilder merken* (übersetzt) von mehreren Experimenten berichtet, die das Gehirn ganz anders darstellen als die Untersuchungen von Miller: In den Versuchen wurden Testpersonen Bilder gezeigt (teilweise mehrere Tausend, jeweils für wenige Sekunden) und anschließend Bildpaare, wobei eines der Bilder neu war und das andere schon vorher gezeigt worden war. Die Testpersonen sollten sagen, welches Bild sie kannten und welches nicht. Die Trefferquote lag zwischen 88 und 98 Prozent. Standing fasste zusammen: „Die Kapazität zum Merken von Bildern ist nahezu unbegrenzt!" Selbst unter verschärften Bedingungen (mehr Bilder und schnellere Abfolgen) bleibt die Merkleistung unverändert hoch. Ähnliche Versuche mit Texten und Zahlen verliefen dagegen verheerend schlecht.

Leider sind diese Experimente nie so bekannt geworden wie Millers Aufsatz – sonst würden wir heute Bilderbücher statt Fachtexte lesen. Doch Scherz beiseite: Es ist kein Zufall, dass Fernsehen immer beliebter wird, während das geschriebene Wort auf ein daumen- und displayfreundliches Kauderwelsch zusammengeschrumpft ist. Und der Siegeszug von Ton und Bild im Internet hat gerade erst begonnen, denn die Technik dafür ist mittlerweile billig und simpel zu bedienen. Es ist fast ein Wunder, dass Menschen noch E-Mails schreiben, obwohl sie ihre Botschaften längst mit Webcams aufzeichnen und verschicken könnten. (Jeder Laptop hat heute ein eingebautes elektronisches Auge.)

Die Stärke, in Bildern zu denken, können wir nutzen, indem wir aus hakeligen Fakten lebendige, unterhaltsame Bildszenen machen. Kennen Sie noch die Spielshow *Die Montagsmaler*? Es ist faszinierend anzusehen, was für verrückte Figuren mit welchen Begriffen (von den Gehirnen der Spieler) in Verbindung gebracht werden.

Tipp: Zeitschriften-Zerreißen

Wenn Sie selbst ausprobieren wollen, wie gut Ihr Bildgedächtnis ist: Kaufen Sie eine Zeitschrift, die viele Fotos enthält. (Es kann ein Magazin mit 200 Seiten und mehr sein.) Entfernen Sie die Klebebindung, sodass Sie einzelne Blätter haben. Trennen Sie den Stapel in zwei gleich große Teile und schauen Sie sich die Seiten des einen Stapels aufmerksam an. Blättern Sie zügig durch die Seiten (zwei bis drei Sekunden pro Blatt). Dann mischen Sie die beiden Stapel zusammen. Anschließend gehen Sie den Stapel durch und sortieren die Seiten aus, die Sie vorher gesehen haben. Bei 200 Seiten sollten Sie diese Aufgabe ohne Fehler meistern. Anschließend können Sie die Seiten wieder sortieren und in der richtigen Reihenfolge zusammenkleben. Wenn Ihnen die Zeitschrift zu schade dafür ist, finden Sie das Experiment im Internet unter: http://www.humboldt.de/downloads.

Eselsbrücken als Merkhilfen enthalten oft Bilder. Die Zeitumstellung kann man sich mit diesem Bild merken: Im Sommer werden die Gartenstühle VOR das Haus gestellt (Die Uhr wird eine Stunde vorgestellt.) und im Winter werden die Möbel ZURÜCK ins Haus geräumt. (Die Uhr wird zurückgedreht.) Es sind ganze Bücher erhältlich, die mit altbekannten Merksprüchen gefüllt sind. Wenn Sie sich inspirieren lassen wollen, finden Sie eine Merkspruch-Liste bei Wikipedia: http://de.wikipedia.org/wiki/Liste_der_Merksprüche.

Das Selbstausdenken von Eselsbrücken wird vor allem in der Schule viel zu wenig praktiziert, obwohl das Prinzip hervorragend funktioniert: Sogar fremde Brücken, die nicht dem eigenen Kopf entspringen, können wir uns merken. Auch wenn es auf den ersten Gedanken mühsam erscheint, sich für jede Kleinigkeit eine Brücke zu bauen: Die Arbeit lohnt sich! Während Ihre ersten Brücken vielleicht weder besonders hübsch noch sehr solide sein werden, bekommen Sie nach ein paar Konstruktionsversuchen Sicherheit und Tempo. Das liegt daran, dass der Kopf diese Art zu denken nicht gewohnt ist oder lange nicht praktiziert hat. Die rechte Gehirnhälfte braucht eine gewisse Zeit, um warm zu laufen. Ist sie richtig heiß, dann haben Sie von der rechten Kopfseite exzellente Unterstützung, um jede Menge zu lernen. Bauen Sie los! Kennen Sie die Hauptstadt von Madagaskar? Antananarivo. Schwer zu merken? Die bloße Kombination der beiden Fakten „Madagaskar" und „Antananarivo" sicherlich. Suchen Sie in Ihrem Kopf nach anderen Informationen, die Sie über das Land wissen, um alles in einem Bild miteinander zu verbinden (siehe Farben der Flagge).

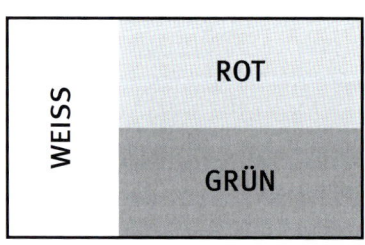

MADAGASKAR

Was wissen Sie noch über Madagaskar? Kennen Sie das Lied „Wir lagen vor Madagaskar"? Das lässt sich hervorragend als Merkhilfe benutzen. Zuerst nehmen Sie den schwierigen Namen der Hauptstadt mit der Gedankensäge auseinander: Der erste Teil erinnert an das Wort „Antenne" und der zweite Teil an „Arivo" (ähnlich dem italienischen

„arrivare"). Jetzt verbinden Sie beides mit dem Lied. „Wir lagen vor Madagaskar und hatten die Pest an Bord": Das Schiff will in den Hafen segeln, aber die Madagassen (nicht Madegassen, denn sie mögen keine Maden) haben Angst vor der Seuche und schieben dem Schiff eine riesige Antenne entgegen, als es einlaufen will (ankommen = „arrivo"). „Just" (norddeutsch für „in dem Moment") als das Schiff auftaucht, sind die Madagassen ganz „scheu"! Damit haben Sie den Namen des Komponisten des Lieds „Just Scheu" gleich mit verankert. Doppelt merkt sichs besser!

Auch die Flagge von Madagaskar können Sie in dasselbe Bild basteln: (Keine) Symptome der Pest sind: Seitenlage, das Ergrauen der Haare und eine Rot-Grün-Blindheit der Augen. Stellen Sie sich die Flagge des Landes als das Gesicht eines Pestkranken vor, der auf der Seite liegt, mit weißen Haaren und einem roten und einem grünen Auge. Merk drei!

Neben der Verbindung von Land und Hauptstadt stecken in dem selbst gemachten Bild wesentlich mehr wissenswerte Fakten:

- Land und Hauptstadt
- Bedeutung des italienischen „arrivare"
- Mad„a"gassen statt Mad„e"gassen
- Komponist des Lieds „Wir lagen vor Madagaskar"
- Aussehen der Nationalflagge

So funktionieren Merktechniken! Halten Sie an dieser Stelle den Autor des Buchs weder für von der Pest befallen noch für völlig durchgedreht – erfolgreiches Merken ist alles andere als ernsthaft und sachlich-unterkühlt! Wenn Ihnen solche Gedanken unangenehm sind: Sie müssen ja nicht erzählen, wie Sie sich etwas merken! Schließlich kann Ihnen niemand in den Kopf schauen!

Die nächsten Bilder zeigen eine Besonderheit aus dem Fernen Osten. Anders als wir, können die Chinesen nur mit einer Hand von eins bis zehn zählen. Finden Sie gute Bilder, um sich die Handhaltungen schnell und sicher einzuprägen.

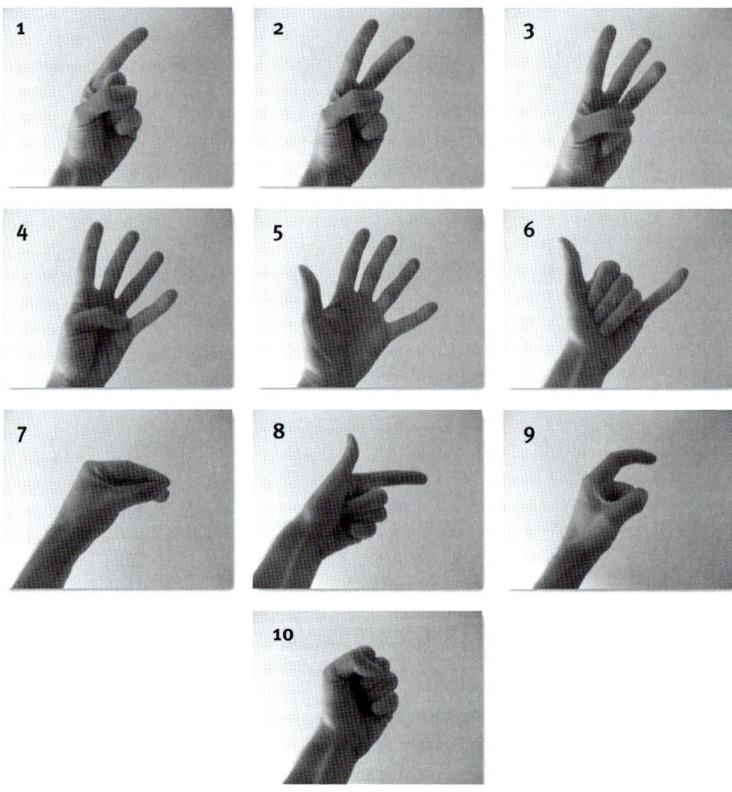

Sie haben sicherlich richtig analysiert, dass Sie sich nur fünf Zahlen-
gesten merken müssen. Die ersten fünf entsprechen unserem Hand-
zählen. Und danach? Haben Sie gute Bilder gefunden? Lösungsvorschlag: Die Zahl 6 wird im Aberglauben mit dem Teufel in Verbindung
gebracht. Stellen Sie sich die Form aus Hand und Fingern als den Kopf
eines Teufels mit zwei Hörnern vor. Die angewinkelte Hand sieht
der Ziffer 7 ähnlich. Eine 8 hat zwei Öffnungen: Die schießen Sie
mit einer Pistole in die Ziffer hinein. Fingerhakeln ist ein alpenlän-
discher Kraftsport. Stellen Sie sich vor, wie Sie mit dem Zeigefinger

mit einer 9 herumhakeln. Und in der Faust halten Sie schließlich alles zusammen für die Zahl 10.

Beim nächsten Beispiel suchen Sie selbst eine Lösung. In der Tabelle sehen Sie die wichtigsten Endungen von Nudelnamen, damit Sie demnächst die Form der Pasta beim Italiener um die Ecke am Namen erkennen und keine förmliche Überraschung auf dem Teller erleben. Suchen Sie eine Verbindung zwischen dem Namen der Nudel und ihrer Form!

Pasta: Endungen und ihre Bedeutung

-elle	breit, z.B. Tagliatelle
-ette	schmal bzw. klein, z.B. Lasagnette
-ine/-ini	klein, z.B. Spaghettini, Tortellini
-oni	groß, z.B. Cannelloni, Tortelloni

Basisbegriffe aus der Pasta-Welt

Rigate	geriffelt
Lisce	glatt
Mezze	abgeschnitten, verkürzt (wörtlich: halbe)

Denksport ist keine präzise Mathematik. Für ein Merk-Problem gibt es zahlreiche Lösungen. Sie sollten sich nicht zu schnell auf eine Lösung festlegen. Probieren Sie herum, bis Sie das beste Bild für Ihren Kopf gefunden haben. Das spornt das Gehirn an, kreativ zu denken und immer eine Lösung mehr zu liefern.

Oder Sie denken sich Lösungen im Dutzend aus: Stellen Sie sich vor, in der Dusche oder auf dem Rand der Badewanne stehen zwei gleiche Seifenspender, weil das besser aussieht als die hässlichen Plastikflaschen für Duschgel und Shampoo. Im linken Spender ist rotes Duschgel und im rechten grünes Haarwaschmittel. Suchen Sie so viele Merkhilfen wie möglich, damit Sie Ihren Körper nicht mit Anti-Schuppen-Shampoo einseifen oder sich Badeschaum in die Haare schmieren. Zehn bis zwanzig unterschiedliche Merkhilfen sollten Sie sich mindestens ausdenken.

Lassen Sie sich Zeit. Ihr Gehirn wird so viele Ideen nicht auf einmal hervorbringen. Denken Sie immer wieder an die Seifenspender. Und vergleichen Sie diese mit anderen Dingen. Wo sind die Farben Rot und Grün noch zu finden? Das sollte als Hilfe genügen.

Ein Wort, ein Bild

Sie sollten Ihr Gehirn daran gewöhnen, grundsätzlich in Bildern zu denken. Genauso, wie Sie allgemeine Dinge in konkrete Gegenstände verdenken können, lassen sich auch Fachbegriffe in gehirngerechte Bilder verwandeln.

Zur Übung verdenken Sie die Begriffe der unten stehenden Tabelle in Bilder, indem Sie für jeden Begriff eine konkrete Vorstellung finden. Stellen Sie sicher, dass Sie auf dem Rückweg wieder beim Ausgangsbegriff ankommen und nicht irgendwo anders.

Begriffe verbildern 1

Hund	Auto	Wasser
Turm	Spiel	Kind
hässlich	Schlauch	grün
Stein	Papier	Idee

Suchen Sie in Gedanken nach einem Hund, den Sie gut kennen. Eine Rasse, die Ihnen gefällt oder einen Vierbeiner, den Sie schon immer haben wollten. Auch das kläffende Biest vom Nachbarn ist denkbar. Der Begriff „grün" ist auf den ersten Blick schwerer zu greifen: Sie können dabei an einen Regenwald denken, oder an eine grüne Ampel, wenn die Autos kräftig Gas geben und losfahren.

Überlegen Sie auch, wie Sie wieder (zur Farbe) zurückfinden und nicht bei „Wald" oder „Ampel" hängen bleiben. Meistens wird die Frage Sie später auf die richtige Spur führen, aber der Kopf kann auch falsche Begriffe rekonstruieren: Ein Auszubildender hat für eine Prüfungsfrage über „Personalverantwortung" seinen Meister als Merkbild benutzt. Er beantwortete die Frage nicht mit „Führungskraft", was richtig gewesen wäre, sondern mit „Vollidiot". Das wäre nicht passiert, wenn er sich seinen Chef als glänzendes Vorbild vorgestellt hätte, das die Führung übernimmt und tatkräftig voranschreitet.

Versuchen Sie es noch einmal selbst mit den unten stehenden Begriffen. Fällt Ihnen zu jedem Wort ein Bild ein? Und finden Sie vom Bild zuverlässig wieder zurück zum jeweiligen Wort?

Begriffe verbildern 2

Zettel	T-Shirt	Radiergummi
Religion	Wirtschaft	Organisation
subtil	Sinn	Glück
Leitfaden	Wirtschaftlichkeit	Börsentrend
Belichtungsmesser	Produktionskapazität	Mitarbeitermotivation
Thema	blassblau	unscheinbar

Wenn Sie starke Bilder gefunden haben, können Sie gleich weitermachen und sich der Merkpraxis widmen. Unten sehen Sie vier Definitionen von Fachbegriffen aus der Wirtschaft, die wiederum aus einer Reihe von Begriffen bestehen. Statt die amtlich-trockenen Formulierungen auswendig zu lernen, machen Sie daraus ein unterhaltsames Gesamtkunstwerk.

- **Arbeitsagentur:** Unterste Verwaltungsstelle der Bundesagentur für Arbeit.
- **Geld:** Tauschmittel, das gegen Waren tauschbar und in einer arbeitsteiligen Wirtschaft unentbehrlich ist.
- **Innovation:** Entwicklung neuer Ideen, Techniken, Produkte.
- **Wirtschaft:** Gesamtheit aller Einrichtungen und Maßnahmen, die sich auf Produktion und Konsum knapper Güter beziehen.

Haben Sie vorstellbare Szenen komponiert? Was sind Ihre Bilder für die Definitionen? Hier ein Lösungsvorschlag: Stellen Sie sich vor, wie ein Ingenieur in einem weißen Kittel ein riesiges Paket aus dem Geschenkpapier auswickelt (Entwicklung) und eine Glühbirne (Ideen) zum Vorschein kommt, die im Kopf eines Roboters steckt (Technik), an dem noch das Preisschild hängt (Produkt). Wenn die nackte Definition sich längst aus dem Kopf verabschiedet hat, hängt das Bild dort noch fest an der Wand.

Die Formel für Formeln

Sperrige Formeln lassen sich ebenfalls in bunte Bilder verwandeln (und die knochenharten Zahlen folgen im Kapitel „Kopf und Zahl"). Dabei sind geistige Sorgfalt und Kopf-Geschick gefragt, denn kleinste Fehler verzeihen weder das Ergebnis noch der Mathelehrer. Schauen Sie sich die Formel für die Fläche in einem gleichseitigen Dreieck an und machen Sie daraus ein merkwürdiges Bild:

$$A = \frac{a^2}{4}\sqrt{3}$$

Lösungsvorschlag: Stellen Sie sich vor, wie Sie die Seite des Dreiecks (a) an ein Quadrat kleben (zum Quadrat), dann sägen Sie das Quadrat in Viertel (mal ¼) und graben es ein, sodass nur noch ein Dreieck sichtbar ist und sich drei Ecken des Quadrats als Wurzeln unter der Erde befinden (mal Wurzel aus 3). Jedes Problem lässt sich lösen, wenn man es nur gut genug verbildert!

Entfernte Geschwister – Assoziationen

Beim Verbildern ersetzt das Gehirn einen Begriff nicht ganz und gar gegen ein Bild, sondern schafft eine Verbindung zwischen Bild und Begriff. Deswegen genügt es, sich beim Erinnern nur ungefähr zu erinnern. Vom Bild findet der Kopf zur präzisen Antwort. Wenn

Sie an die Kombination aus Antenne und dem italienischen Wort für „ankommen" denken, sind sie eigentlich bei „Antennearrivare". Aber Ihr Gehirn wird den letzten Schritt machen und von der ungenauen Assoziation zum korrekten Begriff „Antananarivo" finden, der ebenfalls in Ihrem Kopf gespeichert ist.

Das Erinnern ist mit einem Trichter vergleichbar. Es genügt ein entfernter Anstoß, der die exakte Information gar nicht treffen muss. Trotzdem rollt die Grübel-Kugel, und die Erinnerung fällt auf den richtigen Begriff.

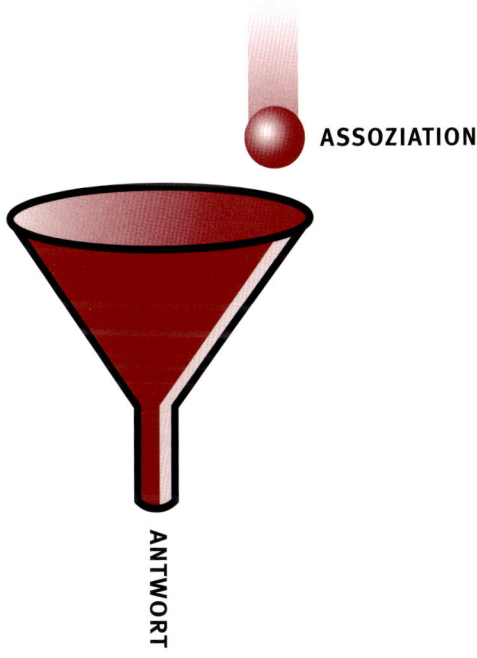

ASSOZIATION

ANTWORT

Aber auch bei Bildern ist Vorsicht geboten, denn sie können genauso verwechselt werden wie Fakten, die sich ähneln: Um sich die Hauptstadt von Bolivien zu merken, werden Oliven (Bolivien) mit Zucker

(Hauptstadt: Sucre) verspeist. Für die Hauptstadt der Salomonen serviert man dagegen Lachs (englisch „salmon") mit Honig (Hauptstadt: Honiara). Während die Namen von Ländern und Städten rein gar nichts miteinander zu tun haben, macht das Gehirn keinen ganz großen Unterschied zwischen Honig und Zucker. Machen Sie solche Bilder stabiler und verhindern Sie Verwechslungen: Oliven werden in Zucker gedrückt, damit der dann daran kleben bleibt, während eine Scheibe Räucherlachs mit flüssigem Honig begossen wird. So klebts besser im Kopf fest!

Zerstörerisches Merken – Attribution

Ähnliche Technik, andere Wirkung: Wie Sie oben gelesen haben, ist das Sich-etwas-merken-können und das Erinnern ein Prozess, bei dem Informationen immer wieder hervorgeholt und erneut abgespeichert werden. Beim Verbildern wird dieser Effekt genutzt, indem wir die Assoziation zu Bolivien so erweitern, dass unser Gehirn die Begriffe „Oliven" und „Zucker" damit verbindet. Oder war es Honig?

Beim zerstörerischen Merken (auch Attribution genannt) fügen Sie einer Information weitere Eigenschaften hinzu. Damit setzen Sie mentale Markierungen, um zum Beispiel Aufgaben als erledigt zu kennzeichnen. Schauen Sie sich die folgende Liste von Dingen an, und zerstören Sie jeden Gegenstand (bitte nur im Kopf!) Denken Sie nicht: Schuh kaputt! Sondern stellen Sie sich vor, dass Sie so lange in diesen Schuhen laufen, bis die Sohlen qualmen und das Leder zerbröselt ist.

Zerstörerisches Merken

Schuh	Kopfhörer	Ball
Brille	Globus	Puppe
Haus	Mixer	Telefon
Buch	Stoppschild	Fernglas
Schere	Tasse	Gitarre
Blume	Topf	Bier
Jeans	Auto	Brot

Nachdem Sie sich geistig an den 21 Gegenständen ausgetobt haben, schauen Sie sich die unten stehende Liste an und finden Sie heraus, welche Dinge auf der vorhergehenden Liste nicht aufgeführt waren. Durch das gedachte Zerstören sollte das extrem einfach für Sie sein, denn Sie müssen nur die Dinge heraussuchen, die keinen Kratzer haben.

Pferd	Tasse	Blume
Telefon	Windrad	Topf
Fahrrad	Schere	Schuh
Ball	Schokoladen-Ei	Brot
Fernglas	Jeans	Mixer
Schraubenschlüssel	Bier	Kopfhörer
Auto	Buch	Ente
Brille	Hut	Puppe
Gitarre	Kegel	Haus
Stoppschild	Tennisschläger	Globus

Einfach, oder? Wofür sich diese Technik praktisch nutzen lässt: Wenn Sie Aufgaben erledigt haben, seien Sie in Gedanken nicht nett und haken diese bloß ab. Nehmen Sie die mentale Abrissbirne und markieren Sie sie damit zukünftig als erledigt. Auch dringende Dinge werden auf diese Weise zum Beispiel als „brennend" gedacht. Ein Lagerist sammelt Ersatzteile für mehrere Kunden in einer Kiste zusammen und markiert sie im Kopf mit verschiedenen Eigenschaften, um sie später für die jeweiligen Aufträge wieder zu trennen. Teile für Kunde eins werden eiskalt, für Kunde zwei glühend heiß und für Kunde drei als klebrig gedacht. Selbst, wenn am Ende 30 und mehr Teile in der Sammelkiste liegen, kann er – ohne die Papiere zu studieren – die Dinge problemlos zuordnen.

Exkurs: Verbildern rückwärts – Passwörter

Moderne Bürotechnologie muss sicher sein. So sind Angestellte alle paar Monate gefordert, die Passwörter für Rechner, Kopierer und Kaffeemaschine zu ändern. Die Maschinen sind so intelligent, dass sie den

Kosenamen der Kinder nicht akzeptieren. Sie fordern Kombinationen aus Buchstaben und Nummern, die nicht im Wörterbuch stehen. Eine schwierige Aufgabe, vor allem, wenn das Passwort im Kopf bleiben soll.

Dieses Problem lässt sich auf zwei Arten elegant lösen. Variante eins: Sie wenden das Verbildern direkt auf der Tastatur Ihres Computers an. Marschieren Sie mit den Fingern über die Tasten. Machen Sie einen schön symmetrischen Spaziergang, der sich gut merken lässt. Eine spazierte Schlangenlinie oben links auf der Tastatur ergibt 1QW23ER4 oder ein etwas anderer Weg in der rechten oberen Ecke 9OLKI87UJ. Sie brauchen sich nicht den Buchstabensalat, sondern nur den Weg zu merken, den Ihre Finger gegangen sind. Und wenn man Ihnen das Passwort entlocken will, können Sie ganz ehrlich sagen: „Weiß ich nicht!" Variante zwei: Sie benutzen vorhandenes Wissen zum Konstruieren eines kreativen Passworts, zum Beispiel JBJDN007LAM. Sie ahnen (ohne Kinofan zu sein), was dahintersteckt: Die Anfangsbuchstaben der ersten beiden James-Bond-Filmtitel und die Dienstnummer dazwischen: *James Bond jagt Dr. No* + 007 + *Liebesgrüße aus Moskau*. Oder: 12JFMAMJ6 = 12 Monate hat das Jahr, dann die Anfangsbuchstaben der ersten sechs Monate und deswegen eine 6 am Ende. Eigentlich einfach und gleichzeitig kaum zu knacken.

Tipp: Nutzen Sie die natürliche Umgebung von Webseiten

Gerade für das Surfen im Internet wird immer wieder geraten, auf jeder Website ein anderes, starkes Passwort zu benutzen. Im bunten Internet können Sie Passwörter aus Namen und Aussehen einer Webseite herstellen. Denken Sie sich Ihre eigene Regel aus, die Sie auf jeder Seite anwenden. Verschieben Sie zum Beispiel den Namen der Seite um einen Platz im Alphabet nach hinten und ergänzen das um eine Beschreibung des Logos der Seite: Aus eBay® wird das Passwort FCBZbunt, und bei Skype melden Sie sich mit TLZQFwolke an. Und nicht weitererzählen!

Wie gehts weiter?

Verwandeln Sie Begriffe grundsätzlich in Bilder. Gewöhnen Sie sich daran, so viel wie möglich in Bildern zu denken. Dabei dürfen Sie hemmungslos fantasieren und übertreiben. „Normal" rutscht durch. Ihre gedachten Kunstwerke sollen witzig, ausgefallen, bizarr, ekelhaft, peinlich, exotisch, unlogisch, absurd und spektakulär sein.

Was sich ewig bindet – Verbinden

Über das Erweitern eines Themas durch Hinzufügen weiterer Informationen nach dem Motto „Doppelt merkt besser!" haben Sie bereits einiges erfahren. Machen Sie das Netz in Ihrem Kopf größer, indem Sie Fakten verbinden, die nichts miteinander zu tun haben.

Das Gehirn kann beliebige Fäden spannen, vom Nordpol zur Schrankwand und vom Müsli zum Rasenmäher. Auch Dinge, die Sie nebenbei wahrnehmen, wenn Sie lernen, werden manchmal hemmungslos mit dem Stoff verknotet: Einer Studentin fiel in einer Prüfung auf die Frage des Professors zwar nicht die richtige Antwort ein, aber dafür, was Sie während des Lernens des Themas gegessen hatte. Leider war „Gurkensalat" die falsche Antwort.

Das Verbinden von Informationen ist eine wichtige Merktechnik, wenn Sie sich später viele Informationen merken (in den Kapiteln über Bündel- und Routenmethoden). Die Kombination aus Verbildern und Verbinden hat einen weiteren Vorteil: Beim Merken in Bildern werden keine Lern-Einbahnstraßen erzeugt: Frage und Antwort (zum Beispiel Land und Hauptstadt) sind gleichzeitig sichtbar.

Merkwürdige Paare

Schauen Sie sich die folgende Liste von 30 Begriffen an. Verbildern und verbinden Sie diese, und zwar jeweils die beiden Begriffe in einer Zeile miteinander. Finden Sie starke Szenen, die die Dinge untrennbar miteinander vereinigen. Gehen Sie die Liste zügig und ohne zu wiederholen durch.

Verbinden Sie die Begriffspaare in starken Bildern miteinander

Haus	Mond
Vulkan	Schwiegermutter
Rehbraten	Fließband
Brasilien	Förderturm
Lila	Bundesliga
Kochtopf	Russland
Kindergarten	Flugschau
Betriebsbesichtigung	Fliegengitter
Treibhaus	Buchhaltung
Publikum	Dosenöffner
Dampflokomotive	Spätvorstellung
Treibsand	Rolltreppe
Indianer	Bier
Turmuhr	Krokodil
Rennwagen	Zahnstocher

Sie können jetzt sofort weiterlesen oder ein paar Stunden Pause machen. Die Begriffe sind als Bilder fest in Ihrem Kopf gespeichert und warten geduldig darauf, von Ihnen erinnert zu werden. Rechts sehen Sie die gleiche Tabelle wie oben, nur fehlt die Hälfte der Begriffe. Decken Sie die Tabelle oben zu und gehen Sie die Liste durch und ergänzen die fehlenden Wörter:

Vervollständigen Sie die Tabelle mit den fehlenden Begriffen

	Mond
Vulkan	
Rehbraten	
	Förderturm
Lila	
Kochtopf	
	Flugschau
	Fliegengitter
	Buchhaltung
Publikum	
Dampflokomotive	
Treibsand	
	Bier
Turmuhr	
	Zahnstocher

Dieses Experiment würden Sie auch mit viel mehr Begriffen problemlos meistern! Wenn Sie es ausprobieren möchten: Nehmen Sie einen Stapel Notizzettel oder Karteikarten und schreiben Sie auf die Vorderseite der Karten jeweils einen Begriff, der Ihnen spontan einfällt. Prüfen Sie danach, an wie viele Wörter Sie sich erinnern (vermutlich wieder sieben plus/minus zwei). Danach schreiben Sie auf die Rückseite wieder jeweils einen beliebigen Begriff. Drehen Sie die Karte um und machen Sie aus den Begriffen von Vor- und Rückseite ein griffiges Bild. Dann mischen Sie die Karten. Schauen Sie sich den Begriff von der Vorderseite an und suchen Sie nach dem dazugehörigen Bild, um sich an den Begriff auf der Rückseite zu erinnern.

Wie lässt sich diese Technik praktisch anwenden? Sie können nun aus mehreren abstrakten Informationen eine Szene machen. Und aus vielen abstrakten Informationen ziemlich viele Szenen. Das Lernen für Frage-Antwort-Spiele wird damit kinderleicht.

Die Euro-Führerscheinklassen und die jeweiligen Fahrzeuge, die Sie damit fahren können, können Sie sich so ausgezeichnet merken. Allerdings müssen Sie die Klassen (Buchstaben) verbildern, was für Sie kein Problem sein dürfte. In der Tabelle sehen Sie die Klassen sowie die dazugehörigen Fahrzeuge (in verkürzter Form):

Übersicht über die Euro-Führerscheinklassen

Klasse	Fahrzeugart
A	Krafträder
B	Kraftfahrzeuge bis 3,5 Tonnen (Pkw)
C	Kraftfahrzeuge zwischen 3,5 und 7,5 Tonnen (Kleinlaster)
D	Kraftomnibusse
E	Erweiterung für Anhänger über 0,75 Tonnen
L, T	Land- und forstwirtschaftliche Zugmaschinen (Traktoren)
M	Kleinkrafträder (Roller, Mofas) und Fahrräder mit Motor
S	Leichtmobile und Quads (Kleinstfahrzeuge)

Stellen Sie sich vor, wie ein Polizist bei der Verkehrskontrolle einem Motorradfahrer einen Ast (A) durch das Vorderrad schiebt, bis er seinen Führerschein Klasse A vorzeigt. Einen Ferrari fahren Sie auf der Autobahn mit Bleifuß (B) und Führerschein Klasse B. Schon ein Kleinlaster schmerzt, wenn er Ihnen mit Führerschein Klasse C über den Zeh fährt. (Hier wurde das lautverwandte Wort benutzt.) Die anderen Klassen montieren Sie selbst in Ihren Kopf!

Auch alle Staaten der Erde können Sie mit den dazugehörigen Hauptstädten so verbinden. (Eine Liste finden Sie bei Wikipedia unter http://de.wikipedia.org/wiki/Liste_der_Staaten_der_Erde.) Analysieren Sie zuerst, welche Land-Hauptstadt-Kombinationen Sie bereits kennen. Unten sehen Sie vier harte Nüsse. Finden Sie dafür passende Verbindungsbilder:

Länder und deren Hauptstädte zum Verbinden

Land	Hauptstadt
St. Lucia	Castries
Komoren	Moroni
Togo	Lomé
Katar	Doha

Wie gehts weiter?

Mit Verbinden und Verbildern können Sie nun Frage-Antwort-Spiele problemlos gewinnen (die einfachste Form des Faktenwissens). Schauen Sie nach, ob im Schrank Wissensspiele lagern (zum Beispiel *Trivial Pursuit*® oder *Scene It?*®), und lernen Sie einen kompletten Kartenstapel in einem Zug. Es gibt auch Bücher, in denen Fragen zur Allgemeinbildung gestellt werden – auch ein guter Merktechnik-Spielplatz.

Orte des Erinnerns – Verorten

Eine Variation des Verbindens nutzt einen brillanten Teil des Gehirns: Wir haben eine besonders lebendige und lang anhaltende Vorstellung von Räumen und Orten. Wir können uns an viele Plätze erinnern und uns den Weg dorthin vorstellen. Selbst, wenn wir viele Jahre nicht mehr dortgewesen sind.

Orte sind ausgezeichnete, natürliche Erinnerungspunkte: Wenn wir aus dem Haus gehen, sehen wir unten die Mülltonnen, die uns daran erinnern, dass wir den vollen Müllsack oben in der Wohnung vergessen haben. Wir kommen an einem Postkasten vorbei und erinnern uns, dass der wichtige Brief ans Finanzamt noch auf dem Schreibtisch liegt. Diese Gedankenanstöße funktionieren hervorragend, doch leider erst, wenn es zu spät ist.

Kaspers Kopf-Klopfen

Diese Technik heißt „Mr. Punch", was der englische Name des Kaspers aus dem Puppentheater ist, weil er mit einer riesigen Klatsche auf der Bühne steht, mit der er Krokodil und Räuber gehörig auf den Kopf klopft („to punch" = prügeln).

In Gedanken gehört Müll nicht in die Tonne! Der Tritt gegen das Gehirn wird an eine andere Stelle verlagert, wenn wir die Wohnung noch nicht verlassen haben. Wenn der Abfalleimer in der Küche voll ist, legen Sie in Gedanken den Müll vor die Wohnungstür und übertreiben Sie bei der Vorstellung ordentlich. Denken Sie sich einen riesigen Haufen stinkenden Müll. Sie müssten darüberklettern, um herauszukommen. Eine schwarze, stinkende Bananenschale hängt an der Türklinke, die Sie erst mit spitzen Fingern wegnehmen müssen.

Wenn Sie die Tür beim nächsten Verlassen der Wohnung anschauen, wird Ihnen dieses Bild sicher wieder einfallen. Genauso geht das mit dem Brief: Denken Sie sich einen Schneesturm aus Briefumschlägen, die Ihnen um die Ohren sausen, sobald Sie im Treppenhaus stehen. Sie müssen sich ducken, um von den scharfen Ecken und Kanten nicht geschnitten zu werden. Das kommt Ihnen bestimmt in den Kopf, wenn Sie (ohne Brief) auf der Treppe stehen.

So können Sie alle wichtigen Dinge, die Sie erledigen wollen, an passenden Orten ablegen. Wenn Ihnen in der Mittagspause einfällt, dass Sie Ihren wichtigen Kunden, Herrn Sturm, anrufen wollen, stellen Sie sich vor, wie ein starker Sturm das Telefon von Ihrem Schreibtisch bläst und Sie es am Kabel mit aller Kraft zurückziehen. Einen Projektplan an Ihren Chef schicken? Stellen Sie sich vor, wie auf Ihrem Bildschirm bei der Rückkehr aus der Pause ein Bild von Ihrem Chef zu sehen ist, der die Hand aufhält und den Plan haben will. Genauso können Sie sich vorstellen, wie im Supermarkt eine Flutwelle Vollmilch aus dem Kühlregal schwappt, wenn Sie daran vorbeigehen. Bedeutet: Milch mitnehmen!

Sparen Sie sich die Verschwendung von Klebezetteln – notieren Sie mit Bildern im Kopf! Zum Üben finden Sie unten eine Liste mit Dingen, die Sie erledigen wollen, wenn Sie am Abend am Computer sitzen. Machen Sie daraus eine lebendige, lustige Szene. Sie werden sich daran erinnern, wenn Sie den PC auch nur anschauen:

- E-Mail an Frau Grimm schreiben.
- Ein Rezept für Chili con Carne suchen.
- Karten für das Elton-John-Konzert bestellen.
- Den Begriff „Gewitter" bei Wikipedia nachschlagen.

Der Unterschied zum Verbildern ist, dass Sie die Szene an einem Ort platzieren, wo Sie etwas erledigen wollen. Sie erinnern sich daran, wenn Sie dorthin kommen. Das ist so ähnlich wie der Knoten im Taschentuch, nur viel effektiver.

Haben Sie eine gute Szene im Kopf? Lösungsvorschlag: Elton John hämmert auf die Computertastatur, als wäre es sein Piano, das macht Frau Grimm grimmig und sie nimmt einen riesigen Topf Chili con Carne und schüttet es über den Computer und über Elton John. Das Ergebnis: Gewitterblitze schießen aus dem Bildschirm und der Computer explodiert mit einem gewaltigen Donnerschlag.

In einem Parkhaus in Hannover sind die Ebenen nach großen Städten benannt. Es ist einfacher, sein Auto mental in Hamburg abzustellen als auf Ebene 9. Die Zahl ist abstrakt und löst keine konkrete Vorstellung im Kopf aus, während wir bei Hamburg den Wagen gedanklich vor dem Eingang des Michels abstellen, auf dem Fischmarkt oder an der Binnenalster.

Wo hieß der Künstler?

Nutzen Sie Räume und Plätze, die Ihnen vertraut sind, um auch dort Informationen abzulegen. Sie können dort nicht nur Dinge positionieren, die Sie erledigen wollen, sondern auch Wissenswertes über den Ort selbst (und Sie werden so zum perfekten Stadtführer).

Kennen Sie den Brunnen der Völkerfreundschaft in Berlin? Das von den Einheimischen auch „Nuttenbrosche" genannte Wasserspiel steht auf dem Alexanderplatz in der Nähe der Weltzeituhr und ist teilweise aus Emaille gemacht (daher der rustikale Spitzname). Der Entwurf stammt von Walter Womacka, einem bekannten ostdeutschen Künstler. Wenn Sie seinen Namen mit dem Brunnen verbinden wollen, dann stellen Sie sich Herrn Womacka vor, wie er durch das Wasser des Brunnens „watet" und dabei sehr schnell „altert" (zwei Hinweise auf den Vornamen Walter). Er befühlt mit den Fingern die Emaille und fragt sich ständig: „Wo ist die Macke?" (Womacka).

Das funktioniert auch mit anderen Brunnen: Ein paar Meter weiter, vor dem Roten Rathaus, steht der Neptunbrunnen. Sein Erbauer ist Reinhold Begas. Haben Sie eine Idee, den Namen in den Brunnen zu konstruieren? Der Brunnen ist groß und prächtig – wie alles in Las Vegas, nur, dass der Brunnen in Berlin steht (Vegas mit „B" ergibt Begas), und die Figuren sind nicht aus Bronze, sondern aus dem legendären Rheingold gemacht (Reinhold).

Genauso können Sie auch Informationen, die nichts mit einem Ort zu tun haben, da hindenken. Bleiben wir gedanklich auf dem Alexanderplatz in Berlin: Platzieren Sie auf dem Berliner Fernsehturm (dem höchsten Gebäude Deutschlands) die Städte mit den drei höchsten Türmen der Welt:

- CN-Tower in **Toronto** (Kanada)
- Ostankino-Turm in **Moskau** (Russland)
- Oriental-Pearl-Tower in **Schanghai** (Volksrepublik China)

Haben Sie ein gutes Bild gefunden? Jetzt bitte nicht lachen, sondern ganz lebendig denken: Stellen Sie sich einen Torero (Toronto) vor, der zu Fuß den Berliner Fernsehturm hochspaziert und auf dem Kopf einen Hut trägt, der aussieht wie die Kuppeln der Basilius-Kathedrale am Roten Platz in Moskau. Auf halbem Weg macht er eine Pause und „schenkt" sich einen „Hai" ein (Schanghai). So können Sie sich die höchsten Türme auf dem höchsten Turm von Deutschland merken – oder mit einer anderen Szene Ihrer Wahl.

Wie gehts weiter?

Verzichten Sie auf Merkzettel und Aufgabenlisten. Belegen Sie Orte mit diesen Dingen. Haben Sie etwas erledigt, streichen Sie es, indem Sie es mental zerstören. Werden Sie zum Stadtführer: Hauchen Sie Sehenswürdigkeiten Leben ein, indem Sie Wissenswertes darüber in bunten Bildern verpackt diesen Orten hinzufügen oder auch ganz andere Informationen an vertrauten Plätzen ablegen.

Welche Technik für welchen Zweck?

Alle für alles! Es gibt nur einen passenden Schraubenschlüssel für eine Größe Muttern, aber bei Merktechniken ist das anders: Sie können sich Fakten auf unendlich viele Arten merken. Wichtig ist, dass Sie Ihren persönlichen Denkstil entwickeln, denn ein und dasselbe Bild funktioniert bei einem Menschen, während der nächste sich fragt: „Was soll das?" Seien Sie ständig auf der Suche nach neuen Ideen. Prägen Sie sich die geistige Notiz, Milch zu kaufen, mit immer neuen Bildern ein. Sonst kann es Ihnen passieren, in Gewohnheit zu verfallen und ein eingespieltes Verfahren so oft zu wiederholen, bis Ihr Kopf auf Langeweile schaltet. Erinnern Sie sich an die erste Aufgabe: Sich das Dreieck immer mit dem gleichen Bild zu merken, bietet dem Kopf keine Abwechslung.

Wiederholungen können zur Falle werden: Die Teilnehmerin eines Gedächtnistrainings ging jede Woche mit einer Freundin ins Café. Gezahlt wurde im Wechsel, nur erinnerten sich die Frauen nicht immer daran, wer in der letzten Woche mit Bezahlen an der Reihe war. Die Lösung: Sie verbanden eine Besonderheit des Treffens mit einem Bild für Geld und demjenigen, der mit Bezahlen an der Reihe war. Einmal wurde der Frau harter Pflaumenkuchen serviert, den sie (mental) mit riesigen Münzen zerschlug, um ihn essen zu können.

Wecken und erweitern Sie Ihre Vorstellungskraft mit allen drei Basistechniken (Verbildern, Verbinden und Verorten) – so lustig und kraftvoll wie denkbar!

Verhören, Verriechen, Verfühlen – Sich mit allen Sinnen etwas merken

Merktechniken sind hauptsächlich für einen unserer Sinne gemacht: für das Sehen. Fakten, wie die Höhe eines Gebäudes, lassen sich selten anfassen, hören und riechen.

Aber viele Sinne führen ins Gehirn. Natürlich können Sie auch Tasten, Riechen und Hören einsetzen, um Ihren Bildern mehr Leben zu verleihen und aus abstrakten Begriffen konkrete Vorstellungen zu entwickeln: Gehen Sie zum Beispiel auf Schnüffeltour, um sich die Mischung von Curry besser vorstellen und merken zu können: Die gelbe Mischung besteht aus Chili, Koriander, Minze, Knoblauch, Ingwer und Kurkuma. (Und wenn Sie ein Gewürz nicht kennen, helfen Ihnen beim Merken das Riechen und Probieren.)

Wie fühlt oder hört sich etwas an? Wie schmeckt es? Gehen Sie mit allen Sinnen auf die Suche, tasten Sie sich durch, lassen Sie es sich schmecken. Probieren Sie aber bitte keine kostspieligen Kunstwerke im Museum, obwohl das sicher eine sinnliche und unvergessliche Erfahrung wäre – und eine Schlagzeile in der Zeitung: „Merktechniker verspeist Millionen-Monet!"

Gefragte Klassiker – Anwendungsmöglichkeiten

Sie sind bereits mit wichtigen Werkzeugen ausgestattet, um sich einfach viel zu merken. In diesem Teil erfahren Sie anhand praktischer und oft in Gedächtnistrainings nachgefragter Themen, wie Sie Merktechniken effektiv anwenden können.

Punkt, Punkt, Komma, Strich – Namen und Gesichter

Denkhilfen für Namen und Gesichter werden in Gedächtnistrainings am häufigsten nachgefragt. Viele Menschen glauben, Schwierigkeiten damit zu haben. Das scheinbar schlechte Namensgedächtnis ist aber häufig kein Problem des Sich-Merkens, sondern von zu geringer Aufmerksamkeit. Wer auf eine Party kommt, steht schnell zwanzig, dreißig neuen Gesichtern gegenüber, sodass keine Zeit zum Kennenlernen bleibt. Da schaltet der Kopf ab und wechselt zum Pauschal-„Du".

Der Name der Blume mit den Dornen? Rosi!

Die Dorfkultur haben wir längst verlassen, wo jeder jeden kannte. Mittlerweile leben in Deutschland mehr Menschen in Städten als auf dem Land. Wir begegnen täglich hunderten von Unbekannten und neuen Gesichtern. Und wir freuen uns, wenn wir manchmal unseren Namen hören! Im Beruf werden (möglichst viele) Kontakte immer wichtiger. Wir sind Mitglied in fünf Vereinen. Niemand geht zu einem Arzt, sondern wird für jede Krankheit zum Spezialisten geschickt. Nach dem Vorzeigen der Kreditkarte werden wir vom Verkäufer aufdringlich oft mit Namen angesprochen: Auch die Marktforschung hat den Wert des Namens entdeckt.

Namen sind Faktenwissen pur: Sie können jemanden stundenlang anstarren und werden nicht den kleinsten Hinweis auf seinen Namen entdecken. Namen haben heute keinen Bezug mehr zu einem Menschen. Früher waren Namen abgeleitet von Berufen wie Müller und Küfer (Fassmacher) oder vom Herkunftsort, wie bei Johannes Gutenberg nach seinem Geburtshof. Außerdem werden Namen internationaler, weil Menschen sich über die ganze Welt verbreiten. Deutsche heißen schon lange nicht mehr nur Schmidt, Müller, Meier. Und Menschen mit ausländischen Namen wissen manchmal gar nicht mehr, woher ihre Vorfahren stammen.

Das Merken von Namen und Gesichtern können Sie nicht in der stillen Kammer lernen und üben. Der Erfolg ist vor allem davon abhängig, wie Sie mit anderen umgehen. Grundsätzlich gilt: **Merken Sie sich den Namen einer Person bei der ersten Begegnung.** Bereits nach ein paar Minuten haben Sie keine zweite Chance mehr, noch einmal nach dem Namen zu fragen.

Wenn Sie das nächste Mal eine unbekannte Person treffen, beachten Sie folgende Punkte, um den Namen besser zu behalten:

- **Sagen Sie Ihren eigenen Namen** laut und deutlich. Halten Sie Augenkontakt. Achten Sie darauf, ob Ihr Gegenüber Sie verstanden hat. Das ermuntert Ihren neuen Bekannten, es genauso zu tun. Wenn Sie nicht sagen, wer Sie sind, wird vermutlich auch der andere dazu schweigen.

- **Hören Sie zu**, wenn der andere seinen Namen nennt. Stellen Sie sicher, dass Sie ihn verstanden haben. Höchste Aufmerksamkeit und Konzentration sind bei diesem Punkt besonders wichtig!

- Sollten Sie auch nur den geringsten Zweifel haben: **Fragen Sie nach!** Wenn Ihr Gegenüber „Kaczorowski" oder noch unaussprechlicher heißt, lassen Sie sich im Extremfall den Namen buchstabieren. Nachfragen ist gleich bei der Vorstellung völlig in Ordnung. Nach fünf Minuten Unterhaltung wird es allerdings peinlich.

- Dieser Teil ist eine Frage der Gelegenheit: Wenn der Name eine besondere Bedeutung hat (Frau Artus, Herr Bielefeld) oder Ihr Gesprächspartner zum Beispiel wie ein bekannter Filmstar heißt (Frau Riemann, Herr Schweiger), dann **sprechen Sie über den Namen.** Damit haben Sie gleichzeitig einen Gesprächseinstieg. Sie können auch die Herkunft oder Bedeutung Ihres Namens erklären, das hilft den anderen beim Merken.

- In den nächsten Minuten sollten Sie Ihrem Gehirn die Gelegenheit geben, sich den Namen einzuprägen. Das ist nicht unbedingt einfach, denn im ersten Gespräch ist meistens Konzentration gefragt – das Gehirn gräbt nach Wissen, Witzen, Zitaten aus der Weltliteratur und Fremdwörtern. **Wiederholen Sie deswegen den Namen des anderen** so oft wie möglich. Wie oben bereits geschrieben: Menschen fühlen sich geschmeichelt, wenn sie direkt angesprochen werden, und werden nicht merken, dass Sie sich so den Namen einprägen.

- Schließlich sollten Sie **Ihren Eindruck von der Person erweitern.** Doppelt merkt sichs besser! Fragen Sie nach Hobby, Beruf, Lieblingsessen. Alles ist erlaubt, wenn es in den Rahmen passt!

Der Rest ist Merk-Routine: Verbildern Sie Vor- und Nachnamen. Ergänzen Sie alle weiteren Informationen, die Sie während des Gesprächs über die Person erfahren, bis in Ihrem Gehirn ein stimmiges Gesamtkunstwerk entstanden ist.

Namen merken: Erst hinten, dann vorne

Was für ein Bild steckt in Herbert Müller? Wie lässt sich Irene Kraft gehirngerecht verbildern? Und Fiona Mandarra? Wir beginnen mit Nachnamen, die in drei Kategorien eingeteilt werden können: in bildliche, bedeutende und abstrakte Namen, wobei zusätzlich unterschieden wird zwischen identischen, kombinierten und ähnlichen Namen (siehe Tabelle rechts unten). Die gleiche Aufteilung finden Sie später bei den Vornamen.

Häufig bestehen Nachnamen aus einem Bild: Herr Berg, Frau Hirsch, Herr Hütte. Oder sie sind zusammengesetzt aus mehreren Bildern: Hirschau, Kleineberg, Wildhausen. Merktechnische Sorgfalt ist geboten bei Namen, die einem Begriff ähneln, aber damit nicht völlig identisch sind. Bei Herrn Kobf müssen Sie nicht vorsichtig sein, solange Sie ihm keine Briefe schreiben. Frau Richters, Herr Grunwald und Herr Kaze könnten im Fehler enden: Frau Richter, Herrn Grünwald oder Grunewald und Herr Katze oder Kater.

Wie lässt sich das verhindern? Zum Beispiel können Sie aus Herrn Annas in Gedanken Herrn Annanas machen. Dass Sie ihn nicht verballhornen, lässt sich absichern, indem Sie sich den Satz „Herr Annanas auf keinen Fall mit N und A in der Mitte!" einprägen. Das sollte Sie davor bewahren, einen Bekannten weniger zu haben! Oder Sie wählen ein anderes Bild und stellen sich vor, dass der Herr mit zwei Frauen verheiratet ist, die beide Anna heißen (Annas).

Die meisten Namen haben die Entwicklung des aktuellen Wortschatzes verpasst und eine alte Bedeutung – diese Sorte gehört in die Kategorie der bedeutenden Namen. Zum Beispiel bezeichnet Böttcher, Fassbinder, Küfer, Schäffler und Büttner ein und denselben Beruf: Der Ur-Ur-Urgroßvater dürfte jeweils Fassmacher gewesen sein. (Eine vollständige Liste alter Berufsbezeichnungen, in der viele Nachnamen zu finden sind, online unter http://wiki-de.genealogy.net/ Kategorie:Berufsbezeichnung.)

Die 14 häufigsten Nachnamen in Deutschland sind Berufe. Die ersten Plätze belegen Müller, Schmidt (Schmied) und Schneider. Auf Platz 15 steht der erste Eigenschaftsnachname: Klein. (Die Liste der häufigsten Nachnamen finden Sie bei Wikipedia: http://de.wikipedia.org/ wiki/Liste_der_häufigsten_Familiennamen_in_Deutschland.) Die Bedeutungen helfen beim Merken (Verbilden) und schaffen Allgemeinwissen. Ein umfangreiches Archiv zur Bedeutung von Nachnamen finden Sie im Internet unter http://wiki-de.genealogy.net/ Kategorie:Familienname.

Manchmal haben Namen keine (erkennbare) Bedeutung. Trotzdem lassen sie ein Bild in Ihrem Kopf aufblühen: Frau Oetker, Frau Osram, Herr Asbach und Herr Bond sind einfach zu merken – sofern Sie die Marken und die Roman-/Filmfigur kennen.

Bleibt die Kategorie der abstrakten Namen. Die sind auch nach der Analyse mit der Kneifzange nicht zu einem Bild zu verbiegen. Am häufigsten handelt es sich dabei um Namen aus anderen Ländern: Frau Kaczorowski, Frau Esra (es sei denn, Sie sind bibelfest), Herr Krutz und Herr Roebelstrei. Hier ist voller Einsatz der Vorstellungskraft nötig. Zum Beispiel lässt sich Kaczorowski (ein häufiger polnischer Familienname, „Kaczor" heißt übersetzt Erpel oder Enterich) verwandeln in einen Ski fahrenden Zorro, der eine Katze auf dem Arm trägt. Suchen Sie zur Übung selbst Lösungen für die anderen Namen!

In der folgenden Tabelle sehen Sie weitere Beispiele und die wichtigsten Kategorien von Nachnamen im Überblick:

Kategorien von Nachnamen

NACHNAMEN	bildlich	bedeutend	abstrakt
identisch	Klein, Dick, Maus, Zweig, Kohl, Kohlmeise	Juhnke, Adenauer, Kohl, Köhler, Schmidt, Kant, Beethoven	Genc, Rovira, Montoriol, Seamus, McGarvey, Heany, Mutzke, Kosolowsky, Kosolowski, Tukur
kombiniert	Regental, Sonnenberg, Kohlmeise	Meierhofer, Bergmeier, Jochmann	
ähnlich	Berger, Ratt, Sonneberg, Taller, Haller, Schaller, Junk, Mauri, Lindner	Schmidtke, Lessinger	

Manche Namen verlassen diese Schubladen: Kohl kann sowohl bildlich (der Kohlkopf) als auch bedeutend (Helmut Kohl) sein. Auch der

Name Kohlmeise passt in mehrere Kategorien: als Name des Vogels oder als kombiniertes Bild von Gemüse (Kohlkopf) und Tier (Meise). Gehen Sie beim Sich-Merken nicht streng wissenschaftlich vor. Bei harten Namensnüssen sollten Sie zuerst klären, in welche Kategorie sie gehören und dann gründlich analysieren, verbildern und nach dem Sinn forschen.

Der widerspenstigen Vornamen

Junge Mütter sind wandernde Namensdatenbanken: Häufig ist das Vornamenlexikon kurz vor der Geburt des Nachwuchses angeschafft und ausführlich studiert worden. Wer den Sinn von Vornamen aufdecken will, kommt um so ein Verzeichnis nicht herum: Umfangreiche Vornamen-Listen finden Sie auch im Internet, zum Beispiel unter http://www.beliebte-vornamen.de.

Während Nachnamen oftmals leicht in Bilder verwandelt werden können, ist das bei Vornamen ungleich schwerer. Außer wenn Eltern unvergesslich kreativ waren: Paris (Hilton) und auch andere Orte als Vornamen wie Brooklyn, Ireland („Irland"), Dakota und Chelsea oder Obst, bei Apple („Apfel") Paltrow. Auch Nicolas Cage war einfallsreich: Sein Sohn heißt Kal-el – der Vorname von Superman. Die Spitze des Berges hat der britische Starkoch Jamie Oliver erreicht. Seine Kinder heißen Poppy Honey und Daisy Boo – sich das zu merken, ist einfacher als Vornamen wie Michael, Elke, Sabine oder Richard, in denen nicht sofort ein Bild zu erkennen ist.

Wenn Sie den Ursprung eines Namens kennen, haben Sie gleichzeitig ein Gesprächsthema: Frank bedeutet „der Franke", Lena kommt von Helena (nach Helios, dem griechischen Sonnengott). Amelie ist eine Spielart von Amalie und geht auf das gotische Herrschergeschlecht der Amaler zurück, ist aber vor allem bekannt durch den französischen Spielfilm *Die fabelhafte Welt der Amélie* von Jean-Pierre Jeunet. Jonathan heißt „Geschenk Gottes" – gerne auch gedanklich verbunden mit der Geschichte *Die Möwe Jonathan* von Richard Bach. Merkhilfe:

Die Möwe Jonathan hat ein Geschenk von Gott im Schnabel und fliegt über einen Bach, der reichlich (Richard) gefüllt ist mit Wasser. Das ist viel Bild, in das Sie den nächsten Jonathan, den Sie kennen lernen, einbauen können. Anna, einer der Top-Vornamen in Deutschland seit über 300 Jahren, stammt von der griechischen Form Hannah ab und bedeutet „die Anmutige". Das wiederum lässt sich zerlegen in das Bild einer mutigen Anna (Anna + mutig = anmutig), die mit dem Ausspruch „Ha, ich bin mutig!" prahlt (Ha + Anna = Hannah).

Kategorien von Vornamen

VORNAMEN	bildlich	bedeutend	abstrakt
identisch	Busse, Lenz, Teddy, Wolf	Abel, Siegfried, Amadeus, Mercedes, Dagobert, Feodora	Bob, Ebba, Ezzo, Frek, Frerk, Gila
kombiniert	Sieglinde, Wilfried, Hartmut	Siegfried, Friedlieb	
ähnlich	Anselm, Birk, Wulf, Oswald	Barbie, Fausta	

Sie verbinden am besten Vor- und Nachnamen gleichzeitig und gemeinsam zu einem einzigen Bild. Das ist einfacher, als nur über den Vornamen nachzugrübeln. Mehrere Informationen lassen sich leichter verbildern, weil das Gehirn mehr Ansatzpunkte hat und die Fakten miteinander kombinieren kann.

Tipp: Trainingsgerät Telefonbuch
Millionen von gewöhnlichen und ungewöhnlichen Namen warten in Telefonbüchern darauf, verbildert zu werden. Verwenden Sie zum Üben nicht nur exotische, sondern auch geläufige Vor- und Nachnamen. Eine Liste der häufigsten Nachnamen finden Sie auch bei Wikipedia unter http://de.wikipedia.org/wiki/Liste_der_häufigsten_Familiennamen_in_ Deutschland.

Versuchen Sie, aus den unten stehenden Namen merkbare Bilder zu machen. Sie brauchen nicht jeden Namen hundertprozentig exakt zu übersetzen. Ihr Gehirn erinnert sich auch an Assoziationen, die etwas weiter vom Original entfernt sind (Assoziationstrichter). Denken Sie auf jeden Fall wieder in witzigen Bildern. Die bleiben länger hängen!

- Siegfried Hämmerle
- Gernot Schlauch
- Hildegard Trepper
- Arnold Bastian
- Regina Kolts

Haben Sie für jeden Namen eine gehirngerechte Übersetzung gefunden? Decken Sie jetzt die Namen oben ab. Versuchen Sie nun, folgende Fragen zu beantworten:

- Heißt Hildegard mit Nachnamen Trepper, Treppner oder Tepper?
- Wie heißt R. K. mit vollem Namen?
- Wie heißt Arnold mit Nachnamen?
- Wie heißt Herr Hammer richtig?
- Wie heißt Herr Schlauch mit Vornamen?

Haben Sie alle Fragen beantworten können? Wenn nicht, dann blättern Sie zurück und feilen Sie an Ihren Merkhilfen. Haken Sie einen Namen erst ab, wenn Sie ein starkes Bild gefunden haben.

Tipp: Sterne tragen tausend Namen
Ist Ihnen aufgefallen, dass es kein Problem ist, sich daran zu erinnern, welche Schauspieler bei *Dirty Dancing*, *Fight Club* oder *Vier Hochzeiten und ein Todesfall* mitgespielt haben? Aber kennen Sie Rusty Ryan, John Smith, Jerry Welbach, Mickey O'Neal oder Tyler Durden? Diese Rollen wurden alle von Brad Pitt gespielt. Wenn Sie demnächst Filme anschauen, versuchen Sie, auch die Rollennamen der Schauspieler im Kopf zu behalten. Verknüpfen Sie dazu den Namen nicht (nur) mit dem Schauspieler, sondern vor allem mit dem jeweiligen Filmtitel.

Jeder ein anderer – Gesichter merken

Jeder Mensch ist einzigartig. Gleichzeitig sehen für uns alle Asiaten gleich aus (umgekehrt ist es genauso). Ein Gesicht erkennen und merken wir uns einfach – oder auch nicht. Aber das Aussehen eines Menschen können viele nicht ansatzweise in Worte fassen. Auch, weil wir in dem Glauben leben, dass jeder Mensch anders aussieht, haben wir dafür kein Symbolsystem entwickelt. Bei Gesichtern ist der Kopf sprachlos! Ein echter Klassiker ist der Kriminalfilmwitz über das Aussehen des Täters: 1,80 Meter groß, blonde Haare, blaue Augen, bekleidet mit Pullover und Jeans. Phantombildzeichner haben keinen leichten Beruf. Die Polizei arbeitet heute mit einem Gesichterpuzzle, das Augenzeugen zu einer Personenbeschreibung zusammenbauen. Probieren Sie es im Internet unter http://flashface.ctapt.de/ selbst aus. Versuchen Sie einmal, sich nachzubauen.

Tipp: Spielen Sie „Stars skizzieren"

Beschreiben Sie Ihrem Partner oder Freund das Gesicht eines Prominenten so präzise wie Sie können. Dabei dürfen Sie keinen Hinweis auf den Namen geben. Diese Übung lässt sich hervorragend mit mehreren Personen spielen: Jeder hat eine Minute für die Beschreibung eines Stars. Derjenige, der den Prominenten beschrieben, und derjenige, der ihn erraten hat, erhalten jeweils einen Punkt, wenn die Zeit nicht abgelaufen ist.

Meistens erkennen wir ein Gesicht, aber der Name dazu fällt uns nicht ein. Das ist peinlicher, als an jemandem vorbeizulaufen, ohne mit der Wimper zu zucken, um später zu behaupten, wir hätten denjenigen gar nicht gesehen. Eine feste Verbindung zwischen Gesicht und Name muss her. Sie sollten Gesichter aufmerksam studieren und unverwechselbare Gesichtszüge definieren. Diese lassen sich beim Namen nennen (Narbe auf der Stirn, Knollennase, spitze Ohren) und mit dem Namen verbinden.

Stars und Sternchen entwickeln unverwechselbare Kennzeichen, um unverwechselbar zu werden: Schrille Brillen? Wodka-Martini? Nora-Kette? Weißblonde Scheitelfrisur und Sonnenbrille? Glitzerhandschuh an der rechten Hand? Schlapphut, Sonnenbrille, schütteres Haar? Riesennase? Goldlöckchen und schriller Aufzug? Sie kennen sie alle! Während Prominente wie Heino, Karl Lagerfeld und Udo Lindenberg ihre Kennzeichen immer und überall tragen, wechseln Normalbürger die Kleidung, gelegentlich Haarfarbe, Brille und Bart – teilweise auch Nasen und Brüste. Deswegen nehmen Sie nur unveränderliche Züge einer Person ins Merk-Visier. Auch müssen Sie die Analyse nicht auf das Gesicht beschränken: Wenn jemand zum Beispiel zwei Meter groß ist, ist das unverwechselbar und auffällig. Auch Verhaltensweisen wie Gackern statt Lachen, nervöses Zucken oder ein Hang zu geschmackloser Kleidung können Merk-Haken sein, an denen Sie den Namen festmachen können. Das ist doch der mit den roten Hosen … Bedenken Sie aber, dass die Hose schneller gewechselt wird als die Nase!

Tipp: Kennzeichen-Karikaturen
Lästern erwünscht: Finden Sie gemeinsam mit Ihrem Partner oder einem Freund die typischen Merkmale Ihrer Bekannten. Suchen Sie Macken, Marotten und Äußerlichkeiten, um sich die kürzestmögliche und unverwechselbare Beschreibung dieser Personen auszudenken. Je treffender das Stichwort, desto besser! Damit trainieren Sie Ihren Blick für die wesentlichen Merkmale (und werden ein guter Augenzeuge).

Alles in einem: Einer in allem

Um sich eine Person gründlich einzuprägen, bauen Sie alle gesammelten Fakten zu einer wirkungsvollen Szene zusammen. Je mehr Sie über einen Menschen wissen, desto leichter können Sie sich später erinnern – wenn alles gut verbildert und verbunden ist.

An folgender Liste können Sie sich für das „In-Szene-Setzen" orientieren, aber nehmen Sie auch eigene Ergänzungen vor:

- Vorname
- Nachname
- Erscheinung
- Beruf
- Hobbys
- Lieblingsessen
- etc.

Hier folgt noch einmal die Liste der von oben bereits bekannten Personen, ergänzt um ein paar Eigenschaften und Fakten. Auch wenn Ihnen bei dieser Übung keine richtigen Menschen gegenüberstehen, versuchen Sie trotzdem, für jede Person eine gute Szene zu entwerfen:

Setzen Sie diese Personen in Szene

Name	Merkmal(e)	Beruf	Wohnort
Siegfried Hämmerle	hochgewachsen, sehr muskulös	Stadtplaner	Xanten
Gernot Schlauch	rote, dicke Haare	Gärtner	Hamburg
Hildegard Trepper	superlange Fingernägel	Sekretärin	Weißenburg
Arnold Bastian	Rauschebart	Maler	Singen
Regina Kolts	ausgeprägtes Doppelkinn	Maskenbildnerin	Memmingen

Für Ungeübte ist die Übung nicht einfach. Aber je öfter Sie Analyse, Verbildern und Verbinden am lebenden Objekt praktizieren, desto leichter wird es, sich Namen und Gesichter zu merken.

Wer war das? Wenn nichts hilft …

Auf Partys, Empfängen und Firmenausflügen bleiben dem Kopf weder Zeit noch Denkkapazität, um sich die vielen Namen und Gesichter zu merken. Als wäre es selbstverständlich, hundertundeinen Namen in zehn Minuten zu behalten. Wenn Sie sich trotzdem alles merken wollen, hier zwei weitere Strategien für größere Veranstaltungen und eine Notlösung, wenn Sie sich gar nicht an einen Namen erinnern.

Diplomatenstrategie (auch Spiegelei-Methode): Mit Prominenz gefüllte und höchst offizielle Anlässe sind Minenfelder für Namensmuffel, weil dort jeder mit Rang und Namen angesprochen werden will. Diplomaten und andere Empfangs-Routiniers verfolgen deswegen eine spezielle Strategie, um nicht in die Gefahrenzone zu geraten: Sie stürzen sich nicht sofort quer durch den Saal und schütteln jeder Person die Hand, sondern sie bewegen sich langsam von Gruppe zu Gruppe. Wenn die Gäste bereits ins Gespräch vertieft sind, und Sie zu einer kleinen Gruppe dazustoßen, sind Sie im Vorteil: Sie werden als Einziger jedem einzeln vorgestellt. Die anderen kennen sich bereits und reden sich mit Namen an. Und Sie hören zu und prägen sich in aller Ruhe die Namen ein.

Dirty-Harry-Methode: Besonders nützlich auf gut besuchten Festen, wenn sich jeder in Schale geworfen hat. Vergessen Sie für einen Moment den Grundsatz, sich auf unveränderliche Kennzeichen zu beschränken. Nehmen Sie alles auf, was an einer Person hängt: Bedruckte T-Shirts, Schmuck, Schuhe, rote Hosen und so weiter. Bernhard trägt einen Pullover mit der Schweizer Flagge (Bern ist die Hauptstadt der Schweiz.), Regina (die Königin) ist mit Glitzerschmuck behängt (wie die englische Queen), Dieter reißt deftige Sprüche (so, wie der prominente Dieter), Julia hat einen kirsch-knallroten Kussmund aufgetragen (da kann Romeo nicht weit sein) und Vicky (die englische Kurzform für Victoria = Siegerin) versucht dauernd, recht zu behalten. Ist das erst einmal drin im Kopf, können Sie sich später den Feinheiten widmen und an den Bildern feilen.

Sag Du es mir: Wenn Ihnen gar nicht einfällt, wie jemand heißt, können Sie es mit rednerischem Geschick versuchen. Die Frage: „Wann haben wir uns zum letzten Mal gesehen?" klingt einigermaßen unverfänglich (sofern Sie nicht gerade gestern ein Bier zusammen getrunken haben). Die Antwort kann Ihr Gehirn zum Namen des Gegenübers führen. Auch Ehrlichkeit wird – richtig verpackt – nicht sofort als Beleidigung aufgefasst: „Ich kann mich gut an Sie erinnern. Sie sind doch der … und der … Nur leider habe ich Ihren Namen vergessen!"

Wie gehts weiter?

Beginnen Sie, Namen und Gesichter systematisch zu analysieren. Durchforsten Sie Frauenzeitschriften, die gefüllt sind mit Allerwelts-Modelgesichtern, bis Sie sogar diese unterscheiden und beschreiben können. Entwickeln Sie Ihre Sprache für markante Merkmale der Menschen. Nehmen Sie Vor- und Nachnamen auseinander – und zwar kreativ! Die Kunst, sich an viele Menschen zu erinnern, wird Ihnen neue Türen in Ihrem Leben öffnen!

Fremdsprachen und Vokabeln

„We gates dear?" Eins zu eins aus dem Englischen übersetzt, heißt das: „Wir Tore Liebling?" Aber die Worte haben einen anderen Sinn: Es ist eine Methode, einen deutschen Satz in eine Fremdsprache zu übertragen. Briten und Amerikaner haben zwar etwas völlig anderes dabei im Kopf, können so aber den Anfang eines Gesprächs auf Deutsch meistern, ohne die eigene Sprache zu verlassen. Antwort: „Best ends!" („Beste Enden!").

Wie viel Sprache braucht der Mensch?

Eine Sprache zu erlernen, ist ein weit gefasster Wunsch, der zwischen einer Woche und einem ganzen Leben dauern kann. Denken Sie präziser und peilen Sie ein Ziel an, das Ihren Verständigungsbedarf erfüllt.

Stellen Sie sich vor dem Lernstart ein paar grundsätzliche Fragen:

- Geht es Ihnen ums blanke Überleben in Restaurant, Hotel, Bus und Taxi? Oder wollen Sie Konfuzius oder Jean-Paul Sartre in der Originalsprache lesen?
- Mit wem wollen Sie wie sprechen? Geht es um geschäftliche Verhandlungen, die Diskussion in einem Literaturclub oder das Bestellen des Abendessens?
- Und für die Schule: Leistungskurs und Abitur oder nur Grundkenntnisse, die für einen Au-pair-Aufenthalt genügen?
- Welche Erwartungen haben die Menschen des Landes an einen Besucher? (Fast alle freuen sich, einem Anfänger zu helfen.)
- Manchmal sollten Sie sich auch überlegen, ob die von Ihnen angepeilte Sprache überhaupt die richtige ist: In Norwegen, Schweden und Finnland können Sie sich die unaussprechliche Wasa-Mühe sparen und stattdessen ein paar Englisch-Kenntnisse nachlegen. Nur rund 60 Prozent der Kalifornier sprechen Englisch, ein Viertel Spanisch und auf Platz drei folgt bereits Chinesisch!

Analysieren Sie sorgfältig, wie viel Zeit und Aufwand Sie in Ihr Sprachziel investieren wollen. Schauen Sie, mit wie wenig Sprachkenntnissen Touristen manchmal bei uns ankommen: Nicht selten null Komma nichts, weil jeder Deutsche sich gerne im besten Schulenglisch unterhält! Warum dann Vokabeln in den Kopf klopfen? Obwohl es mit Merktechniken einfach, viel und schnell geht: Der Gedächtnissportler Dr. Yip Swe Choi hat ein Chinesisch-Englisch-Wörterbuch mit 58 000 Einträgen auswendig gelernt, inklusive der jeweiligen Seitenzahl, auf der die Wörter stehen.

Mit weniger kommen Sie in vielen Fällen schon recht weit: Im Deutschen besteht mehr als die Hälfte der Schriftsprache aus 207 Wortformen, während der gesamte Wortschatz in die Millionen geht. Eine Liste mit den häufigsten deutschen Wörtern finden Sie bei Wikipedia unter folgendem Link: http://de.wikipedia.org/wiki/Liste_der_

häufigsten_Wörter_der_deutschen_Sprache. Schätzungen für einen durchschnittlichen deutschen Muttersprachler schwanken zwischen 3 000 aktiv benutzten und 216 000 passiven Wörtern (die verstanden, aber nicht gesprochen werden). Johann Wolfgang von Goethe gilt als intellektuelle deutsche Obergrenze mit einem Wortschatz von geschriebenen 90 000 Wörtern in seinen Werken.

Die Basis für eine Sprache ist der so genannte Grundwortschatz, also die Menge von Wörtern, um rund 85 Prozent aller Texte zu verstehen: Er besteht im Deutschen aus 1 285 und im Englischen aus 850 Wörtern. Fast ohne Ausnahme lässt sich mit 1 000 wohlgewählten Vokabeln eine Sprache zum größten Teil verstehen. Sogar bei Fachlektüre sind mit 1 100 bis 1 200 Wörtern 80 bis 90 Prozent der Texte verstehbar.

Der Vokabel-Schlüssel

Um Vokabeln in Bilder zu verwandeln und sie sich auf diese Weise zu merken, wird die so genannte Schlüsselwortmethode benutzt. Diese ist wissenschaftlich gründlich untersucht worden, und in allen Studien konnten sich die Versuchspersonen überdurchschnittlich gut an die Vokabeln erinnern. Das Prinzip ist denkbar einfach: Für ein Wort in der Fremdsprache wird ein ähnliches Wort in der eigenen Sprache gesucht. Allerdings sind fremdsprachige Buchstabenfolgen nicht immer sprechende Begriffe. Zum Beispiel gibt es die englischen Wörter „desert" oder „tan" im Deutschen nicht.

Trotzdem erinnert das englische „desert" (Wüste) an Deserteur. Mithilfe dieses Schlüsselworts stellen wir uns vor, wie ein Deserteur aus der Kaserne flieht und in der Wüste verschwindet. Das Wort erinnert auch an „Dessert". Stellen Sie sich vor, wie ein halb verhungerter Mann sich aus der Wüste in ein Café schleppt und ein riesiges Dessert bestellt (gemischtes Eis mit Sahne). Können Sie sich die unerträgliche Hitze und den kühlen, fruchtigen Geschmack der Eiscreme vorstellen? Dann haben Sie gerade gut gelernt!

Probieren Sie selbst aus, ob Sie für die Vokabeln unten passende Schlüsselwörter finden:

englisch	deutsch
herb	Kraut, Gewürzkraut
doll	Puppe
cornet	Eistüte
tan	Sonnenbräune
plumber	Installateur, Klempner

Lösungsvorschlag: „tan" erinnert an tarnen. Sie stellen sich eine Frau vor, die so lange in der Sonne am Strand liegt, bis sie die gleiche Farbe angenommen hat wie der Sand (perfekte Tarnung, weil sie unsichtbar ist wie ein Chamäleon). Denken Sie selbst die deutsche Entsprechung „Teint" in das Bild hinein.

Mehr Schlüssel machen

Wenn sich kein Schlüsselwort finden lässt, können Sie folgende Methoden anwenden, ob nicht doch gewisse Ähnlichkeiten zu anderen Wörtern zu entdecken sind:

- **Aussprache:** Das englische „sword" (Schwert) wird im Deutschen „sooort" ausgesprochen. Stellen Sie sich vor, wie ein Ritter im Mittelalter auf blutige Weise seine Feinde mit dem Schwert ausSOOORTiert. Ausgesprochen klingt das englische „tongue" (Zunge) wie „tann". Stellen Sie sich vor, wie Sie mit der Zunge an einer Tanne lecken und das Schmeckorgan am klebrigen Baumharz kleben bleibt.
- **Zerlegen:** Wenn ein Wort nicht genügt, dann setzten Sie das „sword" an und zerlegen in mehrere Begriffe: „tongue" (Zunge) können Sie in „Ton" und „gut" zerstückeln. Mit der Zunge macht man gute Töne, um sich zu verständigen. „Haleeb" (arabisch für Milch) ruft ein Todkranker, der durch magische Milch wundersam geheilt wurde: „Ha, ich lebe!"

- **Umstellen:** „Umm" bedeutet Mutter auf Arabisch. Briten und Amerikaner sagen „Mum". Der Vokal rutscht nach vorn, weil „arabisch" mit einem Vokal beginnt („englisch" auch, aber „britisch" nicht – eigentlich Unsinn, aber leicht zu merken).

- **Entfernen:** Wenn Ihnen nichts Ähnliches einfällt, dann suchen Sie einfach ein paar Begriffe weiter vorne oder hinten im Wörterbuch: Das englische „Invention" (Erfindung) ähnelt „Intention" (Absicht). Ein Erfinder hat die Absicht (Intention), eine Erfindung (Invention) zu machen. Sichern Sie das ab: War er erfolgreich, streckt er zwei ausgestreckte Finger („V" als Siegeszeichen) in die Luft – der Hinweis darauf, dass die „Intention" ein V benötigt, um zur „Invention" zu werden.

- **Sprache wechseln:** Sie können genauso Wörter aus anderen Sprachen benutzen. „Invention" (Erfindung) klingt genauso wie „convention" (Versammlung). Es findet eine Erfinder-Convention statt, um gemeinsam an einer großartigen Erfindung „Invention" zu arbeiten. So können Sie zwei neue Vokabeln zusammen lernen. Doppelt merkt sichs besser!

- **Googeln:** Tippen Sie das Wort im Internet bei einer Suchmaschine ein. Zum Beispiel bietet Google bei „desert" sofort das „Dessert" an. Und bei „Umm" erscheint die „Universitätsmedizin Mannheim" (auch eine mögliche Merkhilfe) sowie der Hinweis auf ein Emirat der Vereinigten Arabischen Emirate: „Umm al-Qaiwain" (übersetzt heißt das „Mutter zweier Kräfte").

Wenn kein Schlüssel ins Schloss passt

Die Schlüsselwortmethode funktioniert besonders gut mit ähnlichen oder verwandten Sprachen. Englisch und Französisch sind damit einfacher zu lernen als Polnisch oder Arabisch. Bei Sprachen in anderer Schrift funktioniert die Schlüsselwortmethode nur über die Aussprache.

Für fremde Schriftzeichen können Sie ähnlich aussehende Bilder suchen (besonders gut bei Japanisch und Chinesisch, kaum geeignet für Arabisch). Mit der Analyse der Schriftzeichen vermeiden Sie die Lern-Einbahnstraße, und das Schreiben wird gleichzeitig mitgelernt. Herkunftswörterbücher, die die historische Entwicklung eines Piktogramms zum (abstrakten) chinesischen oder japanischen Schriftzeichen erklären, können ebenfalls eine Hilfe sein. Wenn Ihnen nicht sofort gute Bilder einfallen, dann lassen Sie sich Zeit damit! Das Gehirn muss den richtigen Blick dafür entwickeln.

Lassen Sie uns ein paar chinesische Schriftzeichen verbildern:

„Mu", etwas gedreht und abgerundet, hat Ähnlichkeit mit einem „Auge". Bekommt das Auge Beine („xian"), bedeutet es „sehen". Das Auge in einem Kasten („mian") heißt übersetzt „Gesicht". Eine präch-

tige Kopfbedeckung auf dem Auge ergibt „shou", was „Häuptling"
oder „Kopf" bedeutet.

„Wei" ist die „Umzäunung". Ist das eingezäunte Gebiet mit zwei Strichen
unterteilt, ergibt das ein „Feld" („tian"). Steht ein Mensch („ren") in einer Umzäunung, dann meinen die Chinesen damit einen „Gefangenen"
(„qiu"). Ein Spross (kleines Blatt mit Wurzeln) oder Same („zi"), ge-
schützt durch einen Zaun, ist das Kind („nan"). Der Mensch hinter
einem senkrechten Strich verborgen, bedeutet „verstecken" („fu")
und zwei kurze Striche schräg über einem Menschen heißen „Feuer"
(„huo"). Der Querstrich über dem Menschen ergibt den Himmel
(„tian"), und wenn der Strich Federn (kleiner Querstrich) am Ende
hat, dann ist das ein „Pfeil" („shi").

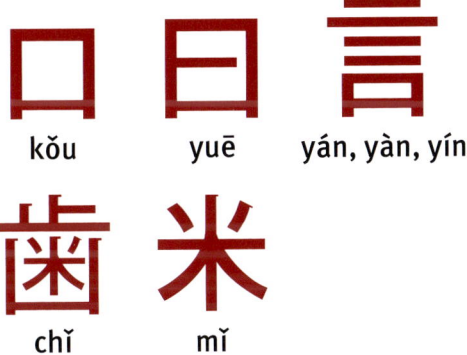

„Kou" ist der „Mund", stark vereinfacht, aber vorstellbar. „mi" ist weißer,
ungekochter „Reis". Die Kombination aus beidem ist „chi", was „Zähne"
bedeutet. Ein Strich im Mund („yue"), bedeutet „sagen" und kommen
viele Striche aus dem Mund heraus, heißt das übersetzt „sprechen".

Mit ein wenig Fantasie werden Sie diese chinesischen Zeichen ohne
zu lernen wiedererkennen. Damit haben Sie einen guten Start in diese
wundervolle Sprache gemacht. Weiter so! Prüfen Sie, wie viele Zeichen Sie im Kopf behalten haben.

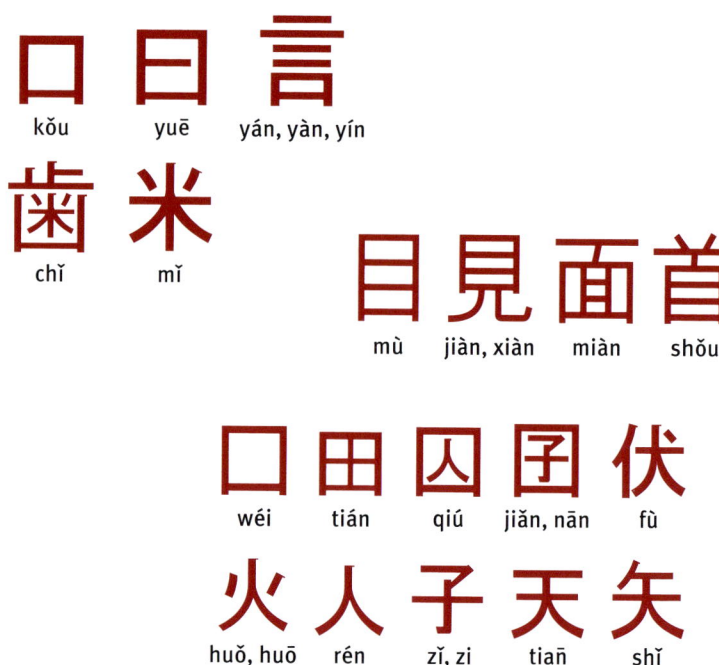

口   日   言

kǒu   yuē   yán, yàn, yín

齒   米

chǐ   mǐ

目   見   面   首

mù   jiàn, xiàn   miàn   shǒu

囗   田   囚   囝   伏

wéi   tián   qiú   jiǎn, nān   fù

火   人   子   天   矢

huǒ, huō   rén   zǐ, zi   tiañ   shǐ

Aber das Chinesische ist nicht ganz leicht zu lernen. Sie haben nämlich dreifache Arbeit: Zeichen, Übersetzung und Aussprache wollen behalten werden. Aber mit Merktechniken geht das deutlich leichter als ohne. Wenn Sie mit dieser Sprache weitermachen wollen: Das kostenlose Lern-Programm „Chinesisch-Trainer" erhalten Sie im Internet unter http://www.chinesisch-trainer.de.

Minenfeld Tabellenteil – Grammatik

Listen unregelmäßiger Verben und Konjugationstabellen sind der Stoff, aus dem schweißerfüllte Albträume werden. Viele Grammatiken kommen als Schwergewicht daher. Je dicker, desto besser. Aber was haben Listen und Tabellen mit Sprache und Sprechen zu tun? Gar nichts! Oder machen Sie sich beim Sprechen Ihrer Muttersprache eine Sekunde am Tag Gedanken darüber, wie von „Haus" der Genitiv im Plural gebildet wird?

Warum ist Grammatik so erschlagend ausführlich? Vermutlich, weil die Autoren nicht dem Lernenden helfen wollen, schnell und praktisch in eine Sprache einzusteigen, sondern weil sie ein wissenschaftlich korrektes Bild einer Sprache anfertigen. Masse statt Klasse! Perfekt ist, wenn das superseltene unregelmäßige Verb auch auf der Liste steht. Empfehlung: Nicht kaufen, denn solche Bücher drücken nur auf das Gewissen!

Kinder erlernen Sprache ohne Grammatik. Der bereits erwähnte Psychologe und Hirnforscher Manfred Spitzer erklärt, dass Kleinkinder von selbst die Regeln einer Sprache entdecken und nicht durch endloses Wiederholen sprechen lernen (daran zu erkennen, dass Kinder beispielsweise „zwei Eiers" oder „viele Krümels" sagen, was ein Hinweis auf das Anwenden einer Mehrzahlregel ist und nicht durch Nachahmung geschieht). Grundsätzlich sind Kinder ein gutes Vorbild zum Sprachenlernen: Sie lauschen mindestens ein Jahr, bevor sie mit den ersten Wörtern und Sätzen beginnen. Alles frei von Konjugation und Deklinationen. Erwachsene dürfen so nicht lernen: Sie brabbeln nicht drauflos ohne Rücksicht auf Fehler! Trotzdem lernen Kinder Sprachen oft schneller als manche Erwachsene.

Mittlerweile gibt es Sprachlehrgänge, die ähnlich vorgehen: Erst zuhören, dann selber sprechen. Und zwar immer ganze Sätze, kein bloßes Vokabelnbüffeln, und auf Grammatik wird weitgehend verzichtet.

Wenn Sie sich mit einer Sprache vertraut machen wollen: Hören Sie so viel und so lange wie möglich zu! Und dann fangen Sie langsam mit kurzen Sätzen an! Verlassen Sie sich auf Ihre Intuition, bevor Sie Beugungstabellen pauken. Wenn sich die Regeln einer Sprache in Ihrem Bauch(gefühl) eingraben, sind sie dort besser aufgehoben als gepaukt in Ihrem Kopf.

Wollen Sie doch auf Nummer sicher gehen und Grammatik mithilfe von Merktechniken in den Kopf einladen, dann finden Sie passendes Werkzeug im Kapitel „Es war einmal ein Netz".

Wie gehts weiter?

So transportieren Sie Grundwortschätze schnellstens in Ihren Kopf:

Analyse 1: Streichen Sie alle Vokabeln, die Sie bereits kennen und die leicht zu lernen sind (Baguette, Camembert, Restaurant, Vin usw.). Wörter, die häufig auftauchen, brauchen Sie auch nicht zu pauken. Die lernen sich selbst in den Kopf.

Analyse 2 (grober Merktest): Unterteilen Sie in leichte, mittlere und schwer zu lernende Wörter. Hier ist Ihr persönliches Urteil gefragt: Lässt sich das Wort rasch in ein Bild verwandeln, das im Bezug zur Übersetzung steht? Oder passiert gar nichts in Ihrem Kopf beim ersten, zweiten und dritten Betrachten?

Portionen bilden: Teilen Sie die Wörter in leicht zu bewältigende Tagesportionen ein. Probieren Sie aus, wie viele Vokabeln Sie täglich lernen können. Machbar, aber nicht zu wenig – das sollte Ihr Ziel sein! Und mixen Sie leichte, mittlere und schwere Wörter.

Schlüsselwort finden, verbildern und verbinden: Jedes Wort nur ein einziges Mal lernen! Gewöhnen Sie Ihr Gehirn gar nicht erst an den Gedanken, dass es eine zweite, dritte, vierte Chance bekommt. Bleiben Sie bei einer Vokabel, bis Sie das perfekte Bild gefunden haben. Wenn Sie merken, dass Sie die Bilder vergessen: noch extremere Bilder wählen!

Erinnern: Gelerntes so oft wie möglich benutzen und ständig prüfen, was hängen bleibt – und zwar nicht nur, ob die Vokabeln im Kopf stecken, sondern vor allem, ob die Merktechnik funktioniert. Wenn Sie sich nicht erinnern, stimmt etwas nicht mit der Art, wie Sie verbildert haben. Und prüfen Sie Ihr Wissen in beide Lernrichtungen. Beim Erinnern nicht sofort sagen: „Weiß ich nicht!" Das Gehirn muss sich an das Denken in Bildern gewöhnen, dabei reagiert die rechte

Gehirnhälfte, die für die Bilder zuständig ist, langsamer als die linke! Geben Sie dem Bild ein paar Sekunden Zeit, bis es vor Ihrem inneren Auge auftaucht.

Mithilfe der Schlüsselwortmethode und der Basistechniken Verbildern und Verbinden ist ein Grundwortschatz keine ganz große Herausforderung mehr. Auf der Suche nach einem guten Grundwortschatzbuch wählen Sie besser ein Exemplar mit wenigen Wörtern und nicht gleich die 10 000-Vokabeln-Maxi-Ausgabe. Masse schreckt das Gehirn ab. Wichtiger ist, dass die richtigen Wörter drinstehen!

Vokabelkarten eignen sich als nicht zu umfangreiche Sammlungen der wichtigsten Wörter. Sie lassen sich gut transportieren und überall nutzen. Aber sparen Sie sich Lernkartei und Lernbox! Da wird das übliche Wiederholen verpackt in eine modern gemachte Schachtel. Außerdem ist der Kasten zu groß für die Hosentasche.

Kopf und Zahl

„Die Zahl ist das Wesen aller Dinge", sagte der griechische Philosoph und Mathematiker Pythagoras von Samos. Telefonnummern, Geburtstage, Kunden- und Bestellnummern, Konto, Kreditkarte, PINs, Schuh- und Kleidergrößen, Preise, technische Daten, Maße, Gewichte, Entfernungen, Postleitzahlen, die Regalnummern im Selbstbedienungslager von IKEA – die Liste ist endlos. Zahlen sind überall! Und Zahlen sind extrem gehirnunfreundliche Fakten. Sie können von Glück reden, wenn Sie sich Zahlen merken können, denn Gehirne haben eigentlich keinen Plan, um damit fertig zu werden.

Die meisten Nummern im Hirn sind gründlich geübt, wie die eigene Telefonnummer, das Geburtsdatum, die Postleitzahl. Sonst gilt die Millersche Zahl in Vollendung: Sieben Ziffern sind die Grenze (plus/minus zwei). Darüber hinaus sind Zahlen gleich wieder weg. Aus folgenden Gründen fallen Zahlen im Gehirn gerne durch:

- **Zahlen sind abstrakt:** Eine Folge aus Ziffern löst selten Assoziationen im Kopf aus wie die „911" (der Sportwagen) oder auch „9/11" (als Synonym für die Ereignisse des 11. September 2001). Schon bei „912" ist die geistige Bühne leergefegt.
- **Zahlen (Ziffern) sind zehn an der Zahl:** Anders als beim Alphabet kommt die Welt der Mathematik mit weniger als halb so viel Symbolen aus. Kein Vorteil, denn je weniger Symbole, desto häufiger die Wiederholungen.
- **Zahlen sind endlos:** Die leblosen Undinger sind überall immer anders. Und die Kombinationsmöglichkeiten sind höher als hoch: Während es eine begrenzte Anzahl von Silben und Wörtern gibt, reichen die Zahlen bis unendlich und noch ein Stückchen weiter.
- **Zahlen sind unerklärlich:** Egal ob Geburtsdatum, die Höhe eines Gebäudes oder die Bestellnummer für das Kuschelsofa. Bei Zahlen fehlt fast immer der logische Bezug zur Sache.

Wissen Sie, wie hoch das Empire State Building ist? Sie können sich viele Fotos von dem Wolkenkratzer ansehen oder nach New York fliegen. Durch Ansehen wird das Gebäude sein Geheimnis nicht preisgeben. Aber: Wissen Sie, was ein Mufti ist? Das ist ein arabischer Rechtsgelehrter – ein älterer Herr mit würdigem Gesichtsausdruck, Bart, Turban und langem Gewand. Stellen Sie sich einfach mal vor, wie so ein Mufti das Empire State Building mustert und sich die Frage stellt: „Wie hoch könnte das sein?" (Wir kommen auf dieses Beispiel gleich zurück und beantworten die Frage.)

Wie es nicht geht!

Zahlen aufschreiben: Funktioniert ausgezeichnet, hat aber Nachteile, weil der Zettel nie zu finden ist, wenn er gebraucht wird. Mobiltelefone und elektronische Gehirne haben andere Eigenarten: Sie gehen kaputt und stürzen ab! Auch Eselsbrücken („333, bei Issos Keilerei") stoßen bei Zahlen auf zu breite Flüsse, weil viele Zahlen viel Brückenbau erforderlich machen. Die anfangs beschriebene Zahlen-Symbol-Route wäre eine weitere Lösung, die aber auch nicht praktikabel ist: Es macht keinen Sinn, Zahlen eins zu eins in Symbole zu verwandeln. Der Notruf 112 würde ein Bild mit zwei Pfeilen und einem Schwan ergeben. Beim Erinnern kann Durcheinander entstehen: Stand der Schwan zwischen den Kerzen? Davor? Dahinter? Insgesamt zu mühevoll!

Auch andere Lösungen sind nicht für jede Zahl geeignet: Merken Sie sich den Weg über die Tasten von Telefon oder Tastatur. Nur unterscheiden sich die Anordnungen der Ziffern von Taschenrechner, Computer (die Reihe über den Buchstaben) und Telefon.

Eine schlaue Methode ist das Übertragen von Ziffern in Wörter mit entsprechend vielen Buchstaben, aus denen dann Sätze gebildet werden. Der Philosoph Franz Brentano hat die Kreiszahl Pi so in ein Merk-Gedicht gegossen: „Nie, o Gott, o guter, verliehst Du meinem Hirne die Kraft mächtige Zahlreihn dauernd verkettet bis in die spaetere Zeit getreu zu merken." Zählt man die Buchstaben in jedem Wort, ergibt sich 3,1415926535 usw. Dieses Verfahren sieht auf den ersten Blick attraktiv aus, hat aber Nachteile: Es ist schwer, Wörter zu finden, die die benötigte Länge haben. Der Wortkette dann Sinn zu verleihen, ist nur etwas für lange Grübelnächte, wenn mal wieder nichts im Fernsehen läuft. Außerdem gibt es in der deutschen Sprache wenige ein- und zweistellige Wörter.

1 + 2 = Tonne! Oder: Wie es geht!

Ein effektives Merksystem für Zahlen muss harte Anforderungen erfüllen: Schnell und einfach anwendbar sowie zuverlässig sollte es sein (Telefonnummern sollten Sie sich fehlerfrei merken, sonst lernen Sie eine Menge neuer Leute kennen.) und es sollte weniger Platz im Kopf benötigen als die Zahl selbst (sonst haben Sie das weiter oben beschriebene Kerze-Pfeil-Problem). Urteilen Sie selbst, was sich leichter merken lässt: Die 22-stellige Zahl 1 4 8 6 0 4 2 1 9 4 2 1 4 1 5 8

2 1 2 4 7 2 oder der Satz „Der Fuchs rennt über hundert Elefantenrücken" (bitte lebendig und bildhaft vorstellen)?

Das Major-System erfüllt alle oben genannten Anforderungen und ist eine der stärksten Merktechniken überhaupt. Es wird auch als „Deurabisch" bezeichnet, weil es (im Deutschen) der altarabischen Schreibweise entspricht: Zahlen werden in Buchstabenreihen verwandelt, in denen Vokale (a, e, i, o) und Umlaute (ä, ö, ü) fehlen. Deswegen sind alte arabische Schriften mehrdeutig, weil zum Beispiel aus der Folge MM (hier zur Vereinfachung auf Deutsch) durch Ergänzen von Vokalen sowohl das Wort „Mama" als auch „Mumie" gemacht werden kann – zwischen beiden besteht fraglos ein Unterschied.

Die Anwendung des Major-Systems sieht auf den ersten Blick kompliziert aus, ist aber extrem einfach: Eine Reihe von Ziffern wird in Buchstaben (Konsonanten) übersetzt, die mithilfe von Vokalen in Wörter und dann in Bilder verwandelt werden (wie beim Beispiel mit Mama und der Mumie). Das Geniale daran: Viele Ziffern können in einem einzigen Bild untergebracht und in exakt der gleichen Reihenfolge wieder herausgeholt werden (und Sie telefonieren garantiert immer mit dem richtigen).

Unten sehen Sie die Konsonanten für die Ziffern eins bis drei, wobei Ziffern teilweise gegen verschiedene, lautverwandte Konsonanten ersetzt werden können, wie hier die Ziffer eins.

Major-System von eins bis drei

1 = T, D	2 = N	3 = M

Wenn Sie eine Zahl in ein Bild verwandeln, ersetzen Sie die Ziffern gegen die entsprechenden Konsonanten. Sie können beliebige Vokale einfügen und so aus gleichen Zahlenfolgen verschiedene Wörter bilden. Aus der Zahl 31 bilden Sie die Buchstabenfolge M T (oder D) und fügen Vokale nach Belieben dazwischen, davor und dahinter. Haben Sie eine Idee für ein Wort? Mode, Made und Miete sind schnell gefunden. Mit ein wenig Übung werden Ihnen noch mehr Wörter einfallen, die aus der Kombination M T/D gebildet werden können. Hier eine kleine Auswahl: Motte, Matte, Maat, Mitte, Maid und auch Amt – alles 31! Höchste Flexibilität durch Kreativität!

Suchen Sie nun selbst Wörter für alle Zweierkombinationen aus den Ziffern eins bis drei:

Suchen Sie Major-Begriffe für folgende Zahlen

11 = Tüte	21 =	31 = Miete, Made
12 =	22 =	32 =
13 =	23 =	33 =

Auch längere Zahlen(-gruppen) können Sie in ein Wort verwandeln. Prinzipiell gilt: Je mehr Ziffern pro Begriff, desto stärker wird die Zahl komprimiert. 321 lässt sich verwandeln in „Manta" oder „Mund". Und „Mutationen" ist die Zahl 31122. Aber auch einstellige Zahlen lassen sich in Wörter verwandeln: Aus der 1 wird zum Beispiel der „Tee" und aus der 3 die „Oma".

Tipp: Der Stärkere geht vor!
Wählen Sie bildhafte Dinge als Major-Begriffe. Beispielsweise könnte aus der 10 das Wort „das" gebildet werden, aber Tasse, Tussi, Düse, Dose und Texas sind stärkere Wörter, die besser behalten und einfacher erinnert werden können.

Neugierig, wie es weitergeht? Unten sehen Sie die Konsonanten für alle zehn Ziffern inklusive Eselsbrücken, mit denen Sie sich die Konsonanten merken können, ohne pauken zu müssen.

Das vollständige Major-System

1	T, D	1 ähnelt dem T, und D ist lautverwandt
2	N	das kleingeschriebene „n" hat zwei Striche nach unten
3	M	das kleingeschriebene „m" hat drei Striche nach unten
4	R	der vierte Buchstabe des Wortes „vier" ist ein R
5	L	der Winkel oben auf der 5 sieht aus wie ein L
6	SCH, CH, J	das Wort „sechs" enthält alle diese Buchstaben, und J sieht aus wie eine gespiegelte 6, wenn der Bogen unten verlängert wird
7	K, G, CK, Q	die 7 sieht aus wie eine „Ecke" (K und CK), G ist lautverwandt, und „Q" in den James-Bond-Filmen bastelt immer Spezialwaffen mit Trick sieben
8	F, V, W, PH	V8-Motoren und F sowie W sind lautverwandt, PH ist ebenfalls lautverwandt, aber nicht verwechseln mit der 9
9	P, B	P sieht einer gespiegelten 9 ähnlich, B ist lautverwandt
0	S, SS, SZ, Z	0 im englischen „Zero", S und SS sowie SZ sind lautverwandt

Noch ein Hinweis: Konsonanten, die nicht in der Liste stehen (wie „H" und „X"), dürfen wie Vokale eingefügt werden, stehen aber nicht für eine Zahl: Aus der Zahl 212 können Sie „Xanten" machen. Und „Hause", „Hase", „Hose" und „Hass" stehen für die 0.

Und noch eine kleine Regel: Gleiche Konsonanten, zwischen denen sich kein Vokal befindet (wie beim Wort „Mitte"), stehen nur für eine Ziffer, also „Mitte" ergibt 31 und „Mutter" 314. Das gilt nicht, wenn sich dazwischen Vokale befinden, wie bei „Tüte" (11).

Die Zahl ins Bild und umgekehrt

Erinnern Sie sich an die Merkhilfe für die Höhe des Empire State Buildings? Der Mufti steht für die Höhe von genau 381 Metern. Logisch und gut zu merken!

Am Anfang sollten Sie Zahlen auf einem Stück Papier in Bilder verwandeln. Nehmen Sie sich eine Telefonnummer oder einen Geburtstag, den Sie nicht auswendig kennen. Notieren Sie die Zahl, schreiben Sie die Konsonanten darunter und suchen Sie einen oder mehrere passende Begriffe, die sich zu einem starken Bild zusammensetzen lassen.

Die Telefonnummer 762745 von Martin Haupt (Nummer und Name frei erfunden) können Sie auf mehrere Arten in Wörter verwandeln – hier eine kleine Auswahl: Stellen Sie sich vor, wie Martin seinen Kopf (Haupt) kochen will auf einem Grill. Haupt, kochen und Grill sind die Schlüsselwörter, die Sie zurückführen zu: Herr Haupt, „kochen" (762) und „Grill" (745). Statt kochen können Sie sich auch ein Bild mit „Kuchen" und „Grill" denken: Martin backt Kuchen auf einem Grill. Oder: Martin Haupt ist stolzer Besitzer von einem „Kuchengrill", dann haben Sie alle sechs Ziffern in einem Wort verpackt. Kleiner zerteilt, ergibt sich das Bild: Martin der Koch rührt Honig mit einem Quirl. „Koch" (76), „Honig" (27) und „Quirl" (745) bringen Sie sicher zurück zur Nummer.

Tipp: Durchwahl zum Durchstarten
Die Büro-Kurzwahl lässt sich wunderbar mit Ihren Kollegen verbinden: Die Durchwahl-Nummern im Büro sind das perfekte Starttraining für das Major-System. Verbildern Sie die Kurzwahlen in Major-Begriffe und heften Sie diese mental an die Mitarbeiter in Ihrer Firma oder Abteilung.

Im alltäglichen Umgang mit dem Major-System sollten Sie versuchen, so viele Ziffern wie möglich in einem Wort unterzubringen. Dabei brauchen die Worte (wie bei Kuchengrill) nicht unbedingt im Duden zu stehen. Das gute Bild geht vor. Es gilt immer noch: Spinnen erlaubt und erwünscht!

Hier ein paar Beispiele: Kennen Sie das Geburtsjahr von Vincent van Gogh? Was wissen Sie über den Maler? Genau, er hat versucht, sich ein Ohr abzuschneiden. Das Merkbild für sein Geburtsdatum ist: Van Gogh muss eine Taufe mit Leim über sich ergehen lassen, damit sein Ohr wieder angeklebt wird. Die Major-Begriffe sind „Taufe" und „Leim". Diese führen Sie direkt zum Geburtsjahr des Malers, nämlich 1853.

Auf der Speisenkarte der Titanic gab es eine ungewöhnliche Delikatesse: Tee-Ölsardine. Ein kleiner Fisch, der mit einer Schnur an der Flosse in einem heißen Glas Wasser serviert wurde. Natürlich völliger Unsinn, aber es führt uns zum Datum des Untergangs des Luxuskreuzers am 15. April 1912, geschrieben als 15.04.12.

Nun versuchen Sie es selbst! In der Tabelle finden Sie ein paar Gebäude und ihre herausragenden, bezifferten Eigenschaften sowie weitere Längen- und Höhenrekorde. Versuchen Sie, passende Bilder dafür zu finden.

Empire State Building	Höhe: 381 Meter
Cheops-Pyramide	Höhe: 138 Meter (146 Meter ursprünglich)
Chinesische Mauer	Länge: 8851 Meter
Sears Tower (jetzt: Willis Tower)	Höhe: 527 Meter
The Venetian (Venetian Resort Hotel)	Zimmerzahl: 4049
Jahre Viking (Tankschiff)	Länge: 458 Meter
Nil	Länge: 6671 Meter
Ulmer Münster	Höhe: 161 Meter
Mount Everest	Höhe: 8848 Meter
Burj Dubai	Höhe: 818 Meter

Sie können auch hier wieder mehrere Wörter zur Lösung bilden: Der Burj Dubai (höchstes Gebäude der Welt) ist so hoch, dass auf seiner Spitze eine „UFO-Taufe" stattfindet (818 Meter). Haben Sie für die anderen Bauwerke auch Bilder gefunden?

Wenn Sie ganz sicher sind, wie viele Stellen eine Zahl hat, können Sie auch ein Wort bilden, das zwar aus mehreren Konsonanten besteht, aber Sie lassen beim Rekonstruieren alle hinteren Konsonanten wegfallen. Das Ulmer Münster sieht aus wie ein „Docht". (Das wäre die Punktlandung bei 161 Metern.) Alternativ können Sie sich aber auch vorstellen, wie dort ihre „Tochter" getraut wird. Die präzise rekonstruierte Zahl wäre 1614 Meter, was für jede Kirche der Welt zu hoch ist. Also einfach weg mit dem letzten Konsonanten.

Diese beiden Spielarten erhöhen die Flexibilität. Seien Sie anfangs vorsichtig damit und probieren Sie, ob Sie sicher zur richtigen Zahl zurückfinden. Sie entscheiden, welches Verfahren für Ihren Kopf am besten geeignet ist!

Tipp: Major-Rückwärts
Eine gute Übung, um sich mit dem Major-System vertraut zu machen, ist der Rückwärtsgang: Machen Sie aus beliebigen Wörtern einfach die dazugehörigen Zahlen. Besonders kurze Wörter eignen sich gut, weil Sie ein Gefühl dafür bekommen, welche Ziffernkombinationen welches Wort ergeben. Wenn Sie das eine Weile üben, werden Sie überall nur noch Zahlen lesen. Dieser Satz ergibt nach dem Major-System: 82 0 10 2 85 92, 8412 0 945 24 26 052 502.

Einfach nur einstellig

Eine Ziffer in ein Wort zu verwandeln, hat eigentlich ein schlechtes Verhältnis von Aufwand und Leistung. Dennoch passiert es immer wieder, dass zum Beispiel beim Verwandeln einer Telefonnummer am Ende eine Ziffer übrig bleibt, die nicht mehr in den vorhergehenden Major-Begriff eingebaut werden kann. In solchen Fällen wird ein einstelliger Major-Begriff zum Gesamtbild hinzugefügt.

Das einstellige Major-System hat aber außerdem den Vorteil, dass es eine ausgezeichnete Merkhilfe für die Konsonanten ist. Hier die einstelligen Begriffe, inklusive passender Merkbilder.

Einstellige Major-Begriffe und Merkhilfen

1 = Tee	Tee, der so stark ist, dass der Löffel (sieht aus wie eine 1) senkrecht darin stehen bleibt.
2 = Noah	Noah nimmt in seine Arche die Tiere immer paarweise.
3 = Oma	Oma hat drei Kinder, die jeweils wieder drei Kinder haben, die jeweils wieder …
4 = Reh	Ein Reh hat vier Beine.
5 = Lee (Jeans)	Lee hat eine Jeans mit fünf Hosenbeinen im Angebot.
6 = Schi	Nackte Schifahrer sind sexy („sechsy").
7 = Kuh	Der gestiefelte „K"ater hat sieben Kühe auf einen Streich „k." o. geschlagen.
8 = Fee, Ufo	Wenn eine Fee ein Ufo fliegt, muss man sich ziemlich in Acht nehmen.
9 = Po, Opa	Opas Po ist – wie Opa – 9(0), sieht aber aus wie (1)9.
0 = Zeh, See	Ich stecke meinen Zeh in einen See, der so rund wie eine Null ist.

Noch besser wird es, wenn Sie getreu dem Motto „Doppelt merkt besser!" sofort sinnvolles Wissen mit den Begriffen und Zahlen verbinden. Versuchen Sie, Bilder für die zehn größten Länder der Erde (geordnet nach Fläche) mit dem dazugehörigen Major-Begriff zu finden. Bauen Sie die Hauptstädte gleich mit ein. Vervollständigen Sie die Liste auf Seite 151 mit Ihren eigenen Bildern:

Einstellige Major-Begriffe und die zehn größten Länder

Zahl	Land	Hauptstadt	Merkhilfe
1	Russland	Moskau	In Russland gibt es eine Spezialität: **Tee** mit Preiselbeeren, der wie **Mo**st schmeckt und ge**kau**t werden muss.
2	Kanada	Ottawa	**Noah** hat seine Arche in einem See in **Kanada** zu Wasser gelassen und die **Otter** fragen: „**Wa**s soll das denn?" (Otter + Wa = Ottawa)
3	USA	Washington	
4	China	Peking	
5	Brasilien	Brasilia	
6	Australien	Canberra	
7	Indien	Neu-Delhi	
8	Argentinien	Buenos Aires	
9	Kasachstan	Astana	
10	Sudan	Khartum	

So haben Sie sich eine Menge Wissen in einem Zug gemerkt: Die Konsonanten des Major-Systems, die einstelligen Major-Begriffe, die Reihenfolge der zehn größten Länder der Erde inklusive Hauptstädte. Das sind 40 Fakten in einem handlichen Paket!

Benutzen Sie einstellige Begriffe so selten wie möglich: Es macht wenig Sinn, sich die Telefonnummer 762745 (Kuchengrill) damit zu merken: Kuh, Schi, Noah, Kuh, Reh, Lee (Jeans). Sie könnten daraus zwar eine Geschichte bilden, aber die ist lange nicht so leicht zu behalten wie ein einziges Wort.

Wenn es schnell gehen muss: Major-Zweistellig

Für alle zweistelligen Ziffernkombinationen einen festen Major-Begriff im Kopf zu haben, lohnt sich. Das zweistellige Major-System kann leicht aufgebaut und gemerkt werden, weil Sie die Begriffe nicht pauken müssen. Durch die Konsonanten haben Sie bereits stabile Assoziationsbrücken im Kopf.

Wenn Ihnen jemand am Telefon seine Nummer durchsagt (33271796) oder Freunde Ihnen Bestellnummern für den Pizza-Service zurufen (Pizza 32 für Sabine, 67 für Martin, 71 ohne Oliven für Gisela und für Oliver die 16), haben Sie nicht unbedingt genug Zeit und Aufmerksamkeit, mit Konsonanten und Vokalen im Kopf herumzuexperimentieren. Wenn keine Zeit zum Nachdenken ist, können Sie mit zweistelligen Begriffen schnell Bilder erzeugen.

Mit Major-Doppelpacks machen Sie aus der Nummer 33271796 so die Folge: Mumie, Honig, Theke und Buch. Eine Mumie, die mit Honig eingeschmiert ist, steht klebrig an der Theke und liest ein Buch. Das Buch, das die Mumie liest, trägt den Titel *Einfach.Alles.Merken.* (soll angeblich eine ganz spannende Lektüre sein). Die Pizzabestellung lässt sich so übersetzen: Sabine kriegt einen „Mann", Martin übergeben Sie einen „Scheck", den er sich schmecken lässt, eine „Kette", aus deren Gliedern Oliven purzeln, bekommt Gisela, und Oliver legen Sie die Pizza direkt auf den „Tisch".

Statt die zweistelligen Begriffe auswendig zu lernen – das passt nicht zu den Grundsätzen der Merktechniken –, sollten Sie die Zahlen im Kopf durchgehen und Begriffe suchen, die Ihnen als erstes bei einer Zweierkombination einfallen. Nach und nach werden sich feste Bilder für jedes Zahlenpaar in Ihrem Kopf einprägen.

Hier sehen Sie Vorschläge für alle zweistelligen Major-Begriffe:

Major-Begriffe für die Zahlen von 00 bis 99

00 = Soße	25 = Nil	50 = Lasso	75 = Keule
01 = Seide	26 = Nische	51 = Latte	76 = Koch
02 = Sahne	27 = Honig	52 = Leine	77 = Geige
03 = Sumo	28 = Neffe	53 = Leim	78 = Kaffee
04 = Zar	29 = Anbau	54 = Leier	79 = Kappe
05 = Seil	30 = Maus	55 = Lolli	80 = Fass
06 = Sushi	31 = Made	56 = Elch	81 = Fett
07 = Sack	32 = Mohn	57 = Lok	82 = Fön
08 = Seife	33 = Mumie	58 = Löwe	83 = WM
09 = Suppe	34 = Mauer	59 = Lupe	84 = Feuer
10 = Tasse	35 = Mühle	60 = Schuss	85 = Falle
11 = Tod	36 = Macho	61 = Schotte	86 = Fisch
12 = Tanne	37 = Mücke	62 = Schein	87 = Waage
13 = Dom	38 = Möwe	63 = Schaum	88 = Waffe
14 = Tor	39 = Mop	64 = Schere	89 = Wabe
15 = Tal	40 = Rose	65 = Schule	90 = Bus
16 = Tisch	41 = Ratte	66 = Scheich	91 = Bett
17 = Theke	42 = Ruine	67 = Jacke	92 = Bein
18 = Taufe	43 = Rum	68 = Schaf	93 = Baum
19 = Tube	44 = Rohr	69 = Schupo	94 = Bier
20 = Nase	45 = Rolle	70 = Käse	95 = Ball
21 = Niete	46 = Rauch	71 = Akte	96 = Buch
22 = Nonne	47 = Rock	72 = Kino	97 = Pauke
23 = Nemo	48 = Riff	73 = Kamm	98 = Pfau
24 = Narr	49 = Raupe	74 = Geier	99 = Baby

Und wenn Ihnen zu einer Zahl kein Major-Begriff einfällt: Eine umfangreiche Liste finden Sie im Internet unter http://www.humboldt.de/downloads.

Bilden Sie in der nächsten Übung für die Telefonnummern der Personen Major-Begriffe im Zweierpack und stellen Sie diese zu einer aussagekräftigen Szene zusammen:

Verwandeln Sie die Telefonnummern in zweistellige Major-Begriffe

Name	Telefon	Übersetzung
Siegfried Hämmerle	31991746	
Gernot Schlauch	10016674	
Hildegard Treppner	77126968	
Arnold Bastian	41580991	
Regina Kolts	94729384	

Haben Sie die Zahlen übersetzt und sich gute Szenen ausgedacht? Ein Lösungsvorschlag: Regina geht mit einem „Bier" ins „Kino" und schaut einen Film an, in dem ein „Baum" „Feuer" fängt. Je mehr Sie mit dem zweistelligen Major-System arbeiten, desto schneller fallen Ihnen passende Begriffe und merkwürdige Szenen ein.

Tipp: Primzahlen markieren

Im Kapitel „Mal mal! – Verbildern" haben Sie die Technik zum Markieren von Bildern (durch Zerstören) kennen gelernt. Das gleiche funktioniert mit Major-Begriffen, zum Beispiel um alle Primzahlen zwischen 1 und 100 zu markieren. Denken Sie sich einen lustigen Zustand aus, in den Sie alle Primzahlen verdenken wollen und „markieren" Sie diese damit. Hier ist die Liste: 2, 3, 5, 7, 11, 13, 17, 19, 23, 29, 31, 37, 41, 43, 47, 53, 59, 61, 67, 71, 73, 79, 83, 89 und 97. Zum Beispiel können Sie sich das Thema „Winter" denken, weil die Primzahlen so „cool" sind, dass sie sich durch keine Zahl teilen lassen (außer durch die Eins und durch sich selbst). So steht Noah bibbernd vor seiner Arche und wartet, dass endlich alle Tiere an Bord sind. Der Oma zittern beim Sockenstricken die Finger, die Kuh ist mit Frost überzogen usw.

Von null auf zehntausend in zehn Minuten

Mit flexiblen Major-Begriffen, dem einstelligen und dem zweistelligen Major-System können Sie sich bereits viele Zahlen einprägen. Das Major-System auf dreistellige Zahlen zu erweitern ist aufwändig. Für eine weitere Stelle bräuchten Sie zehnmal so viele passende Wörter. Und die sind nicht immer leicht zu finden. Welche Wörter fallen Ihnen für 272, 342 und 795 ein?

Aber gibt es eine machbare Methode, um auf drei, vier oder mehr Stellen zu erweitern. Erinnern Sie sich an das zerstörerische Merken? Sie erweitern einen zweistelligen Major-Begriff um eine weitere Stelle, indem Sie ihn verändern: zerschmettern, in Brand stecken oder tiefkühlen – insgesamt mit zehn verschiedenen Eigenschaften, die für jeweils eine weitere Stelle stehen.

Erweiterung des Major-Systems durch Eigenschaften

Ziffer	Eigenschaft	Merkhilfe
1	neu, teuer, vergoldet	Etwas ist 1a in Schuss.
2	doppelt, mehrfach vorhanden	Zwei Zwillinge.
3	nass, ölig, schmierig	Mmmmh (Konsonant für die 3), das geht runter wie Öl!
4	verpackt, verklebt, gefesselt	Ein über Kreuz gelegtes Paketband.
5	in der Natur, aus Holz oder anderen Naturstoffen	5 sieht mit viel Fantasie einem Apfel oder einer Kirsche ähnlich.
6	brennend, glühend	So heiß wie die Liebe!
7	technisch	Verflixte 7: Immer die verflixte Technik!
8	alt, vergammelt, kaputt	8 sieht aus wie eine Sanduhr.
9	groß, hoch, riesig, gewaltig	Höchster Wert in dieser Liste.
0	durchsichtig, klein, winzig	So klein, dass es gar nicht vorhanden oder sogar unsichtbar ist.

Um eine dreistellige Zahl nach diesem Verfahren zu verbilden, bilden Sie zuerst den zweistelligen Begriff und ergänzen das Bild danach um die entsprechende Eigenschaft aus der Liste: 272 ist ein Kino (72), in dem zwei Filme gleichzeitig auf der Leinwand zu sehen sind (doppelt). 342 ist eine Ruine (42), an deren Mauern pechschwarzes Schweröl hinunterläuft und 795 ist ein Ball (95), der computergesteuert ins Tor rollt. So leicht kann man sich das merken!

Tipp: Parkplatz-Denker

Die Zahlen auf Nummernschildern sind ein hervorragendes Trainingsgebiet für das Major-System. Egal, ob Sie im Stau auf das Kennzeichen Ihres Vordermanns starren oder beim Spazierengehen in der Stadt. Auch Preise im Supermarkt und am Marktstand sind ein guter Übungsplatz. Verbinden Sie den Preis mit dem Produkt und beeindrucken Sie die Kassiererin, wenn der Barcode-Leser an der Kasse streikt.

Hat Sie der Denksportsgeist befallen? Immerhin haben Sie nun Zugriff auf 1000 Major-Begriffe. Und es ist leicht, das System weiter auszubauen: Die nächste Stelle können Sie hinzufügen, indem Sie die mit Eigenschaften versehenen Major-Begriffe in Szene setzen. Bei der vierten Stelle wird der dreistellige Begriff in eine von zehn Welten gedacht. In der Tabelle unten sehen Sie drei Beispiele für Welten (Szenen), wobei jede Szene für eine Ziffer steht. Die restlichen denken Sie sich selbst aus. Sichern Sie die Welt-Räume unbedingt mit Merkhilfen ab.

Erweiterung des Major-Systems durch Welt-Räume

Ziffer	Welt	Merkhilfe
1	Meer	Auf dem weiten Meer ist am Horizont der Mast eines Segelschiffs zu sehen.
2	Weltraum	Eine Rakete startet von der Erde aus (Strich unten), und fliegt in einer Umlaufbahn (der Bogen).
3	Mittelalter	Die Form der 3 erinnert an einen mittelalterlichen Pranger.
4		
5		
6		
7		
8		
9		
0		

Damit können Sie zum Beispiel die 1573 in einen Kamm (73) aus Holz (5) verwandeln, der im Meer (1) treibt. Die 3732 ist ein Mann (32), der ein Roboter (7) ist (der *Terminator* höchstpersönlich oder Yul Brynner im Film *Westworld*) und auf einem Ritterturnier (3) kämpft. 2994: Ein 10 000-Liter-Bierfass (9 + 94), das wie ein Satellit durch den Weltraum (2) schwebt.

Auch wenn das auf den ersten Blick undenkbar erscheint: Mit ein wenig Übung ist das zweistellige Major-System mit diesen Ausbaustufen gar nicht schwer. Das Ergebnis kann sich sehen lassen: Zehntausend Major-Begriffe im Kopf, um sich jede Menge Ziffern zu merken! Und später werden Sie erfahren, wie Sie die Major-Begriffe auch für die Routenmethode einsetzen können.

Tipp: Wiederholungen vereinfachen

Bestimmte Zahlenfolgen tauchen immer wieder auf: Fast jeder Preis im Supermarkt endet auf 99 Cent, und ein Großteil aller Mobiltelefonnummern beginnt mit „017...". Suchen Sie für solche Zahlengruppen feste Bilder. Sie können zum Beispiel alle 0172-Nummern in Kombination mit Wasser (Noahs Arche im Wasser = 2) verbinden und alle 0176-Nummern in den Bergen (Schifahren = 6) ablegen. Auch wenn Sie wissen, dass Ihr Freund in München wohnt, sparen Sie sich das Umwandeln der Vorwahl – die kennen Sie ohnehin.

Wie gehts weiter?

Verwandeln Sie Ziffern in Welten aus Bildern. Sie werden schnell merken, wie sehr sich der etwas höhere Denkaufwand am Anfang lohnt und wie mühelos Sie sich bald alle Arten von Daten, Fakten und Zahlen merken können.

Mit dem Major-System lassen sich auch Listen durchnummerieren. Haben Sie sich alle Länder und Hauptstädte eingeprägt? Madagaskar ist in der Liste der größten Staaten der Erde auf Platz 44. Das Lied über das Land enthält eine Zeile, die lautet: „In den Kesseln da faulte das Wasser." Deswegen verlegen die Madagassen ein „Rohr" rüber zum Schiff, das wegen der Pest nicht in den Hafen einlaufen darf und an einer Antenne (Antana-) hängt, seit es auf der Insel angekommen ist (-narivo). So können Sie alle Länder nach Größe ordnen, indem Sie den jeweiligen Ländern die Rangnummer als Bild ankleben.

Schauen Sie sich die Speisekarte auf Seite 159 an. Verbildern Sie die Nummern der Gerichte und verbinden Sie diese: ein französischer Feinschmecker prügelt mit einer Keule (75) auf die Muscheln „Provence" ein. Sie können um das Essen wetten, dass Sie die Zahlen innerhalb weniger Minuten auswendig lernen können. Und sollte plötzlich der Kellner ausfallen, können Sie seinen Job übernehmen!

Speisenkarte

25	Gebackener Camembert
29	Ragout von frischen Champignons
18	Nudelauflauf
42	Heringsfilet „Hausfrauenart"
426	Frische Matjesfilets „dänische Art"
75	Frische Muscheln „Provence"
38	Pfeffersteak vom argent. Angusrind
49	Herzhaftes Rindergulasch

Auch scheinbar hoch komplizierte Aufgaben lassen sich mit der richtigen Technik einfach merken. Betrachten Sie das Raster mit den Buchstaben unten. Finden Sie eine Technik, mit der Sie sich die Positionen aller Buchstabenpaare merken können.

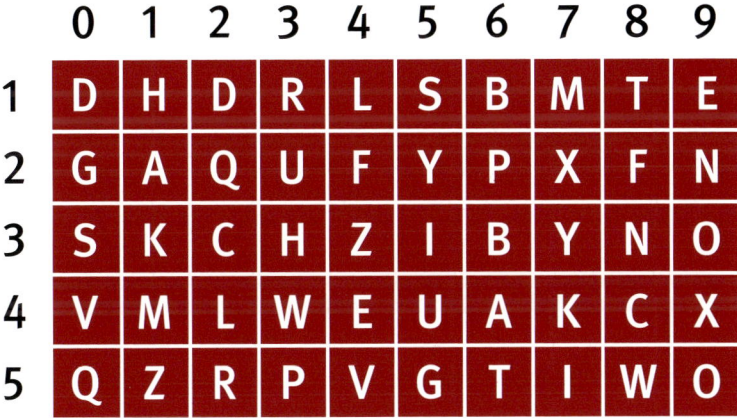

Lösungsvorschlag: Bilden Sie für jeden Buchstaben eine zweistellige Zahl, indem Sie die Koordinaten von Spalte und Zeile verbildern. Das

A liegt auf 12 und 64. Verwandeln Sie diese Zahlen in die entsprechenden Major-Begriffe und verbinden Sie diese miteinander (Hier spielt die Reihenfolge der Bilder keine Rolle.): Sie versuchen, eine „Tanne" mit einer „Schere" zu fällen. B steht auf 61 und 63: Ein „Schotte" hat nur „Schaum" in der Tasche! C steht auf 23 und 84: Kapitän „Nemo" trocknet sein U-Boot mit einem „Feuer". Den Rest verdenken Sie selbst in starke Bilder!

Stellen Sie sich vor: Sie haben gerade 50 Koordinaten (abstrakte Informationen) mühelos gelernt! Deswegen machen Merktechniken so viel Spaß: Das knifflige ist, die richtige Lösung für eine Aufgabe zu finden. Dann ist Merken eine leichte Angelegenheit.

Es war einmal ein Netz – Geschichten und Römische Räume

Masse ist klasse: Mit den Basistechniken können Sie sich bereits sehr viele Informationen gehirngerecht merken. In diesem Teil werden Sie erfahren, wie Sie richtig viele Informationen in kurzer Zeit in Ihren Kopf bekommen. Sie werden sich sicher lange daran erinnern!

Jenseits der magischen Sieben oder: Wie mehr reingeht und rauskommt!

Beim Frage-und-Antwort-Spiel halten wir unserem Kopf den Haken mit Wurm hin: Das Gehirn weiß durch die Frage, an welcher Stelle im Kopf es nach der Antwort suchen muss. Aber wir können nicht durch unser Wissen spazieren wie durch eine Bibliothek. Große Teile des Langzeitgedächtnisses sind unzugänglich und finster. Nur wenn wir uns gezielt an etwas erinnern, bekommen wir vom Hirn die passenden Gedanken geliefert.

Stellen Sie sich vor, Sie müssten eine Liste Ihres Wortschatzes aufschreiben. Wahrscheinlich wäre nach ein paar tausend Einträgen Schluss. Ihnen würde kein Wort mehr einfallen. Wenn Ihnen jemand aber ein Wörterbuch mit 250 000 Stichwörtern vorlegen würde, würden Sie einen Großteil der Wörter (wieder-)erkennen.

Mit so genannten Netztechniken bauen Sie ein mentales Regal in Ihrem Kopf auf und füllen es mit Fakten. (Vergleichen Sie mit dem Experiment im Kapitel „Was sich ewig bindet".) So speichert das Gehirn Informationen nicht mehr in irgendeinem schattigen Winkel, sondern an definierten Punkten, und wir können uns so gezielt daran erinnern. Die Informationen sind in ein Netz eingewoben, in das Sie hineinschauen können wie in einen Kleiderschrank.

Sie werden in den folgenden zwei Teilen insgesamt drei verschiedene Netztechniken kennen lernen: Mit der Geschichtenmethode und der Routentechnik lassen sich Fakten geordnet in Reihenfolge merken. Römische Räume dagegen sind vergleichbar mit mentalen Lagerhallen. Jede Technik hat eigene Stärken und kann für unterschiedliche Aufgaben benutzt werden.

Eingestampft und gut verpackt – Geschichten

Dieses Kapitel beginnt mit einem etwas ungewöhnlichen Märchen, das Sie sich erst einmal genau anschauen sollten:

> „Das Haus hat eine Lücke, deswegen ruft man den Heilermann, der die Lücke mit einem Schal flickt. Er baut neben dem Haus ein Kartenhaus auf und stellt Weizensäcke hinein. Dann kommt der Herzog und ruft mit rauer Stimme: „Alles verkohlen!"

Bevor Sie weiterlesen: Können Sie sich diese Geschichte vorstellen und nacherzählen? Lesen Sie den Absatz im Kasten nicht nur durch, sondern stellen Sie sich die Handlung bildlich vor Ihrem inneren Auge vor – das wird Ihnen helfen, die Geschichte zu behalten.

Vielleicht wissen Sie schon, was dahintersteckt: Die Geschichte enthält die Namen der neun deutschen Bundespräsidenten in chronologischer Reihenfolge. Erkennen Sie alle Schlüsselwörter, die zu den Namen führen? Hier noch einmal die Geschichte, aber mit fett markierten Schlüsselbegriffen:

> „Das **Haus** hat eine **Lücke,** deswegen ruft man den **Heilermann,** der die Lücke mit einem **Schal** flickt. Er baut neben dem Haus ein **Kartenhaus** auf und stellt **Weizensäcke** hinein. Dann kommt der **Herzog** und ruft mit **rauer** Stimme: „Alles **verkohlen**!"

In der Tabelle unten sehen Sie die Bundespräsidenten mit vollständigem Namen und dem Jahr ihres Amtsantritts:

Deutsche Bundespräsidenten

Bundespräsident	Amtsantritt
Theodor Heuss	1949
Heinrich Lübke	1959
Gustav Heinemann	1969
Walter Scheel	1974
Karl Carstens	1979
Richard von Weizsäcker	1984
Roman Herzog	1994
Johannes Rau	1999
Horst Köhler	2004

Versuchen Sie, daraus eine eigene Geschichte zu entwickeln. Wenn Sie wollen, bauen Sie die Vornamen gleich mit ein: Theo (aus dem Lied „Theo, wir fahr'n nach Lodz") fährt auf einem Heuwagen (Heuss), bis er in einem Hain (Heinrich) über eine Lücke (Lübke) in der Straße holpert. Machen Sie selbst weiter!

Bestseller, und wie sie gemacht werden

Haben Sie ausprobiert, sich die Reihenfolge der Staatsmänner ohne Geschichte einzuprägen? Während unser Gehirn sich beharrlich weigert, sinnlos aufgereihte Fakten in größerer Menge anzunehmen, reagiert der Kopf bei einem guten Buch oder Film ganz anders: Zehn, zwanzig, dreißig Kapitel und ein paar Dutzend Filmszenen behalten wir mühelos lange im Kopf.

Das hat einen guten Grund: Seit Erfindung der Sprache sind Geschichten die Grundlage unserer Kultur. Kindern wird vorgelesen, bevor sie sprechen können. Wir konsumieren in einem Leben tausende von Büchern und Filmen. Jeder längere Dialog einer Unterhaltung ist eine Minigeschichte: Wir berichten, was wir im Urlaub oder bei der Arbeit erlebt haben – mit Witz und Spannung.

Für das Lernen und das Behalten von Informationen ist die Geschichte als Merk-Basis hervorragend geeignet. Fakten, die ohne Zusammenhang nebeneinanderstehen, werden durch Sinn miteinander verknüpft. In der Abbildung sehen Sie das Prinzip der Geschichtenmethode.

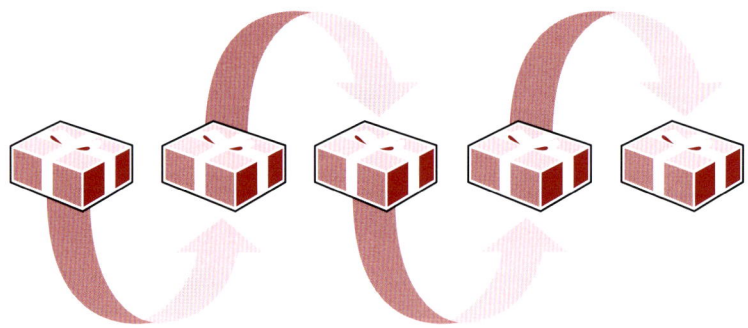

Dabei muss eine Geschichte mehr sein als das Verbinden der Informationen mit einem öden „und": Aleph und Beth und Gimel und Daleth und He und Waw und Sajin und Cheth und Teth und Jod und Kaph (die ersten elf Buchstaben des hebräischen Alphabets). Haben Sie es sich gemerkt? Sicher nicht! Der Sinn ist das Salz in der Suppe einer guten Geschichte: „Das Alphabet gibt mir Dalí (der Maler) als helle Waffel und sagt: Schätze, den Tod kann man mit Jod behandeln, Kapitän!" Völliger Unsinn, aber viel leichter zu merken als die langweilige Und-Fassung.

Wenn Sie aus Fakten eine lebendige Handlung machen wollen, beachten Sie zwei Grundsätze (die bei jedem Drehbuchschreiber in Hollywood auf der Stirn geschrieben stehen):

- **Aktion:** Handlungen („Action") erzeugen Bilder, die die Welt (und den Kopf) bewegen. Dalí reicht uns eine seltsame Waffel und spricht über das Besiegen des Sensenmanns – wäre Ihnen das tatsächlich passiert, Sie würden sich für immer und ewig daran erinnern. Und eine richtig gute Geschichte entwickelt sich am besten dramatisch mit vielen Wirrungen und Wendungen.

- **Wirkung:** Der Held glänzt nicht dadurch, dass er reibungsfrei durch die Geschichte schlittert. Er wird von den Filmemachern durch alle erdenklichen Prüfungen geschickt. Bei der Bundespräsidenten-Geschichte ist das so: Das Haus hat eine Lücke, die der Heilermann sofort stopfen soll. Das tut er mit seinem Schal. Weil das Haus repariert wird, baut er ein Kartenhaus für die Weizensäcke daneben auf, das der Herzog niederbrennen lässt.

Ganz Kurz(e)geschichten

Das Wort „HOMES" ist auch eine Geschichte, eine sehr kurze, aber es handelt sich dabei um eine Reihenfolge, die Sinn macht (irgendwo zwischen Homer und Holmes und identisch mit „homes", dem englischen Plural von Haus). Darin steckt eine Merkhilfe für die fünf Seen in Nordamerika: Huron, Ontario, Michigan, Erie und Superior. Etwas länger sind Merksätze (Minigeschichten) wie „Welcher Seemann liegt bis neun im Bett?" – die knappe Form der Ostfriesischen Inseln in der Reihenfolge: Wangerooge, Spiekeroog, Langeoog, Baltrum, Norderney, Juist, Borkum. Ein anderer Klassiker: „Mein Vater erklärt mir jeden Sonntag unsere neun Planeten" als eine Sammlung von Hinweisen auf das Sonnensystem (Merkur, Venus, Erde, Mars, Jupiter, Saturn, Uranus, Neptun und dann ist eigentlich Ende, weil Pluto als bekanntester Brocken des Kuipergürtels mittlerweile nicht mehr unter die Planeten gerechnet wird). Eine Liste mit Merksprüchen finden Sie bei Wikipedia unter http://de.wikipedia.org/wiki/Liste_der_Merksprüche.

Geschichten Marke Eigenbau müssen nicht in einem Wort zusammengekocht sein. Denken Sie sich für ein paar Fakten aber auch keine Romane aus, das wäre zu viel Aufwand. Unten sehen Sie Reihen von Wörtern. Versuchen Sie, aus den Wortreihen kompakte und witzige Geschichten zu machen.

- Haus, Ufer, Ball, Himmel
- Regen, Traube, Flugzeug, Kaufhaus
- Religion, Globus, Berg, Hüttenkäse, Mutter
- Stein, Mosel, Schneemann, Richter, Kleinkind, Zucker
- Zoo, Nordpol, Wecker, Tandem, Personalchef, Schrei
- 70, 66, Schi, Polster, 12, 17, Schule

Wie haben Sie zum Beispiel die letzte Reihe verwandelt? Mithilfe des Major-Systems gar nicht schwer: Ein riesiger Käse (70), den ein Scheich (66) auf Schiern einen Berg hinunterfährt, am Ende des Hanges in ein Polster kracht, dass die Tanne (12) und die Gläser auf der Theke (17) wackeln. Der Scheich sollte dringend eine (Schi-)Schule besuchen!

Sie kennen sicher Eltern, die ihrem Kind aus dem Stegreif eine Geschichte erzählen können – direkt aus der eigenen Fantasie gegriffen. Viele Menschen glauben, nicht einen einzigen spannenden Satz erzählen zu können. Das Bauen von Geschichten braucht Übung. Hier ist – wie bei dem Ausdenken von Bildern – die Kreativität des Kopfes gefragt. Die rechte Gehirnhälfte muss sich an das Produzieren von Geschichten gewöhnen. Bei vielen Menschen endet die kreative Bildproduktion (Fantasie) direkt nach der Kindheit. Entlocken Sie Ihrem Kopf immer mehr Bilder. Er gewöhnt sich schneller daran, als Sie glauben, und wird Ihnen die schönsten Geschichten liefern.

Jetzt versuchen Sie, ob Sie auch einen dickeren Brocken Fakten in eine Geschichte verpacken können. Unten sehen Sie alle 23 Buchstaben des hebräischen Alphabets. Oben haben Sie den Start vorgelegt bekommen. Erinnern Sie sich an die Geschichte? Verlängern Sie um zwölf weitere Buchstaben!

Das hebräische Alphabet

Aleph	Sajin	Mem	Qoph
Beth	Cheth	Nun	Resch
Gimel	Teth	Samech	Sin
Daleth	Jod	Ajin	Schin
He	Kaph	Pe	Taw
Waw	Lamed	Tzade	

Damit ist der Grundstock für die nächste neue Fremdsprache gelegt! Wenn das (zu) leicht war, dann nehmen Sie die hebräischen Schriftzeichen mit in die Geschichte auf (zu finden im Internet unter: http://de.wikipedia.org/wiki/Hebräisches_Alphabet). Viel Spaß beim Knobeln!

Tipp: Mitdenken statt mitschreiben
Fakten aus Vorträgen, Präsentationen, Reden und Fernsehreportagen können Sie sich mithilfe der Geschichtenmethode leicht einprägen. Folgen Sie dem Thema und bauen Sie aus den wichtigen Fakten eine Geschichte zusammen. Auf diese Weise brauchen Sie sich keine Notizen mehr zu machen.

Breiter, tiefer, bunter

Oft enthalten Listen mehr als eine Art von Informationen. Bei den Bundespräsidenten sind Vornamen, Antrittsjahr und Partei weitere Fakten, die Sie sich vielleicht merken wollen. Schauen Sie sich die leicht veränderte Geschichte über die Bundespräsidenten an:

> „Da steht ein Haus, in dem ein **Rabe** wohnt. Das Haus hat eine Lücke, die so klein ist, dass sie nur mit einer **Lupe** zu sehen ist. Trotzdem ruft man den Heilermann, der gleich mit einer **Schippe** kommt. Die Lücke aber mit einem Schal flickt, den er aus seiner alten **Karre** holt. Er baut neben dem Haus ein Kartenhaus auf, auf das er als Dach seine **Kappe** legt, und stellt Weizensäcke hinein, weil die leicht **Feuer** fangen. Dann kommt der Herzog mit einem **Bier** in der Hand und ruft mit der rauen Stimme eine **Babys**: „Alles verkohlen, bis es so schwarz ist wie **Zorro!**"

Sie haben es sicher erkannt: Die neuen (fett markierten) Schlüsselwörter sind Hinweise auf die Amtszeiten. Der Herzog (Roman Herzog) erscheint mit einem Bier (BR = 94) in der Hand, hatte seinen Dienstantritt folglich im Jahr (19)94. Bei Horst Köhler sind ebenfalls nur die letzten beiden Ziffern der Jahreszahl verbildert: Zorro ergibt Z und R (04 = 2004).

Sie können sehr viele Informationen in eine Geschichte einbauen. Dabei sollten Sie aus den wichtigsten Informationen den ersten, groben Ablauf bauen (die Nachnamen der Bundespräsidenten). Und anschließend weitere Informationen (Amtsantritt, Vorname, Parteizugehörigkeit) nacheinander hinzufügen und die Geschichte Stück für Stück erweitern.

Wenn Sie die Präsidenten um die Parteien erweitern wollen, wird Ihnen bei der Analyse auffallen, dass die meisten der CDU angehören. Sie brauchen also nur diejenigen zu markieren, die Mitglieder anderer Parteien waren: Heuss war in der FDP, Heinemann gehörte der SPD an, Scheel der FDP und Rau der SPD. Folglich wohnt in einem **gelben** Haus ein Rabe, der Heilermann trägt einen **knallroten** Anzug, der Schal ist **gelb**, die Stimme des Herzogs rau wie die von einem Baby, das vor lauter Schreien ganz **rot** im Gesicht ist. Mehr muss nicht gedacht werden!

Machen Sie aus den Bundeskanzlern Ihre eigene Geschichte. Was sich das eigene Gehirn ausdenkt, bleibt am längsten hängen. Gehen Sie dabei vor wie im Beispiel oben. Zuerst die Nachnamen, danach alle anderen Informationen.

Die deutschen Bundeskanzler

Name	Amtsantritt	Partei
Konrad Adenauer	1949	CDU
Ludwig Erhard	1963	CDU
Kurt Georg Kiesinger	1966	CDU
Willy Brandt	1969	SPD
Helmut Schmidt	1974	SPD
Helmut Kohl	1982	CDU
Gerhard Schröder	1998	SPD
Angela Merkel	2005	CDU

Leben statt lesen und lernen – Texte merken

Schauspieler kennen viele Stücke und Drehbücher auswendig, weil sie keine Texte auswendig lernen. Sie leben ihre Rollen! Bühnendarsteller kümmert Dialog wenig, denn es geht – wie bei Geschichten – um den Sinn dahinter: die Ursachen, Wirkungen und Veränderungen, die durch die Handlung ausgelöst werden. Der Fachbegriff dafür heißt „Subtext", das heißt, es steckt mehr drin, als zu lesen ist. Wer diesen Subtext versteht, für den sind sogar belanglose Zeilen gefüllt mit Sinn – und damit kann man sie sich leichter merken. Hier sehen Sie ein Beispiel für einen Dialog, der auf den ersten Blick alles andere als aufregend ist:

Herr Gauner: „Geht's gut?"

Der Kommissar: „Gut geht's!"

Ein Schauspieler schaut, was hinter den Zeilen steckt: Herr Gauner fragt provozierend, weil brisante Fotos vom Kommissar und seiner Geliebten in seiner Manteltasche stecken. Herr Gauner denkt: „Wenn Du mit ja antwortest, dann habe ich hier etwas, das Dir den Tag ordentlich verderben wird." Der Kommissar hatte am Morgen ein Gespräch mit dem Bewährungshelfer von Herrn Gauner, der ihm ein paar heikle Informationen zugesteckt hat. Der Kommissar denkt: „Wenn Du mir auf die krumme Tour kommst, dann wirst Du gleich den Mund nicht mehr zubekommen."

Ein guter Schauspieler erkennt diesen Subtext und kann den Zuschauern mit zweimal zwei Wörtern eine großartige Geschichte darbieten! Also: Wenn Sie Texte (jeder Art) auswendig lernen, dann beschäftigen Sie sich mit dem, was in und hinter den Worten steckt.

Wenn wir uns Wort für Wort in den Kopf pressen, tun wir genau das Gegenteil. Und negative Erlebnisse, wie das peinliche Aufsagen in der Schule, sitzen tief. Die Lust vergeht auf Nimmerwiedersehen. Obendrein sind Klassiker überfüllt mit eigenartiger Sprache. Formulierungen wie in Friedrich Schillers „Das Lied von der Glocke" lassen uns Fragezeichen um die Birne schwirren:

Wie sich schon die Pfeifen bräunen! Dieses Stäbchen tauch ich ein, sehn wir's überglast erscheinen, wird's zum Gusse zeitig sein.

Was ist damit gemeint? Das Gedicht versauert zur Textwüste in Lernmonsterform. Wiederholen ist angesagt, bis es gar keinen Spaß mehr macht. Das Glockenlied ist sowieso zu lang zum Lernen! Machen Sie es wie Schauspieler: Dringen Sie in die Geschichte ein und machen Sie den fremden Text zu Ihrem Freund. Wenn Sie den Inhalt verstanden haben und den Aufbau deutlich vor Augen sehen, können Sie sich wortweise durch den Text arbeiten. Vorher nicht!

Hier ist die Schritt-für-Schritt-Anleitung, um lange und komplizierte Texte einfach auswendig zu lernen:

1.) Was ist das Thema? Analysieren Sie ausführlich! Wenn Sie den Text nicht verstehen, dann lesen Sie eine Interpretation. Bei Gedichten sollten Sie zusätzlich einen Blick auf die Versform werfen: *Max und Moritz* von Wilhelm Busch ist rund 2000 Wörter und 400 Zeilen lang. Das Gedicht ist im Knittelvers verfasst, eines der einfachsten Versmaße, bei dem sich immer die letzten Silben zwei aufeinanderfolgender Zeilen reimen. Bei *Max und Moritz* brauchen Sie damit eigentlich nur die Hälfte (jede zweite Zeile) lernen, weil das Ende jeder Zeile den besten Hinweis auf die nächste Zeile mitliefert: „Dieses war der erste Streich …" Sie wissen sicher, wie es weitergeht.

2.) Wie sieht die Struktur aus? Wie bei der Geschichtenmethode: Jede Textzeile in einem Theaterstück hat einen Sinn und ist Aktion und Veränderung. Gedichte und Geschichten folgen meistens solchen roten Fäden. Ziehen Sie diesen heraus und betrachten Sie ihn ganz genau. *Max und Moritz* ist aufgeteilt in Einleitung, sieben Streiche und Ende. Als Nächstes schauen Sie sich die Abfolge der Streiche an: Die ersten beiden Streiche handeln vom Federvieh der Witwe Bolte (üble Streiche mit Tieren). Dann wird die Brücke (zwischen Tier und Mensch) zersägt und die Streiche mit den Menschen beginnen. Schneider Böck fällt doppelt rein: auf den Streich und ins Wasser. Und Wasser wird bekanntlich mit Feuer bekämpft. Nein, es ist umgekehrt, aber im nächsten Streich fliegt Lehrer Lämpel mit Feuer und Rauch in die Luft. Und während dieser verkohlt auf dem Rücken liegt, wird Onkel Fritz aus der Rückenlage von Maikäfern in die Senkrechte befördert. So viel Unfug macht hungrig, deswegen ist der Bäcker das nächste Opfer. Allerdings geht der Streich schief und die beiden werden knusprig gebacken, aber sie überleben den Ofen. Als Rache soll im letzten Streich die Mehlversorgung des Bäckers unterbrochen werden (Unsinn, aber eine sinnvolle Begründung für den nächsten Streich): Die Jungs schlitzen Getreidesäcke auf. Dabei werden Sie erwischt und von Bauer Mecke in die Mühle gesteckt (Bauer Mecke bringt sie um die Ecke). Die Geschichte endet mit dem Zweizeiler: „Gott sei Dank! Nun ist's vorbei mit der Übeltäterei!"

3.) Was ist damit gemeint? Durchleuchten Sie unverständliche Textteile. Was bedeuten die oben zitierten Zeilen aus dem „Lied von der Glocke"? Am Schmelzofen sind so genannte Windpfeifen angebracht, durch die heiße Luft abzieht. Wenn das Metall zwölf Stunden im Ofen war, verfärben sich die Pfeifen. Das ist ein Zeichen, dass das Metall fertig ist für den Guss. Es wird ein Stab in das heiße Metall gehalten. Sieht der Stab danach aus wie mit einer Glasur überzogen, dann haben sich Kupfer und Zinn zu Bronze verbunden. Eigentlich ganz sinnvoll, oder?

4.) Mit eigenen Worten wiedergeben: Haben Sie den roten Faden von *Max und Moritz* im Kopf? Wenn Sie den Text so weit durchdrungen haben, dass Sie ihn mit eigenen Worten nacherzählen können, dann analysieren Sie genauso Strophe für Strophe, bis Sie auch dort alles im Detail begriffen haben und nacherzählen können. Damit ist ein Großteil der Lernarbeit bereits erfolgreich erledigt.

5.) Vervollständigen: Jetzt erst beginnen Sie, das grobe Gerüst mit dem Originaltext zu füllen. Hören Sie mit dem inneren Ohr Wilhelm Busch über die Jugend klagen: „Ach, was muss man oft von bösen …" Wie gehts weiter? Natürlich im Knittelvers, also die nächste Zeile muss sich auf die erste reimen: „Kindern hören oder lesen." Nach der allgemeinen Beschwerde spricht er den konkreten Fall an: „Wie zum Beispiel hier von diesen …" Auch das fällt einem quasi in dem Reim-Schoß: „Welche Max und Moritz hießen."

So genannte emotionale Distanz hält uns oft davon ab, auswendig zu lernen. Machen Sie es wie die Schauspieler und identifizieren Sie sich mit dem Text. Verarbeiten Sie ihn so gründlich, dass Sie ihn genießen können wie eine heiße Tasse Tee mit Honig.

Wie gehts weiter?

Verarbeiten Sie nicht nur Listen, sondern ganze Themenblöcke: Lexikonartikel kann man sich hervorragend als Geschichten merken. Das ist für das Gehirn leichtere Kost als der trockene Stil des Nachschlagewerks. Auch Zeitungsartikel lassen sich gleich während des Lesens in eine ganz persönliche Merkgeschichte verwandeln. Textmarker und Eselsohren ade!

Wenn Sie eine Rede oder einen Vortrag halten wollen, bauen Sie Ihre Argumentation mithilfe von Ursache und Wirkung zu einer Geschichte zusammen. Sie können so auf Ablesen und Stichwortkarten verzichten.

Außerdem sollten Sie ausprobieren, wie viele Fakten Sie in einer Geschichte zusammenpacken können. Tasten Sie sich langsam an Ihre Obergrenze heran und schieben Sie diese durch regelmäßiges Training immer weiter nach oben. Wenn Sie mit der Technik vertraut sind, können Sie hundert und mehr Fakten in einer einzigen Geschichte unterbringen!

Römische Räume statt Böhmische Dörfer

Römische Räume ähneln der Geschichtenmethode, jedoch mit leicht unterschiedlichem Vorgehen und ganz anderer Wirkung. Die Technik ist vermutlich benannt nach der Gewohnheit der Römer, bei einem Festmahl um eine u-förmige Tafel herum zu liegen.

Statt Fakten miteinander zu verbinden und aufeinander folgen zu lassen, werden die Informationen bei dieser Technik verortet, also an einem definierten Platz abgelegt. Wie Sie in der Zeichnung auf Seite 174 sehen können, stehen Sie dabei in der Mitte eines Raumes, und alles, was Sie um sich herum sehen können, nutzen Sie als Ablage für die Fakten. (Deswegen heißt diese Technik auch 360-Grad-Methode.)

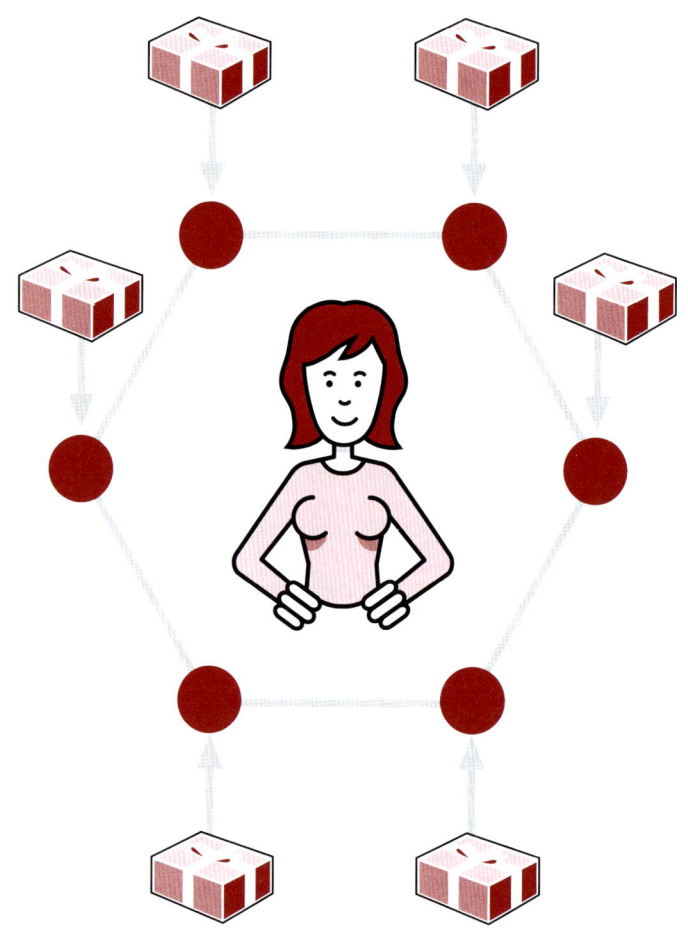

Der Vorteil dieser Technik ist, dass Sie sich keine Abfolge ausdenken und auch zusammenhanglose Informationen merken müssen. Weiterer Vorteil: Sie können später Fakten ergänzen, was bei einer Geschichte praktisch nur durch Hinzufügen am Ende möglich ist.

Denken Sie sich in Ihr Wohnzimmer hinein. Sie stehen in der Mitte des Raums und betrachten alle Dinge um sich herum. Betrachten Sie

Möbel, Dekoration und die Bilder an den Wänden. Das Gleiche können Sie mit Ihrem Zimmer in der Wohngemeinschaft während der Studienzeit machen, mit dem Rathausplatz Ihrer Stadt und mit der Bushaltestelle unten an der Straße. Jeden Ort, den Sie gut kennen, können Sie als Ablage für Wissen nutzen. Verbinden Sie Fakten mit auffälligen Punkten in diesen Räumen.

Ein Raum, der keiner ist

Auch der eigene Körper kann als Gehirn-Erweiterung benutzt werden. Er ist hervorragend geeignet für Einkaufslisten oder als Aufgabenspeicher.

Um einen Raum (in diesem Fall den Körper) nutzen zu können, sollten Sie sich zuerst alles darin (oder daran) bildlich vorstellen. Wandern Sie gedacht vom Scheitel bis zur Sohle und definieren Sie markante Punkte: Haare, Stirn, Augen, Nase, Ohren, Mund, Hals, Schulter, Oberarme, Armbeugen, Hände, Finger, Brust, Bauch, Hüfte, Schritt, Oberschenkel, Knie, Füße, Zehen. Damit haben Sie blitzschnell zwanzig Punkte, die mit Fakten belegt werden wollen.

Schauen Sie sich die Einkaufsliste unten an. Nehmen Sie einen Artikel und verbinden Sie ihn bildlich mit einem Körperteil Ihrer Wahl. Dabei brauchen Sie sich nicht an eine Reihenfolge zu halten. Belegen Sie, wie es Ihnen gefällt:

Einkaufsliste

Schokoladenkekse	Milch
Rotwein	Müsli
Kaffee	Rotkohl
Erdbeermarmelade	Kugelschreiber
Steak	Servietten
Zwiebeln	Senf
Ketchup	Kerzen
Salat	Spaghetti

Haben Sie gute Verbindungen gefunden? Sicherlich haben Sie immer mehr als ein Produkt auf jeden Teil Ihres Körpers gelegt, um Punkte zu sparen und um sie sich durch Verbinden besser zu merken, oder? Balancieren Sie auf der Nasenspitze eine Packung Kekse, während obendrauf eine Kerze brennt. Färben Sie sich die Haare mit Rotwein und Ketchup – doppelt rot hält länger. Ihre Zähne sind Kaffeebohnen und Sie zeigen ein perfekt-braunes Lächeln, während Sie Kugelschreiber zerbeißen, dass es nur so kracht und splittert. Die Senftube schrauben Sie sich ins Ohr. Den Salat wringen Sie mit den Händen aus. Zwiebelringe tragen Sie als Armreifen …

Konstruieren Sie alle Dinge auf Ihren Körper. Danach warten Sie ein paar Minuten oder auch Stunden. Anschließend wandern Sie durch den Körper-Raum und rufen die Bilder ab, wenn Sie an den entsprechenden Körperteil denken. Haben Sie sich alles gemerkt?

Wenn Ihnen später etwas einfällt, das Sie zusätzlich kaufen wollen, zum Beispiel Mehl, dann suchen Sie sich dafür einfach eine passende Stelle: nachdem die Haare rot gefärbt sind (mit Wein und Ketchup), machen Sie diese mit Mehl wieder weiß. Oder Sie nehmen einen Teil Ihres Körpers, der nicht belegt ist: Sie pudern sich die Füße mit Mehl und laufen damit über eine frisch geteerte Straße, wo Ihre Fußspuren deutlich sichtbar sind.

Platz für alles und jeden

Räume können groß oder klein sein, sie müssen nur eine Anforderung erfüllen: Viele unterschiedliche Dinge enthalten, die mit Wissen verknüpft werden können. Sogar das Mobiltelefon kann als Römischer Raum benutzt werden. Merken Sie sich die Zusammensetzung des menschlichen Körpers (siehe Tabelle auf Seite 177) in Ihrem Mobiltelefon. Zerlegen Sie das Handy dafür zuerst in geeignete Teile. Für diesen Merkfall benötigen Sie fünf Punkte.

Zusammensetzung des menschlichen Körpers

Substanz	Gewichtsanteil
Wasser	60 %
Eiweißstoffe	19 %
Fett	15 %
Mineralien	5 %
Kohlenhydrate (Zucker)	1 %

Haben Sie Biologie und Telefon verbunden? Auf dem Display tobt das stürmische Meer (Wasser). Wenn die Wellen gegen die Ränder donnern, klingt das wie ein Schuss (SCH SS = 60). Weil der Akku leer ist, drücken Sie Ei (Eiweißstoffe) aus der Tube (T B = 19) in das Batteriefach. Das Gehäuse ist ganz glitschig vor Fett, rutscht Ihnen aus der Hand und fällt in ein tiefes Tal (T L = 15). Die SIM-Karte ist aus Kristall (Mineral) gemacht, das jeansblau ist (Lee-Jeans = 5). Die Tasten sind Zuckerwürfel und Kohlestücke, und weil Sie Zucker für Ihren Tee (T = 1) brauchen, nehmen Sie die Taste 1 (doppelt merkt sichs besser) und werfen sie in die Tasse.

Genauso lässt sich das schnellste Stück des Menschen in einen Denkraum verwandeln: Gehen Sie im Kopf Ihr Auto von der Stoßstange bis zum Kofferraum durch und suchen Sie geeignete Merkpunkte. Da Sie bereits merktechnisch fortgeschritten sind, laden Sie die Ritter der Tafelrunde zum Merken in Ihr Auto ein:

Die Ritter der Tafelrunde

Artus	Galahad
Gawain	Keie
Lancelot	Iwein
Parzival	Mordred
Tristan	Bors

Artus sitzt artig (als Gedächtnisstütze für den Namen) auf dem Küh-
lergrill (schließlich ist er König und darf ganz vorne sitzen). Gawain
zerrt wahnsinnig am Gangwahlhebel, Lancelot hat ein Lot an seiner
Lanze befestigt, sitzt auf dem Beifahrersitz und hält die Lanze wie
zum Angeln aus dem Fenster. Beim Parken berührt die Stoßstange den
(Erd-)Wall hinter dem Wagen (Parken + Wall = Parzival). Tristan hat
sich im Kofferraum versteckt, weil ihm das alles zu trist ist. Die anderen Ritter gehören ganz Ihrer Vorstellung!

Das Mehr-Raum-Gedächtnis

Mit dieser Technik lässt sich die Welt in einen riesigen Wissensspei-
cher verwandeln. Ganze Städte können mit Fakten vollgestopft werden. Dabei ist es sinnvoll, das Wissen nicht ungeordnet aus großer
Höhe abzuwerfen, sondern Themen in Städten, Gebäuden und Räumen gezielt zu verteilen.

Ein Beispiel: Wenn Sie Musikfreund sind, können Sie Namen der Mitglieder bekannter Bands in Ihrer Wohnung verteilen. Dazu sollten Sie
zuerst eine grobe Struktur festlegen, welche Räume und welche Gegenstände darin zum Verbinden geeignet sind.

Gehen Sie Küche, Bad, Wohnzimmer und Schlafzimmer (oder auch
Arbeitsraum, Abstellkammer, Keller, Balkon) in Gedanken durch und
quartieren Sie die Musiker in die Gedächtnis-Wohnung ein. Sie entscheiden, welche Band in welchem Raum wohnen darf.

Verteilen Sie die Gruppen zuerst auf die Räume und verbildern Sie
dann die Namen. Die Zuordnung auf ein bestimmtes Zimmer hilft
Ihnen dabei und Sie wissen schnell, welches Bandmitglied auf welches Möbelstück passt.

Die Wohnung eines Musikliebhabers

Pink Floyd (gegründet 1964):	ABBA (gegründet 1972):
Syd Barrett (Gesang, Gitarre)	Agnetha Fältskog (Gesang)
David Gilmour (Gesang, Gitarre)	Anni-Frid Lyngstad (Gesang)
Nick Mason (Schlagzeug)	Benny Andersson (Gesang, Klavier)
Roger Waters (Gesang, Bass)	Björn Ulvaeus (Gesang, Gitarre)
Richard Wright (Gesang, Keyboard)	
Dire Straits (gegründet 1978):	**Rolling Stones (gegründet 1962):**
Mark Knopfler (Gesang, Gitarre)	Mick Jagger (Gesang)
David Knopfler (Gitarre)	Keith Richards (Gitarre)
John Illsley (Bass)	Ron Wood (Gitarre)
Pick Withers (Schlagzeug)	Charlie Watts (Schlagzeug)

Ron Wood (übersetzt „Holz") könnte im Badezimmer auf einer Gitarre aus Holz in der Badewanne dümpeln und eine Flasche Rum (Ron) in der Hand halten. Mick Jagger reißt eine Jacke (Jagger) vom Spiegel herunter, damit er sich besser sehen kann, und brüllt in ein Mik(rofon = Mick). Den Rest erledigen Sie! Viel Vergnügen beim musikalischen Dekorieren Ihrer Wohnung!

Wie gehts weiter?

Sie sollten sich mit Räumen gut anfreunden, in denen Sie sich etwas lange und viel merken wollen. Besuchen Sie Ihre Lieblingsplätze, aus denen Sie gedachte Archive machen wollen. Dabei ist volle Aufmerksamkeit gefordert. Wenn Sie nicht sicher sind, wie es in der Kirche oder im Sportstudio genau aussieht: hingehen, anschauen, einprägen, das Wissen am besten direkt vor Ort einbauen. Es gilt wieder: „Doppelt merkt sichs besser!" Sie kennen danach mehr Details der Orte und haben darin gleichzeitig neues Wissen abgelegt.

Hier ein paar weitere Anregungen, wie Sie die Römischen Räume nutzen und ausbauen können:

- **(Französische) Revolution im Wohnzimmer**: Historische Epochen mit Künstlern, Baustilen und wichtigen Ereignissen machen sich wunderbar als Gäste in Räumen. Probieren Sie wiederum, wie viele Informationen in einem Raum Platz haben, ohne dass es zu eng wird und Sie durcheinanderkommen.

- **Mehr Raum schaffen**: Denken Sie in allen Größen und Formen. Machen Sie einen ganzen Kontinent oder Ihre Armbanduhr zu einem Raum. Wichtig ist, dass es genügend Dinge in ähnlicher Größe gibt, an die sich Fakten hängen lassen: Benutzen Sie im Bad nicht die Wanne und den Inhalt des Medizinschranks gleichzeitig. Besser Sie machen aus dem Inhalt des Schranks einen eigenen Raum. Vom Verbrennungsmotor (mit Vergaser, Kolben und Ölwanne) über das Flugzeug, die Bahn und den Bus bis zum Petersplatz lässt sich fast alles als Gehirnarchiv nutzen.

Der Weg ist das Regal – Netztechniken II

Bewegung macht leistungsfähig! Das gilt nicht nur für den Körper, sondern auch für den Kopf: Wenn Sie sich sehr, sehr viele Informationen in kürzester Zeit einprägen wollen, nutzen Sie die Routenmethode – die wohl bekannteste Merktechnik überhaupt – und schreiten Sie über weite Wege, gefüllt mit Wissen, in Ihrem Gehirn.

Reihenfolgen folgen

Sie müssen nicht sofort aus dem Haus stürmen und sich auf mehrmonatige Wanderschaft machen, um ein Lexikon auswendig zu lernen. Es geht viel einfacher! Erinnern Sie sich an das Experiment am Anfang? Da haben Sie bereits die Routentechnik benutzt, ohne sich nur einen Meter bewegt zu haben.

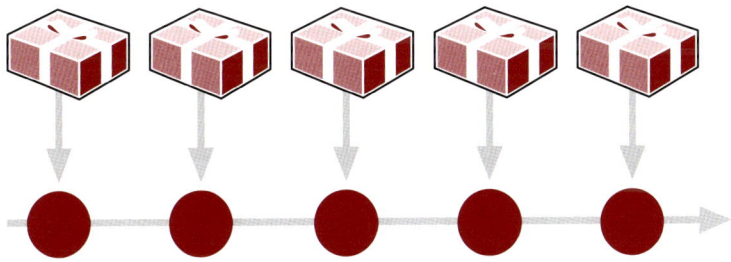

DEFINIERTE REIHENFOLGE

Sie denken bei dem Wort Route wahrscheinlich an den Weg zum Bäcker, die Strecke von Hamburg nach Frankfurt oder die Segelfahrt des Genuesers Christoph Kolumbus von Palos de la Frontera nach San Salvador. Eine Merk-Route muss kein weiter Weg sein: Es handelt sich dabei um nichts anderes als um eine feste Abfolge von Merkpunkten, die Sie im Kopf haben und auf denen Sie Wissen mit den üblichen Techniken ablegen.

Reihe statt Strecke

Routen werden auch definierte Listen oder definierte Reihenfolgen genannt. Es kann alles in Ihrem Kopf als Route genutzt werden, das eine festgelegte Reihenfolge ist (und mehr als fünf Punkte lang ist, sonst lohnt sich die Merkmühe nicht). Überlegen Sie, welche Informationen in diesem Buch nutzbare Reihenfolgen sind?

- **Zahlen-Symbol-Route:** Diese haben Sie am Anfang zum Lernen der Reihenfolge von 20 Symbolen bereits erfolgreich benutzt.
- **Einstellige Major-Begriffe:** Mit zehn Punkten nicht besonders lang, aber Sie haben diese Reihenfolge ebenfalls schon eingesetzt, um sich die zehn größten Länder der Erde zu merken.
- **Die zehn größten Staaten der Erde:** Auch dieses Wissen können Sie nutzen, um weitere Informationen damit zu verbinden. Sie erinnern sich? Doppelt …
- **Zweistellige Major-Begriffe:** Mit über 100 Punkten eine der besten nicht geografischen Routen überhaupt.
- **Vierstellige Major-Begriffe:** Route (fast) ohne Ende.
- **Präsidenten- und Kanzlergeschichte:** Die selbst erfundenen Geschichten haben eine definierte Reihenfolge. Auch sie können benutzt werden, um weiteres Wissen damit zu verbinden.

Durch Zählen merken

Zahlen sind definierte Reihenfolgen in Reinform. Sie sind allerdings nicht sofort nutzbar, denn sie müssen erst in merkkräftige Bilder verwandelt werden. Zwei Verfahren, Zahlen in Bilder zu verwandeln, kennen Sie bereits: Im ersten Merk-Experiment haben Sie aus Zahlen Bilder gemacht, die der jeweiligen Ziffer ähnlich sehen. Mit dem Major-System haben Sie sowohl für die Ziffern null bis neun die einstelligen Major-Begriffe gebildet und für 01 bis 99 die zweistelligen. Damit verfügen Sie bereits über drei verschiedene Zahlen-Routen (siehe Übersicht unten).

Die Zahlen-Routen im Überblick

Zahl	Symbol-Route	Major einstellig	Major zweistellig
1	Pfeil	Tee	Seide
2	Schwan	Noah, Huhn	Sahne
3	Kneifzange	Oma	Sumo
4	Segelboot	Reh	Zorro
5	Abschleppwagen	Lee (Jeans)	Seil
6	Kirsche	Schi	Sushi
7	Kran	Kuh	Sack
8	Kette	Fee, Ufo	Seife
9	Luftballon	Po	Suppe
10	Hände	Tasse	Tasse

Es gibt zahlreiche Verfahren mehr, aus Zahlen konkrete Bilder zu machen: Erzeugen Sie eine weitere Route, indem Sie die Zahlen in ein Bild umwandeln, das die Zahl enthält: Formel 1, Zwillinge, ein Musiktrio oder ein Dreirad, ein kräftiger Geländewagen mit Vierradantrieb, die Hand mit fünf Fingern, Würfel mit sechs Seiten, das Lied „Über sieben Brücken musst Du gehen", die acht Pfade des Buddhismus, Ludwig van Beethovens neunte Symphonie oder die Kegel beim Kegeln (nicht verwechseln mit den zehn Kegeln beim amerikanischen Bowling) und zuletzt die zehn Gebote (Steintafeln) oder die zehn Plagen Ägyptens.

Genauso können Sie Reime auf Zahlen finden: Eins ist keins, zwei ist Brei, drei gibt Keilerei, vier sind wir, fünf für Strümpf' – wieder Zahlen in Bilder verwandelt und somit als Route nutzbar. Sie können auch Spezial-Zahlenrouten anlegen: eine für Sportarten, eine mathematische, eine für religiöse und mystische Bedeutungen. Die Möglichkeiten sind vielfältig.

Im Folgenden sehen Sie die Reihenfolge der erfolgreichsten Filme aller Zeiten. Wählen Sie eine Zahlenroute aus und verbinden Sie diese mit den Kassenschlagern. Und wenn Sie Lust haben, dann bauen Sie das Jahr der Premiere gleich mit ein.

Die erfolgreichsten Filme nach Einspielergebnis

Platz	Film	Jahr
1	Vom Winde verweht	1939
2	Krieg der Sterne	1977
3	Schneewittchen und die sieben Zwerge	1937
4	Titanic	1997
5	Die Zehn Gebote	1956
6	Jurassic Parc	1993
7	Ben Hur	1959
8	Bambi	1942
9	Der Herr der Ringe: Die Rückkehr des Königs	2003
10	Harry Potter und der Stein der Weisen	2001
11	Pirates of the Caribbean – Fluch der Karibik 2	2006
12	Star Wars: Episode 1 – Die dunkle Bedrohung	1999

Sie haben sicher sofort gesehen, dass die Liste zwölf Filme lang ist. Wenn Sie nicht die Major-Liste benutzt haben, müssen Sie um zwei Punkte erweitern. Lösungsvorschläge: Mit der Zahlen-Symbol-Route ist der erste Film ein Kinderspiel. Der Pfeil (Zahlen-Symbol-Route), der aussieht wie ein fliegender (Wisch-)Mopp (39 = 1939), wird vom Winde verweht, dass er sein Ziel verfehlt. Platz zwei ist Noah (einstellige Major-Route), der mit seiner Raumschiff-Arche zum Krieg der Sterne aufbricht. Das alles wird begleitet vom dramatischen Spiel einer Geige (77). Der dritterfolgreichste Film: Schneewittchen und die sieben Sumo-Ringer (zweistellige Major-Route) kämpfen zusammen gegen eine Mücke (37). Und Platz vier: Die Titanic rammt mit Vierradantrieb (Zahlen-Bedeutungs-Route) keinen Eisberg, sondern eine Pauke (97).

(Un-)Endlich: 100 auf einen Streich!

Juckt es Sie im Kopf? Haben Sie das zweistellige Major-System bereits gut im Griff und wollen Sie ausprobieren, ob Sie sich damit 100 Fakten merken können?

Auf Seite 186 sehen Sie eine Liste mit 100 Sportarten. Verbinden Sie diese mit den Begriffen des zweistelligen Major-Systems. Falls Sie die Major-Begriffe noch nicht so gut beherrschen, können Sie die Liste im Abschnitt „Wenn es schnell gehen muss: Major-Zweistellig" zu Hilfe nehmen. Sobald Sie eine gute Kombination aus Major-Begriff und Sportart gefunden haben, machen Sie zügig weiter. Anfänger brauchen für diese Aufgabe zwischen 15 und 30 Minuten, bis alle Begriffe verbildert und verbunden sind.

Machen Sie zwischen dem Merken und Erinnern eine (längere) Pause. Keine Sorge: Die Bilder sind fester in Ihrem Gehirn gespeichert als Sie glauben. Danach gehen Sie die Major-Route im Kopf durch und prüfen Sie, an wie viele Sportarten Sie sich erinnern können. Wie haben Sie sich geschlagen? Wenn Sie mit dem Major-System vertraut sind und sich Bilder mit viel Fantasie ausgedacht haben, sollten Sie weniger als fünf Fehler gemacht haben.

100 Sportarten zum sportlichen Auswendiglernen

Aerobic	Bumerangwerfen	Gymnastik	Radfahren
Akrobatik	Cricket	Hammerwerfen	Rallye
Alpinklettern	Croquet	Handball	Reiten
Angeln	Damespiel	Hindernislauf	Rennrodeln
Armdrücken	Dart	Hochsprung	Ringen
Axtwerfen	Denksport	Hunderennen	Rodeo
Backgammon	Diskuswerfen	Jazztanz	Rudern
Badminton	Drachenfliegen	Judo	Rugby
Ballett	Dreisprung	Kamelrennen	Schach
Ballonfahren	Dressurreiten	Karate	Schlagball
Baseball	Eishockey	Kegeln	Schnorcheln
Basketball	Eiskunstlauf	Kendo	Schwimmen
Bauchtanz	Eisschnelllauf	Klettern	Segelflug
Bergsteigen	Falknerei	Kniebeugen	Segeln
Billard	Fechten	Kugelstoßen	Seilspringen
Bobfahren	Fingerhakeln	Kunstspringen	Skat
Boccia	Flamenco	Kunstflug	Skateboard
Bodybuilding	Formel 1	Monoski	Skilaufen
Bogenschießen	Freiklettern	Motorboot	Skilanglauf
Bowling	Fuchsjagd	Motorrad	Skispringen
Boxen	Fußball	Mountainbike	Snowboard
Breakdance	Gehen	Mühle	Speerwerfen
Brennball	Geräteturnen	Pferderennen	Schießen
Bridge	Gewichtheben	Poker	Tauchen
Brieftauben	Golf	Polo	Tennis

Als Zusatzübung können Sie die Reihenfolge noch einmal von hinten nach vorne erinnern. Auch das ist mit der Major-Route kein Problem. Hier sehen Sie einen weiteren Vorteil dieser Route: Sie können sofort jeden Punkt in der Reihe abrufen! Was war Sportart Nummer 88? 31? 12? Keine andere Route kann das bieten, obwohl auch andere Routen nummeriert werden können. (Darüber lesen Sie etwas weiter unten.) Sie haben Meisterklasse erreicht! Kein Gehirn wird ohne Merktechniken diese Leistung zustande bringen. Wissen Sie, was Ihr Gehirn geleistet hat? 100 Informationen in der richtigen Reihenfolge rasend schnell gelernt, ohne zu wiederholen, ohne Anstrengung, mit wenigen (oder vielleicht sogar null) Fehlern beim Erinnern. Auch wenn Sie jetzt denken, dass Sportarten keine arabischen Vokabeln sind: Als Bilder sind alle Fakten gleich für den Kopf. Sie können die Übung genauso mit den chemischen Elementen des Periodensystems machen. Dafür müssen Sie nur auf 118 Major-Begriffe erweitern. Kennen Sie einen Chemielehrer, der gegen Sie antreten kann?

Tipp: Kopf-Karten

Dank der weiten Verbreitung von Farbdruckern und Laminiermaschinen kann das Trainingsgerät für den Denksport einfach selbst gebastelt werden. Kaufen Sie im Schreibwarenhandel Laminierfolien im Spielkartenformat und drucken Sie passende Zettel aus. Sie können beispielsweise alle zweistelligen Ziffernkombinationen des Major-Systems basteln. Oder Bilder von Gegenständen laminieren, mit denen Sie Ihre Routen testen. Wenn Sie keine Laminiermaschine besitzen: Pokerkarten aus robustem Plastik oder aus Pappe sind für wenige Euro erhältlich. Die Ränder der Karten bieten genügend Platz, um dort Ziffern, Hauptstädte, Länder und Zahlen zu notieren.

Das doppelte Navigations-ABC

Was mit Zahlen geht, das funktioniert genauso mit Buchstaben. Sie haben beim Aufbau so genannter ABC-Routen mehr Möglichkeiten, denn außer bei der Major-Route kann es durchaus knifflig werden, passende Symbole für größere Zahlen zu finden. Zahlen-Routen reichen meistens nicht über zehn oder zwölf Merkpunkte hinaus. Was sieht 20 ähnlich? Eine Dampflok mit Tender? Was steckt sonst noch hinter dieser Zahl? Mit 20 sind Japaner volljährig. Der Kalender der Maya basiert auf der Zahl 20. Und die Band Lynyrd Skynyrd hat ein Album mit dem Namen *Twenty* veröffentlicht. Alles nicht unbedingt einfach vorzustellen.

Mit dem Alphabet ist das leichter! Wie beim Major-System haben Sie Buchstaben, die Sie zu einem Bild führen. 26 Buchstaben, aus denen

Sie kurzerhand Routen machen können. Die Anfangsbuchstaben sind die mentalen Angelhaken. Ein Tipp bevor Sie anfangen: Erweitern Sie Ihre Routen grundsätzlich auf 52 Punkte, indem Sie sich für jeden Buchstaben zwei Begriffe ausdenken. Doppelt merkt sichs besser! Die Verbindung von zwei Begriffen sichert das Erinnern zusätzlich ab.

Eine gute ABC-Route für Einsteiger ist die so genannte ABC-Groß-Klein-Route. (Langsam werden die Namen für die Merktechniken länger.) Sie suchen zu jedem Buchstaben einen großen und einen kleinen Gegenstand und verbinden diese miteinander.

Die ABC-Groß-Klein-Route

	Groß	Klein		Groß	Klein
A	Alpen	Ameise	N	Nordpol	Nadel
B	Bergwerk	Ballon	O	Oper	OP
C	Checkpoint Charlie	Charlie Chaplin	P	Parkplatz	Papier
			Q	Quelle	Qualle
D	Dom	Dose	R	Rodelbahn	Reißverschluss
E	Elefant	Ente	S	Saurier	Stuhl
F	Flugzeugträger	Fliege	T	Treibhaus	Taschenrechner
G	Golfplatz	Garage	U	Urwald	U-Boot
H	Hubschrauber	Haut	V	Vulkan	Verlies
I	Insel	Iris (Auge)	W	Weltraum	Wiege
J	Jumbojet	Joghurt	X	Xanadu	Xanthippe
K	Kolosseum	Küche	Y	Yacht	Y-Chromosom
L	Loft	Liegestuhl	Z	Zeppelin	Zinnsoldat
M	Müllhalde	Mikrofon			

Lösungsvorschlag: Die Ameise wandert in den Alpen die Berge hoch. Das Bergwerk ist völlig vollgestopft mit Ballons. Charlie Chaplin wartet am Checkpoint Charlie. Im Dom kracht eine Dose auf den Boden usw. Wenn Ihnen die Begriffe nicht zusagen: Nehmen Sie Ihre eigenen. Wie alle anderen Merktechniken auch sind Routen eine sehr persönliche Angelegenheit.

In welcher Reihenfolge Sie die Route nutzen, können Sie entscheiden: Einmal von A bis Z durch die großen Begriffe, dann durch die kleinen. Erst großer Begriff, dann kleiner, dann nächster Buchstabe oder umgekehrt. Wichtig ist nur, dass Sie immer den gleichen Weg nehmen, damit kein Durcheinander entsteht.

104 Symbole, blitzschnell gemerkt!

Und nun testen Sie Ihre erste ABC-Route. Unten sehen Sie eine Folge von 104 Symbolen. Finden Sie eine Strategie, um sich diese Reihenfolge mithilfe der ABC-Groß-Klein-Route zu merken.

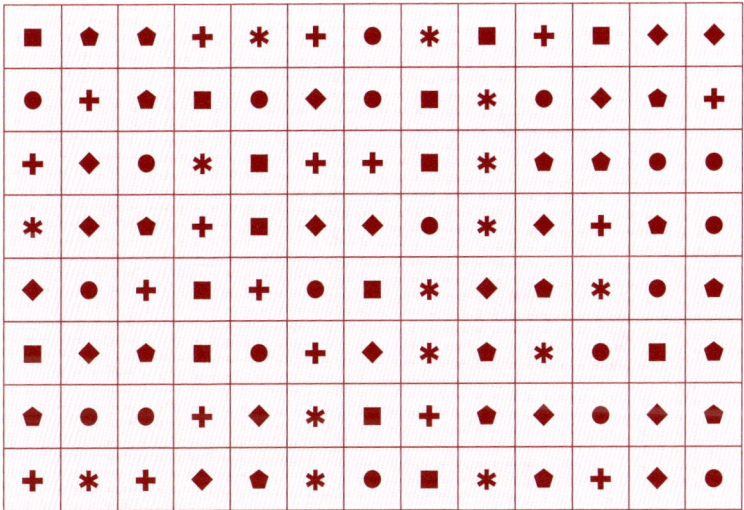

Zunächst benötigen Sie ein Übersetzungssystem für die kopfunfreundlichen Symbole. Sie können ähnliche Kategorien benutzen wie in der ersten Aufgabe: Das Quadrat steht für Bauwerke, das Kreuz für alles aus der Medizin, die Sonne für das Thema Weltraum, das Fünfeck für das Mittelalter und die Raute für Sport. Vergeben Sie diese Themen nicht willkürlich, sondern suchen Sie einen Bezug (Sinn) zwischen Symbol und Thema: Das Quadrat ähnelt einem Ziegelstein, das Kreuz ist auf Notarztwagen zu finden, die Sonne befindet sich im Weltraum usw. Ohne diese Merkhilfe müssten Sie pauken – und das wollen wir vermeiden.

Nun verbinden Sie die ABC-Begriffe mit einem beliebigen Stichwort aus dem Thema des jeweiligen Symbols. Im Kasten oben sind doppelt so viele Symbole abgebildet, wie Ihnen Routenpunkte zur Verfügung stehen – also doppelt belegen. Machen Sie aus den ersten beiden Symbolen und dem Punkt „A-groß" eine Szene: Auf einem Berggipfel in den Alpen steht ein hässliches Beton-Hochhaus, das von rüpelhaften Rittern belagert wird. Vorstellbar? Die Ameise (zweiter Punkt „A-klein") schleppt einen rostigen Turnierhelm auf dem Rücken, der gefüllt ist mit superspitzen Spritzen (die Beruhigungsmittel für die Ritter enthalten). Achten Sie darauf, dass Sie die Reihenfolge nicht durcheinanderbringen. Erst sehen Sie das Hochhaus, dann die Ritter darin. Erst den Helm, dann die Spritzen.

Wenn Sie die gesamte Reihe erfolgreich durchgemacht haben, dann gönnen Sie Ihrem Kopf eine Pause. Das Hirn neigt dazu, unruhig zu werden, wenn es sich mehr Dinge merken kann als es gewohnt ist. Sie können ganz gelassen sein, denn wenn Sie gute Bilder gedacht haben, ist alles sicher in Ihrem Kopf abgelegt. Vermutlich werden Sie sich an weit über 90 Prozent der 104 Symbole richtig erinnern.

Verwegte Vorträge und Reden

Ein typischer Einsatzzweck von Routen sind Reden, Vorträge und Präsentationen. Auf Seite 191 sehen Sie eine Präsentation der Firma Rostschraube (Name frei erfunden), die aus acht Kapiteln mit jeweils drei Argumenten besteht. Prägen Sie sich Ablauf und Inhalt der Präsentation ein, damit Sie den Vortrag frei halten können:

Vortrag über Firma Rostschraube

Thema	Inhalt/Argumente
1) Gründung und Entstehung der Firma	Die Firma wurde 1978 von Hartmut Rostschraube und seiner Mutter gegründet./Das erste Patent für eine doppelt gerostete Spezialschraube mit Druckventil wurde zwei Jahre später angemeldet./Der erste Großauftrag war die Produktion von 54 Millionen Rostschrauben für den Bau eines 741 Meter hohen Sendemastes an der friesischen Küste (der mittlerweile völlig verrostet ist).
2) Die Firma heute	Die Urenkel Richard (Geschäftsführer), Rolf (Produktion), Rainer (Marketing und Vertrieb) und Rüdiger (Personalwesen) leiten das Unternehmen./Insgesamt arbeiten 900 Mitarbeiter an den fünf Produktionsstandorten in Rosenheim, Rhinow, Rinteln sowie in Russland und Rumänien./Es wurden 618 Patente für Rostschrauben angemeldet, die von 34 Firmen in Lizenz gefertigt werden.
3) Produkte	Doppelt gerostete Rostschrauben mit Druckventil sind das Kernprodukt der Firma./Daneben wird die Winkelrostschraube mit Doppelrost-Beschichtung vor allem für Schrotttransporte und Transportschrott eingesetzt./Außerdem wird Flugrost aus Qualitätseisen für die asiatischen Märkte gefertigt.
4) Produktion	Hier rostet es an allen Ecken und Enden./Eisen wird auf speziellen Rost-Freiflächen dem schlechten Wetter ausgesetzt. Es entsteht einzigartiger Bio-Rost./In den Sommermonaten wird in zugemieteten Hallen und Flächen im Regenwald gerostet.
5) Technologie	Rostschraube ist weltweit Technologieführer in Sachen Rost./Die Druckventile werden bei der Überdruck AG in Hochdruck gefertigt./In einem Innovations-Rostforschungszentrum sind 34 eingerostete Ingenieure mit der Entwicklung neuer Rostschrauben beschäftigt.
6) Kunden und Einsatzgebiete	Größter Kunde ist die Rostlauben AG und die Schrottflug Flugzeugproduktion./Außerdem werden die Schrauben in aussichtslosen Missionen der Raumfahrt mit Misserfolg eingesetzt./Rostschrauben lassen sich überall einsetzen. Vor allem dort, wo für kurze Zeit befestigt werden soll.
7) Warum Rostschrauben?	Die Qualität kann kein anderer Hersteller unterbieten./Die Rostfarbe ist aus einer Palette von 34 Rottönen frei wählbar, von rot-schwarz bis rot-weiß./Wir liefern ab 10 Millionen Rostschrauben und bieten keine Garantie ohne Aufpreis an.
8) Zukunft der Rostschraube	Rostschrauben sichern die nachhaltig schlechte Produktion von schnell rostenden Eisenwaren./Durch konsequente Miniaturisierung können Rostschrauben sogar in Schrottuhren eingesetzt werden. (Der Einsatz im Zahnersatz ist bereits geplant.)/Mit der Firma Rostschraube haben Sie einen kompetenten Partner, der jeden Schrott mitmacht.

Ebenso lassen sich Argumente für Diskussionen und Verkaufsgespräche auf einer Route aneinanderreihen – genauso die Hochzeits- oder die Vereinsansprache. Als Zuhörer können Sie Gerichtsverhandlungen, Podiumsdiskussionen, Vorlesungen und Politikerreden auf einer Route ablegen statt mitzuschreiben.

Tipp: Effekte und Übergänge mit einbauen
Wenn Sie auf einer Route nur die wesentlichen Punkte einer Rede abspeichern, kann es passieren, dass Ihre Ansprache abgehackt und aufgezählt wirkt, weil Sie Argument für Argument Ihren Weg durch den Vortrag marschieren. Um das zu vermeiden, bauen Sie Übergänge, rhetorische Pausen und lustige Nebenbemerkungen gleich mit in die Route ein.

Weitere weite Wege

Legen Sie weitere Routen zu verschiedenen Themen an: das Sport-ABC, das ABC der Schauspieler, der Städte, der Länder, der Tiere. Schon beim Zusammenstellen der Listen verbessern Sie Ihre Allgemeinbildung und erweitern Ihr Wissen. ABC-Routen anlegen ist wie Kreuzworträtsel lösen: Sportart mit M? Stadt mit F? Wenn Sie mit diesem Wissen Stadt-Land-Fluss spielen, sind Sie unschlagbar (vorher Doppelrouten über Städte, Länder, Flüsse anlegen).

Und grundsätzlich mit weiterem Wissen belegen! Eine Liste mit Tieren können Sie um ihre symbolische Bedeutung ergänzen: Adler = Herrschaft, Bär = Stärke, Chamäleon = Anpassungsfähigkeit, Dachs = Hartnäckigkeit, Eule = Weisheit usw. Stöbern und Nachschlagen ist erlaubt. Bei Wikipedia gibt es die Liste der Listen unter http://de.wikipedia.org/wiki/Kategorie:Liste und unzählige Ideen für weitere ABC-Routen.

Tipp: Die CBA-Konzentration

Wie beim Trainieren des Alphabets rückwärts: Gehen Sie Ihre ABC-Routen von vorne nach hinten durch, um die Routen besser nutzen zu können. Diese Übung lässt sich auch gut mit mehreren Personen spielen: Einer ruft einen Buchstaben und die anderen müssen den Vorgänger im Alphabet so schnell wie möglich nennen. Wer den Buchstaben zuerst nennt, bekommt einen Punkt und darf den nächsten Buchstaben nennen. Wenn das zu einfach wird, muss der Buchstabe zwei Positionen weiter vorne genannt werden.

Aber nicht nur Zahlen und Buchstaben lassen sich zu Routen machen: Geschichten können als Routen genutzt werden, auch weil wir davon eine Menge im Kopf haben, die sich unverändert und sofort nutzen lassen. Im Folgenden sehen Sie eine kleine Auswahl, aber Ihnen werden sicher noch viel mehr Möglichkeiten einfallen.

Geschichten: Alle Märchen, die wir aus der Kindheit kennen, lassen sich als Routen nutzen – genauso Romane und Kriminalgeschichten. Definieren Sie in jeder Geschichte markante Merkpunkte, auf der Sie Wissen ablegen. Hier die Routenversion von „Hans im Glück" aus der Märchensammlung der Brüder Grimm (mögliche Merkpunkte fett markiert): *Hans* **arbeitet sieben Jahre** *und bekommt dafür einen* **Klumpen Gold***, auf der Wanderschaft nach Hause tauscht er wegen müder Füße den Klumpen gegen ein* **Pferd***, wegen Durst das Pferd gegen eine* **Kuh***, dann die Kuh gegen ein* **Schwein***, das Schwein gegen eine* **Gans***, die Gans gegen einen* **Schleifstein***, der in einen* **Brunnen** *fällt, bevor Hans arm, aber glücklich bei seiner Mutter* **zu Hause** *ankommt.* Auf die Schnelle ist die Geschichte aufgeteilt in neun Merkpunkte. Wenn Sie das Märchen nicht kennen, lesen Sie die Originalfassung im Internet bei Projekt Gutenberg unter http://gutenberg. spiegel.de/. Dort finden Sie weitere Märchenklassiker, die Sie zu Routen machen können.

Filme: Wie oft haben Sie Ihren Lieblingsfilm angesehen? Egal, ob die James-Bond-Filme, *Titanic* oder *Herr der Ringe*: Sie alle sind perfekte Regale für den Kopf (und schon drin)! Bewegende Momente, spektakuläre Orte und das alles aufgeteilt in Szenen (Merkpunkte). Grob gerechnet: Wenn Sie alle 22 James-Bond-Filme in Routen mit 50 Punkten verwandeln, haben Sie ein gigantisches Archiv mit 1 100 Punkten. Doppelt belegt entsteht Platz für 2 200 Fakten! Wenn Sie einen geeigneten Wissens-Belag brauchen, dann nehmen Sie doch die Liste der internationalen Flughafen-Codes (bei Wikipedia unter http://de.wikipedia.org/wiki/Liste_der_IATA-Codes) – paradiesisch für Merkspitzensportler.

Gedichte: Hier können Sie gleich zwei Wissens-Fliegen mit einer Klatsche erledigen: *Einst, um eine* **Mittnacht** *graulich, da* **ich trübe** *sann und traulich müde über manchem alten* **Folio** *lang vergess'ner Lehr'. Da der* **Schlaf** *schon kam gekrochen, scholl auf einmal leis ein* **Pochen**, *gleichwie wenn ein* **Fingerknochen** *pochte, von der* **Türe** *her.* Der Anfang des Gedichts *Der Rabe* von Edgar Allan Poe steckt voller Merkpunkte: die Mitternacht, der Autor selbst in trübem Gefühlszustand, die alten Bücher vor ihm auf dem Tisch, das geheimnisvolle Klopfen, ein Knochen und die Tür – sieben Routenpunkte in den ersten Zeilen. Wenn Sie das Gedicht in Routenpunkte aufteilen, ist das Auswendiglernen so gut wie erledigt.

Lieder sind Gedichte oder Geschichten in Musik verpackt. Reim und Musik gehen nicht nur ins Blut, sondern auch gut in den Kopf. Unsere Lieblingslieder (und ein paar mehr) kennen wir in- und auswendig: *Hoch auf dem* **gelben Wagen** *sitz' ich bei'm* **Schwager** *vorn. Vorwärts die* **Rosse** *jagen, lustig schmettert das* **Horn**. **Berge** *und* **Wälder** *und* **Matten**, *Wogendes* **Aehrengold** … Obwohl nicht gerade ein aktueller Ohrwurm, trotzdem so bekannt, dass das Lied als Merk-Hit nutzbar ist. Die Hymne aller Merktechniker ist „We didn't start the fire" von Billy Joel: Auf 4 Minuten 50 Sekunden sind darin 122 historische Ereignisse von 1949 bis 1989 (dem Erscheinungsjahr) chronologisch aufgelistet.

Rezepte und andere Abläufe: Gekocht wird ebenfalls in geordneter Reihenfolge. Erst das Wasser zum Kochen bringen, Salz und zwei Esslöffel Öl, danach die Nudeln in den Topf. So werden Hobby- und Profiköche zu Merkprofis. Verknüpfen Sie Schnittlauch, Putenschnitzel und Erbsen mit Daten der Weltgeschichte. Sich etwas merken geht durch den Magen! Genauso können Sie jeden anderen festen Ablauf zur Route machen: Das Jahr (Monate oder Jahreszeiten), Ihren Tagesablauf, festgelegte Zeremonien oder Feierlichkeiten usw.

Wie wegts weiter?

Die Major-Route mit 100 (oder mehr) Stellen sollten Sie hegen und pflegen. Sie ist die Eintrittskarte, um Wissen in Hülle und Fülle zu speichern. Mit ein paar zusätzlichen ABC-Routen, die mit Allgemeinwissen verknüpft werden, haben Sie eine solide Gehirn-Ausstattung, um jede Abschlussprüfung zu bestehen.

Die oben gezeigten Beispiele sind lange nicht alles, was sich als definierte Reihenfolge nutzen lässt. Seien Sie einfallsreich, um reich an Wissen zu werden. Sie werden auf viele Dinge stoßen, die Sie zum Ablegen von Informationen nutzen können. Mit ein wenig Aufmerksamkeit und Konzentration können Sie beispielsweise jeden Film, den Sie im Kino anschauen, gleich in eine Route verwandeln. Zurück zu Hause, prüfen Sie, ob der Streifen im Kopf stabil abgespeichert ist, und suchen Sie sich gleich ein paar spannende Fakten, die Sie damit verbinden können.

Erd-ähnlich: Geografische Routen

„Das ist doch so, wenn man irgendwie durch eine Stadt spaziert und an bestimmten Plätzen Informationen ablegt." Von der prominentesten Merktechnik haben viele Menschen schon gehört. Bei der Routenmethode, die Wege durch die Welt zum Merken nutzt, handelt es sich um eine uralte Lerntechnik: Der britische Autor Bruce Chatwin schreibt in seinem Buch *Traumpfade* über die Aborigines (Ureinwohner Australiens), die vor vielen tausend Jahre Pfade durch die Landschaften des Kontinents in Form von Liedern festhielten. Die so genannten „Songlines" (Traumpfade, eigentlich Liedlinien) bilden angeblich eine riesige mythische Landkarte von Australien.

Die Evolution hat den Kopf gemacht für das Merken von Wegen. Unsere Vorfahren, die auf der Jagd Mammuts und Säbelzahntiger verfolgten, hatten bereits Strategien entwickelt, mit denen sie Tiere einkreisten und ihnen den Weg abschnitten. Und nach einer wilden Jagd mussten sie den Weg zurück zu ihrer Höhle im Kopf haben. Heute fährt Mann souverän durch Innenstädte und über Autobahnen bis Melito di Porto Salvo, während Frau die besten Routen durch das Kaufhaus im Kopf hat. Spaß beiseite: Orientierungssinn und räumliche Vorstellungskraft sind bei jedem Menschen ausgezeichnet ausgeprägt. Obwohl die Verbreitung von Navigationssystemen diesen Teil unseres Gedächtnisses bereits bedenklich bedroht und die Fähigkeit zur Orientierung durch zu wenig Bewegung drastisch abnimmt, nutzt die Routenmethode die räumliche Orientierung, um die Schranken des Arbeitsgedächtnisses weit zu umfahren.

Zwei Vorteile haben die Wege durch die Welt: Erstens haben wir Unmengen davon im Kopf. Machen Sie sich in Gedanken auf den Weg durch Ihre Heimatstadt. Sie haben viele Straßen(namen) im Kopf. Und selbst ohne Karte finden Sie den Weg von Spandau nach Marzahn-Hellersdorf, von Eimsbüttel nach Bergedorf und von Backnang nach Herrenberg. Zweitens ist es für uns leicht, einen neuen Weg im Kopf zu behalten (einmal gehen oder fahren genügt). Geografische Routen können damit leicht gemacht und im Gedächtnis behalten werden!

Jeder Weg beginnt mit dem ersten Schritt

Mit vier Schritten machen Sie einen Weg zur Merk-Route:
1. Strecke: Sie brauchen einen Start- und einen Endpunkt. Sie müssen dabei nicht immer vor Ihrer Haustür starten. Und eine Route muss

nicht immer ein Ziel haben, sondern kann genauso eine Rundreise sein (zum Beispiel an Urlaubsorten).

2. Maßstab: Wichtig ist auch, dass Sie den richtigen Maßstab für die gedachte Karte festlegen. Die gesamte Strecke sollte in gleichgroße Abschnitte zwischen den Punkten eingeteilt sein und eine nicht zu knappe Zahl von Punkten enthalten, sonst lohnt sich der Aufwand nicht (50 Merkpunkte sind immer denkbar).

3. Merkpunkte: Gehen Sie die Strecke in Gedanken durch und definieren Sie die Merkpunkte. Diese sollten ähnliche Größen (keine Risse in der Straße und Berge zusammen in einer Route, wohl aber Zebrastreifen und Gipfelkreuze) und ähnliche Abstände zueinander haben. Einfache Regel: Sie sollten von jedem Punkt Nachfolger und Vorgänger sehen können.

4. Verfeinern und Prüfen: Gehen Sie die Strecke ein paarmal in Gedanken durch. Welche Punkte haben Sie vergessen, welche sind Ihnen zusätzlich eingefallen? Rasch wird sich eine feste Vorstellung des Wegs in Ihrem Kopf einprägen. Und wenn Ihnen irgendwo auf der Strecke kein Punkt einfallen will: Rausgehen und nachschauen!

Hier ein Beispiel für Berlin: Denken Sie sich noch einmal zum **Brunnen der Völkerfreundschaft** auf dem Alexanderplatz. Von dort können Sie die **Urania-Weltzeituhr** sehen. (Sie ist der beliebteste Treffpunkt von Berlin und wird von einem umgebauten Trabbi-Getriebe bewegt.) Der nächste Punkt auf unserem Weg liegt unter den S-Bahngleisen am **Bahnhof Alexanderplatz**. Von dort können Sie das moderne **Kinocenter** sehen, von dem aus es weiter geht zum **Berliner Fernsehturm**, mit 368 Metern (Major-Begriff: „Moschee-Hof") das höchste Gebäude Deutschlands und Ihr Merkspeicher für die höchsten Türme der Welt. Von dort gehen Sie zum **Neptunbrunnen**. Damit stehen Sie schon fast vor dem nächsten Routenpunkt: dem **Roten Rathaus**. An der nächsten Straßenecke haben sie den Rand des **Nikolaiviertels** erreicht (das älteste Wohngebiet der Hauptstadt). Zurück auf dem Alexanderplatz überqueren Sie das **Marx-Engels-Forum**, eine kreisrunde Fläche auf der eine Statue von Karl Marx (sitzend) und Friedrich Engels (stehend) zu sehen ist. Dann die **Brücke** in der Nähe des Doms, wo viele Spreedampfer festmachen und Touristen ein- und ausladen. Der **Berliner Dom** selbst ist der nächste Merkpunkt. Danach folgt der **Brunnen im Lustgarten**. Wenn Sie sich umdrehen, stehen Sie direkt vor dem **Alten Museum** mit seiner klassizistischen Säulenfassade! Weiter über die **Eiserne Brücke** endet die Berlin-Route auf dem **Kunstmarkt** am Zeughaus. Das sind 15 Routenpunkte plus Hintergrundwissen rund um den Alexanderplatz.

Wenn Sie Berlin nicht kennen oder Ihnen die Strecke nicht zusagt, konstruieren Sie Ihre eigene Route: zum Beispiel von Ihrer Wohnung ins Büro, den Weg ins Stadtzentrum oder Ihren Lieblingsspaziergang durch den Park. Gehen Sie in Gedanken den Weg einmal ab und definieren Sie geeignete Punkte.

Wie bei den Römischen Räumen können Sie Routen mit unterschiedlichen Maßstäben festlegen. Einmal eine Route über Kontinente, ein Weg durch Ihr Haus und einer durch das Nähkästchen. Bleiben Sie pro Route bei ähnlicher Größe der Merkpunkte und gleichen Abständen dazwischen. Beginnen Sie zum Beispiel nicht mit Ihrer Wohnungstür, dem Treppenhaus, dem Briefkasten und wechseln dann in den Städtemodus: Berlin, Magdeburg, Wolfsburg, Braunschweig, von wo Sie wieder zurückfallen ins Detail. Entweder, oder!

Wo kommen wir da hin?

In diesem Praxisbeispiel sollen Sie sich nicht besonders viel merken, sondern besonders wenig. Auf der Insel Anglesey im Nordwesten von Wales liegt eine Gemeinde mit etwas über 3 000 Einwohnern, die es geschafft hat, ins *Guinness-Buch der Rekorde* zu kommen. Die Gemeinde trägt den längsten offiziellen Ortsnamen Europas (58 Buchstaben). Merken Sie sich den Namen mithilfe der Berlin-Route oder einer

Neptunbrunnen

Marx-Engels-Forum

U S

Fernsehturm

Rotes Rathaus

Nikolaiviertel

anderen Denkstrecke. Bevor Sie loslegen, analysieren Sie den Ortsnamen und tüfteln Sie die beste Strategie zum Merken aus:

Llanfairpwllgwyngyllgogerychwyrndrobwllllantysiliogogogoch

Die Stadt ist im Internet tatsächlich unter ihrem vollständigen unaus-
sprechlichen Namen zu finden (www + Name + .com). Übersetzt
bedeutet das Kauderwelsch: „Marienkirche in einer Mulde weißer
Haseln in der Nähe eines schnellen Wirbels und in der Gegend der
Thysiliokirche, die bei einer roten Höhle liegt". Nebenbei: Die Gemeinde hat ein Partnerdorf in den Niederlanden mit dem Namen „Ee"
(dem kürzesten Ortsnamen der Niederlande).

Um sich den Ortsnamen einzuprägen, sollten Sie die Buchstabenkette
zuerst in sinnvolle Teile zerlegen, mit denen Sie die Punkte der Route
belegen. „Llan" erinnert an die Bezeichnung „LAN" für Computernetz-
werke. Punkt eins der Berlin-Route (der Brunnen der Völkerfreundschaft) wird von seinem Erbauer Walter Womacka doppelt (zweimal L)
mit einem LAN-Kabel umwickelt. Der zweite spaltbare Teil des Unna-
mens ist „fairp", was an Fairplay erinnert. Ein Schiedsrichter könnte
auf die Weltzeituhr deuten und die Spieler wegen Zeitspiel verwarnen.
Ihm bleibt das halbe „Fairp…" im Hals stecken, weil ihm der Ball ins
Gesicht knallt. Merkwürdiger Teil drei ist „wllg", das wie „wollig" aussieht, oder? Und was ist wollig? Natürlich die handgestrickten Schienen
im Bahnhof Alexanderplatz! Un-sinnvoll und toll zu merken!

Um zu prüfen, ob Sie es sich richtig gemerkt haben, können Sie den
Ortsnamen in den Internetbrowser eintippen. Sie werden sofort merken, ob Sie getroffen haben oder im digitalen Niemandsland gelandet
sind. Wenn Sie Geschmack an exotischen Namen gefunden haben,
können Sie weitermachen mit dem offiziellen Ortsnamen von Bang-
kok: „Krung Thep Mahanakhon Amon Rattanakosin Mahinthara
Ayuthaya Mahadilok Phop Noppharat Ratchathani Burirom Udom-

ratchaniwet Mahasathan Amon Piman Awatan Sathit Sakkathattiya Witsanukam Prasit" – mit 168 Buchstaben der längste Ortsname der Welt. Weltrekord für den Weg zum Merkrekord!

Wie gehts weiter?

Die Welt ist voller Wege. Machen Sie es sich zum Denksport, überall Routen aufzubauen und mit Wissen zu belegen. Sie werden sich rasch in ein Lexikon verwandeln. Das ist Gehirnjogging in Höchstform – mit dem Nebeneffekt, schlauer zu werden.

Gewohnte Wege sind schnell in Routen verwandelt. Der Weg zu den Freunden, ins Kino, zu den Schwiegereltern und der Abendspaziergang. Eine oft gestellte Frage: Was tun, wenn Wege sich verändern? Ein Haus wird abgerissen, ein Denkmal eingeweiht und die Stadtgärtner legen neue Blumenbeete an? Alles mit einbauen! Das Gehirn ist daran gewöhnt, Dinge immer wieder in veränderter Form abzuspeichern. Eine Route braucht nicht für immer und ewig fix und fertig zu sein. Sie können nach Jahren problemlos Routenpunkte hinzufügen oder ausradieren – aber vergessen Sie nicht, dass zusätzlich gespeicherte Wissen mit umzusortieren.

Hervorragend geeignet zur Routenbildung sind (Bildungs-)Reisen. Verwandeln Sie Spaziergänge durch London, New York, Paris und Oberammergau in Merkwege. Das hat den Vorteil, dass Sie sich lange an diese Orte erinnern werden. So können Sie Freunde nach Jahren noch mit detaillierten Ortskenntnissen beeindrucken.

Routen-Tuning

Geht mehr? Ja, es geht mehr! In diesem Kapitel werden Sie erfahren, wie Sie Ihre Routen technisch verbessern, um optimalen Zugriff auf Ihr Wissen zu haben. Und Sie werden lernen, noch viel mehr Wissen darauf abzulegen. Damit sind Sie direkt auf dem Weg zur Merk-Meisterschaft!

Durchzählen

Neidisch blicken die geografischen Routen auf die Major-Route, weil
die wieder die zehn größten Staaten der USA sowie Staat Nummer
20, 30, 40 und 50 aus dem Hirn gezaubert hat, um Ihre Partygäste
in Staunen zu versetzen. Wenn Sie die Major-Route auch mit den US-
Bundesstaaten bekleben wollen, finden Sie die Liste bei Wikipedia:
http://de.wikipedia.org/wiki/Liste_der_Bundesstaaten_der_Vereinig-
ten_Staaten_nach_Fläche.

Aber die geografischen Routen sind in Ihrem Kopf in der Überzahl.
Nutzen Sie die Stärke der Gruppe, um Ihr Gehirn auf eine tolle Idee
zu bringen und die Major-Route mit den eigenen Waffen zu schlagen:
Auch die anderen Routen können durchnummeriert werden. Dafür
brauchen Sie nicht jeden Routenpunkt mit einem Major-Begriff zu
verknüpfen. Es genügt, wenige Punkte zu markieren. Je nachdem, wie
schnell Sie sich auf Ihren Routen bewegen, können Sie jeden fünften oder zehnten Punkt mit einem Major-Begriff belegen. Wenn Sie
sich an eine bestimmte Position erinnern wollen, sind es nur ein paar
Schritte vor oder zurück – eine simple geistige Übung.

Sollten Sie Zahlen mithilfe des zweistelligen Major-Systems auf der
Route ablegen wollen, besteht Verwechslungsgefahr mit den Ord-
nungszahlen, die für Ordnung und nicht für Durcheinander sorgen
sollen. Um das zu verhindern, verwenden Sie für die Nummerierung
Major-Begriffe, die Sie nicht zum Verbildern von Zahlen benutzen.
Machen Sie sich die Mühe und suchen Sie neue Major-Begriffe, die Sie
nur zum Nummerieren benutzen.

Im Folgenden sehen Sie die ABC-Groß-Klein-Route inklusive Nummerierung in Fünferschritten (markiert mit Major-Begriffen, die in
der Tabelle auf Seite 153 nicht auftauchen). Zur Orientierung: Die
Route läuft zuerst durch die großen und dann durch die kleinen
Bilder.

Die ABC-Groß-Klein-Route

	Groß			Groß
A	Alpen		N	Nordpol
B	Bergwerk		O	Oper *(15, Hotel)*
C	Checkpoint Charlie		P	Parkplatz
D	Dom		Q	Quelle
E	Elefant *(5, Elle)*		R	Rodelbahn
F	Flugzeugträger		S	Saurier
G	Golfplatz		T	Treibhaus *(20, Nuss)*
H	Hubschrauber		U	Urwald
I	Insel		V	Vulkan
J	Jumbojet *(10, Texas)*		W	Weltraum
K	Kolosseum		X	Xanadu
L	Loft		Y	Yacht *(25, Unheil)*
M	Müllhalde		Z	Zeppelin

Die ABC-Groß-Klein-Route

	Klein			Klein
a	Ameise		n	Nadel *(40, Ross)*
b	Ballon		o	OP
c	Charlie Chaplin		p	Papier
d	Dose *(30, Moos)*		q	Qualle
e	Ente		r	Reißverschluss
f	Fliege		s	Stuhl *(45, Rille)*
g	Garage		t	Taschenrechner
h	Haut		u	U-Boot
i	Iris *(35, Hummel)*		v	Verlies
j	Joghurt		w	Wiege
k	Küche		x	Xanthippe *(50, Hals)*
l	Liegestuhl		y	Y-Chromosom
m	Mikrofon		z	Zinnsoldat

Lösungsvorschlag: Ist Ihnen schon einmal eine fette Hummel vor die Iris vom Auge geknallt? Und der Philosoph Sokrates wollte seiner launischen Ehefrau Xanthippe sicher öfter an den Hals gehen. Die Meilensteinbilder sind schnell gemerkt.

Wenn Sie viele Routen im Kopf haben, könnte es langweilig werden, ausschließlich in Fünferschritten abzuzählen, weil sich die Begriffe wiederholen – Hummeln überall! Belegen Sie die nächste Route zur Abwechslung in Sechserschritten. Abstände von Vierer- bis Zehnerschritten sind gut denkbar. Um sich zuverlässig einzuprägen, welche Route wie nummeriert ist, legen Sie die Schrittweite zusätzlich auf dem ersten Punkt ab. Beim Beispiel oben denken Sie sich einen Alpengipfel, auf dem jemand seine Jeans (Lee = 5) vergessen hat. Damit wissen Sie am Anfang, an welcher Zahlenreihe Sie sich orientieren müssen.

Betreten Sie die Matrix!

Unter Mathematikstudenten gilt es als sportlich, die Kreiszahl Pi auf hundert Stellen auswendig zu kennen. Für Sie an dieser fortgeschrittenen Stelle des Buchs ist das Merken von hundert Ziffern kein Problem. Eine andere Klasse als das Herunterrattern der Zahl ist es, jede Stelle präzise und ohne Finger-Abzähl-Einsatz nennen zu können. Auch diese Aufgabe werden Sie gleich mühelos lösen!

Aber vielleicht packt Sie der olympische Sportlergeist und Sie wollen sich Pi auf zehntausend Stellen merken (dem Pi-Sport ist bei Wikipedia ein eigener Artikel gewidmet: http://de.wikipedia.org/wiki/Pi-Sport). Dort sind auch die Rekorde im Merken dieser Zahl aufgelistet. Derzeit liegt die Latte genau bei 100 000 Stellen, dort hingehängt von Akira Haraguchi – allerdings nicht offiziell bestätigt. Ein Hinweis, falls Sie mit dem Merken beginnen wollen: Allein das Aufsagen der 100 000 Stellen hat über 16 Stunden gedauert.

Um sich extrem viel zu merken, wird eine Route so dicht wie möglich mit Fakten belegt. Dafür wird das so genannte Matrixverfahren benutzt (auch Rastertechnik genannt). Die Mehrfachbelegung von Punkten ist bereits erklärt worden: Allerdings werden beim Matrixverfahren auf allen Merkpunkten viel mehr und gleich viele Informationen nach festen Regeln abgelegt (siehe Abbildung). Das maximiert die Menge und erleichtert das Finden.

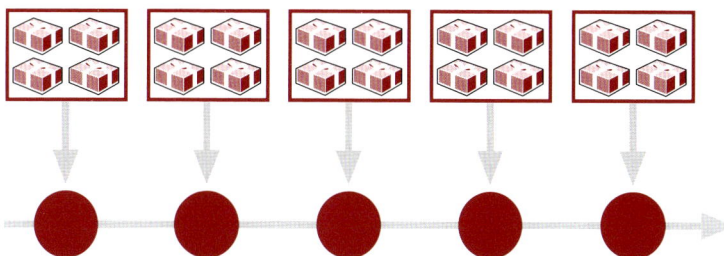

Gerade beim Lernen von Zahlen hat dieses Vorgehen Vorteile: Durch die gleiche Anzahl von Ziffern auf einem Routenpunkt können Sie jede beliebige Stelle der Zahl nennen, ohne von vorne oder hinten abzählen zu müssen.

Pi auf 520 Stellen

Damit Sie die Auswirkungen einer kleinen Veränderung der Merk-Route spüren, sehen Sie auf Seite 206 Pi auf 520 Stellen. Mithilfe des Matrixverfahrens ist das Merken und das Nennen jeder beliebigen Stelle dieser Zahl kein Problem für Sie! Warum so etwas lernen? Sehen Sie Pi als Trainingsgerät im geistigen Fitness-Studio: Sie stemmen Hanteln nicht, um Hanteln zu stemmen, sondern, um Ihre Ehefrau auf Händen zu tragen (oder Bierkästen für den nächsten Bundesliga-Abend mit Freunden).

Pi auf 520 Stellen: 3,14159 26535 89793 23846 26433 83279
50288 41971 69399 37510 58209 74944 59230 78164 06286
20899 86280 34825 34211 70679 82148 08651 32823 06647
09384 46095 50582 23172 53594 08128 48111 74502 84102
70193 85211 05559 64462 29489 54930 38196 44288 10975
66593 34461 28475 64823 37867 83165 27120 19091 45648
56692 34603 48610 45432 66482 13393 60726 02491 41273
72458 70066 06315 58817 48815 20920 96282 92540 91715
36436 78925 90360 01133 05305 48820 46652 13841 46951
94151 16094 33057 27036 57595 91953 09218 61173 81932
61179 31051 18548 07446 23799 62749 56735 18857 52724
89122 79381 83011 94912 98336 73362 44065 66430

Um sich das einfach zu merken, benutzen Sie eine Matrix, mit der Sie gleich viele Ziffern auf jedem Merkpunkt ablegen und später ein wenig Kopfrechnen, wenn Sie gezielt eine Stelle abrufen wollen. Als Merk-Basis benutzen Sie beispielsweise die ABC-Groß-Klein-Route. (Mit dem Major-System verbildern Sie die Ziffern, deswegen ist die Major-Route nicht geeignet für dieses Denk-Experiment.)

Auf jedem Punkt wird nach dem gleichen Muster ein Mini-Speicher für fünf zweistellige Major-Begriffe angelegt. Dieser Speicher ist gleichzeitig flexibel aufgebaut, damit keine Langeweile im Kopf entsteht (im Prinzip wie bei der ersten Übung und dem Merken der 104 Symbole, nur etwas größer). Unten sehen Sie das Raster, mit dem die Major-Begriffe auf jedem Punkt verbunden werden:

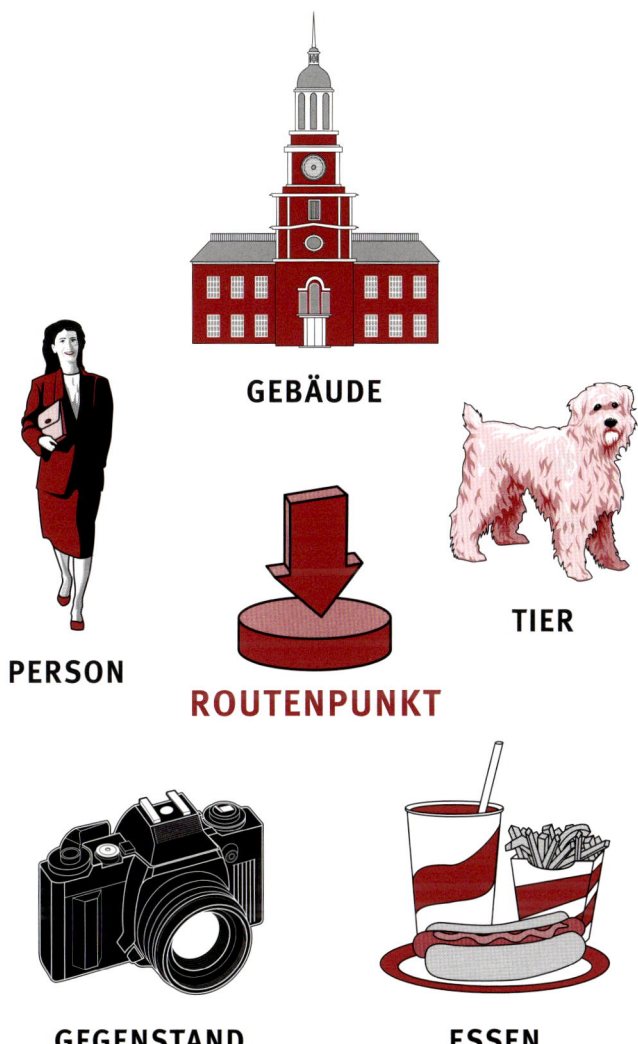

GEBÄUDE

PERSON

ROUTENPUNKT

TIER

GEGENSTAND

ESSEN

Matrix für Pi auf 520 Stellen

Stellen	Thema
0–1	Person
2–3	Tier
4–5	Gegenstand
6–7	Gebäude
8–9	Nahrungsmittel (Essen)

Damit merken Sie sich zehn Stellen von Pi auf jeden Punkt der ABC-Groß-Klein-Route – immer nach dem gleichen Muster: Die ersten beiden Ziffern werden mit einer Person verbunden. Die nächsten beiden mit einem Tier usw.

Auf den ersten Punkt („Alpen") müssen Sie sich folgende Ziffern merken: 3,1 41 59 26 53 (mehr Stellen, als die meisten Menschen kennen). Das ergibt zum Beispiel folgende Szene: In den „Alpen" spießt ein Entomologe (Insektenforscher) eine Made (31) auf. Hinter ihm schaut eine Ratte (41) interessiert dabei zu. Der Insektenforscher betrachtet die Made mit einer Lupe (59). Dann betritt der Forscher die Nische (26) einer Berghütte, in der Toastbrot (Essen) liegt, das mit Leim (53) zusammengeklebt ist. Haben Sie das dick belegte Bild im Kopf? Gehen Sie die Szene in Gedanken durch, bevor Sie weitermachen. Das hier ist hartes Merk-Geschäft!

Punkt Nummer zwei bekommt die Ziffern 58 97 93 23 84 zugewiesen. Ein Bergarbeiter wurde von einem Löwen (58) verspeist. Der Löwe (bleiben wir gleich bei dem Tier) spielt zur Verdauung auf einer Pauke (97). Ein Baum (93) – eine Stütze für den Stollen – zittert durch die Paukenschläge. Und Nemo (23), der Clownfisch aus dem Animationsfilm, versteckt sich wegen des Krachs in der Plastik-Ritterburg (Gebäude) seines Aquariums. Um sich abzulenken, grillt er einen Algen-Burger über dem Feuer (84).

Bei diesen Beispielen wurden zwei unterschiedliche Verfahren zum Verbildern genutzt: Manchmal ist der Major-Begriff identisch mit dem Matrixpunkt (Tier = Ratte), oder das Thema des Punkts wurde verbunden mit einem Major-Begriff (Insektenforscher + Made). Die zweite Art der Lösung kann verwirren, die erste braucht mehr Einfallsreichtum. Wenn Sie kreativ sind und auf Nummer sicher gehen wollen, suchen Sie passende Major-Begriffe, die den Matrixthemen entsprechen: Auf dem Alpen(-gipfel) sitzt ein Maat (Marinesoldat) und betrachtet eine Ratte mit der Lupe, die er in eine Nische (der Berghütte) legt und dort mit Lamm(-fett) beschmiert.

Zur besseren Übersicht die Belegung der beiden Punkte als Tabelle:

Die ersten 20 Stellen von Pi auf der ABC-Groß-Klein-Route

Routenpunkt	Matrixpunkt	Matrixbild	Major-Begriff
1) Alpen	Person	Insektenforscher	31 = Made
	Tier	Ratte	41 = Ratte
	Gegenstand	Lupe	59 = Lupe
	Gebäude	Berghütte	26 = Nische
	Essen	Toastbrot	53 = Leim
2) Bergwerk	Person	Bergarbeiter	58 = Löwe
	Tier	Löwe	97 = Pauke
	Gegenstand	Baum	93 = Baum
	Gebäude	Plastik-Burg	23 = Nemo
	Essen	Algen-Burger	84 = Feuer

Verrückt? Vielleicht! Unmöglich zu merken? Nein, denn es ist die einzige Methode, wie Sie so eine Denkleistung überhaupt vollbringen können. Genau genommen, brauchen Sie nur 52 kleine Geschichten zu behalten. Und wenn Sie sich die Geschichten übertrieben lustig vorstellen, sollte es für Sie kein Problem sein, diese Riesen-Zahlenfolge zu behalten.

Um eine konkrete Stelle zu nennen, müssen Sie nur die Reihenfolge der Matrix im Kopf haben. Weil Sie sich zehn Stellen von Pi auf jeden

Punkt gemerkt haben, teilen Sie die zu nennende Kommastelle durch 10 (ohne Rest) und addieren 1, dann haben Sie den gesuchten Routenpunkt. Dort mental angekommen, holen Sie die entsprechende Ziffer aus der Matrix. Klingt gefährlich schwer, ist aber ganz einfach: Die 18. Nachkommastelle von Pi (18 geteilt durch 10 ohne Rest plus 1) liegt auf dem zweiten Punkt („Bergwerk"). Die 8. Stelle auf diesem Punkt ist die erste Ziffer vom Bild „Essen" (in diesem Fall der Algen-Burger über dem „Feuer"), also das F, laut Major-System die 8. Noch ein Beispiel: Die 7. Nachkommastelle (wieder durch 10 ohne Rest geteilt plus 1) liegt auf dem ersten Punkt („Alpen"). Die 7. Stelle ist die zweite Ziffer vom Matrixpunkt „Gebäude" (hier das Zelt mit der „Nische"), also das SCH und damit die 6.

Mehr? Pi auf 10 Millionen Stellen finden Sie im Internet unter http://pibel.de und zum Anhören und Mitsingen als Lied unter http://pi.ytmnd.com.

Wie gehts weiter?

Zum maximalen Merken ist vor allem die sorgfältige Wahl der Technik wichtig. Wenn Sie im nächsten Versuch auf 1000 Stellen erweitern wollen, haben Sie verschiedene Möglichkeiten, die Merktechnik zu ändern:

■ Die **Länge der Route verdoppeln** oder eine längere Route benutzen. Geografische Routen mit 100 und mehr Punkten sind für den Kopf kein Problem.

■ Die **Matrix erweitern** und damit die Anzahl der Informationen pro Punkt vergrößern. (Auch hier ist doppelte Menge machbar.)

■ **Mehr Ziffern auf einem Punkt** ablegen. Bauen Sie aus zwei zweistelligen Major-Begriffen ein Bild pro Matrixpunkt oder nutzen Sie das vierstellige Major-System.

Natürlich können Sie auch alle Maßnahmen gleichzeitig nutzen. Das würde eine Route mit 104 Punkten, eine Matrix mit zehn Elementen und jeweils vier Stellen auf jedem Matrixpunkt ergeben, also in Summe Platz für 4160 Stellen!

In Beruf, Freizeit, Schule und Universität werden Sie sich selten lange Zahlenreihen merken (außer Sie studieren Mathematik). Es sei denn, Sie wollen zum Beispiel wichtige Geschäftszahlen im Kopf haben, um nicht ständig in der Tabellenkalkulation zu suchen. Solche Zahlentabellen können sehr umfangreich sein. Unten sehen Sie eine (ausgedachte) Verkaufsstatistik der Firma Rostschraube. Die Zahlen müssen Sie sich nicht einprägen, aber suchen Sie zur Übung eine Möglichkeit, sich dieses Zahlenraster zu merken, sodass Sie jede beliebige Zahl des Verkaufsberichts aus dem Kopf ziehen können.

Verkaufsbericht der Rostschraube Doppelrost AG

Region	Produkt	Stückzahlen/Monat					
		Januar	Februar	März	April	Mai	Juni
Nord	RS-1	2123	2138	3067	2222	1998	1.956
	RS-2	213	415	674	267	298	341
	RS-3	17	44	63	97	24	45
	RS-4	2.387	3.176	2.456	7.476	3.256	4.134
Süd	RS-1	1.167	1.967	1.465	1.483	1.286	2.013
	RS-2	647	537	289	469	481	691
	RS-3	73	83	17	38	39	41
	RS-4	4.798	4.372	4.817	4.716	4.946	5.102
West	RS-1	5.167	4.372	3.957	2.185	3.854	1.685
	RS-2	584	385	284	184	968	362
	RS-3	38	63	122	375	868	576
	RS-4	5.457	4.576	6.589	4.523	5.471	4.813
Ost	RS-1	857	483	871	281	291	290
	RS-2	172	384	492	173	188	172
	RS-3	45	87	56	90	99	101
	RS-4	10.945	9.463	10.475	11.939	12.475	9.815

Wenn Sie sich solche Fakten optimal merken wollen, legen Sie dafür spezielle Routen an. Sie können 16 Routen mit 12 Merkpunkten oder auch eine Route mit 192 Punkten konstruieren – beides ist allerdings aufwändig. Mit einer Matrix kann man sich die Zahlen leichter merken: Sie benötigen nur eine Route mit 16 Punkten (4 Produkte in 4 Regionen) und eine 12er-Matrix für die Monate. Klingt kompliziert, ist aber ganz einfach, denn die Themen können Sie aus den Monaten ableiten: Im Januar wird Neujahr gefeiert. Februar ist der Wintermonat. Der März ist nach dem römischen Kriegsgott Mars benannt usw. Mit diesen Eselsbrücken kann die Matrix sehr leicht behalten werden. Aber auch, wenn sich das alles einfach anhört: Konstruieren Sie solche Fakten sorgfältig in Ihren Kopf! Testen Sie, ob das von Ihnen ausgewählte System zuverlässig funktioniert. Erst lernen, wenn Sie ganz sicher sind – sonst sind Sie da, wo Sie nicht hinwollen: beim Büffeln!

Wenn Sie mit Routen und dem Matrixverfahren lernen und sich etwas einprägen, dann bewegen Sie sich bereits nahe am Gipfel der Merktechniken. Telefonbuch-Niveau! Ihr Hirn wird damit zum Schwamm der Schwämme. Aber Zahlen sind nur eine Form von Wissen, die sich in einer Matrix ablegen lassen – eher eine sportliche Angelegenheit. Obwohl das Raster streng geordnet aufgebaut ist, müssen die darin eingeflochtenen Fakten keine Reihenfolge oder Liste sein.

Experimentieren Sie mit allen Arten von Informationen und probieren Sie aus, was sich alles behalten lässt. Lexika oder gleich ein ganzes Studium lassen sich in gedachte Raster stopfen.

Maximal:
Die ganze Welt im Kopf

Ihr Gehirn ist gut ausgestattet mit Merk-Werkzeugen. Aber mit einem Werkzeugkasten allein können Sie keine Rakete bauen, um damit zum Mond zu fliegen. Das Benutzen der richtigen Technik für den richtigen Zweck kann Ihnen viel Lust beim Lernen bereiten. Und am Ende aller Merktechnik gibt es eine Königsklasse: den Gedächtnispalast!

Welche Technik für welchen Zweck?

Merktechniken verändern das Lernen und das Sich-Merken. Sie lassen es nicht verschwinden und zaubern Ihnen das Wissen nicht in Ihren Kopf, wie Fotos per Kabel von der Digitalkamera in den Computer übertragen werden. Aber wie Sie gelesen haben, sind zwei grundsätzliche Denkschritte zur Vorbereitung notwendig, um Wissen optimal im Kopf abzulegen: die Auswahl der richtigen Merktechnik und das Anpassen der Technik speziell für die zu lernenden Fakten – vergleichbar mit einem Maßanzug.

Die richtigen Merktechniken wählen – statt quälen

Auf welche Weise wollen Sie das zu lernende Wissen später abrufen? Länder und Hauptstädte für das Frage-Antwort-Spiel zu verbinden, erfordert eine andere Technik, als die 193 Staaten nach Größe geordnet im Kopf zu haben.

Meistens genügt es, mit den Angel-Basistechniken (Verbildern, Verbinden, Verorten und die Suche nach Sinn und Unsinn) zu lernen. Der Grund dafür ist einfach: Erinnerung ist immer an einen Zweck gebunden und wird durch Reize ausgelöst: Wir stehen vor dem Geldautomaten und brauchen die PIN, um an unser Geld zu kommen. Der Automat ist der Reiz, der unser Gehirn auffordert, an die Geheimnummer zu denken. Das Gleiche gilt im Beruf, wenn das rote Licht an der Maschine blinkt, der Chef nach den aktuellen Rostschrauben-Verkaufszahlen in der Region Nord verlangt oder Ihr Freund eine gemütliche Bar in Capdepera sucht, wo Sie letztes Jahr im Urlaub waren. Nach diesem Verfahren läuft auch jede Prüfung ab. Erinnern ist häufig ein simples Gehirngeschäft!

Auf Routen und in Bündeln können Sie viel Wissen mit System konstruieren. Beides ist auch nötig, wenn Sie sich in kürzester Zeit die telefonische Riesen-Bestellung Ihres besten Kunden merken müssen, aber der Kugelschreiber das Schreiben verweigert. Oder Sie wollen die Rede eines Politikers im Kopf mitprotokollieren. Wenn Sie sich eine wichtige Unterrichtsstunde oder Vorlesung merken wollen, sollten Sie sich trotzdem für das Merken mit Technik vorbereiten und die Inhalte nicht beliebig auf dem Körperraum oder der Major-Route abwerfen. Legen Sie sich eine Route dafür zurecht. Eine neue Strecke, die Sie mit dem Wissen der Veranstaltung absichern. Alternative: Sie schreiben mit und verarbeiten den Stoff anschließend gründlich zu Hause. Das hat den Vorteil, dass Sie die wichtigsten Informationen in Ruhe herausfiltern können.

Viel aus dem Kopf herausholen, ohne Fragen oder andere Erinnerungshilfen zu benötigen, ist das zweite Heimspiel der Netztechniken: Klausuren, Reden, Vorträge, Theaterstücke, und alle anderen Situationen, in denen Ihr Kopf eine ganze Reihe von Fakten hervorholen muss, ohne gefragt zu werden. Dritter Fall für Netztechniken: Ordnung nach Themen wie in einer Datenbank ist das Lieblingsthema der Römischen Räume. Reihenfolgen dagegen sind Sache von Geschichten und Routen.

In der Abbildung sehen Sie einen Entscheidungsweg für Netztechniken, je nach Menge der Fakten und ob diese in einer Reihenfolge behalten werden müssen, oder nicht.

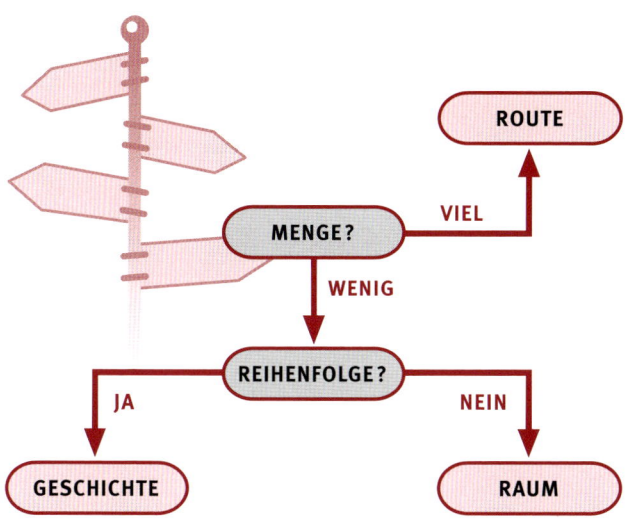

Über viele Routen musst Du gehen

Die Menge an Fakten entscheidet darüber, welche Netztechnik Sie einsetzen. Wie viel „viel" ist und wie wenig „wenig" ist, unterscheidet sich von Gehirn zu Gehirn. Manche Merktechniker haben wenige Routen, die vielfach mit Wissen belegt sind. Andere speichern die gleiche Menge auf hunderten von Routen ab.

Bündel (Geschichten und Räume): Es gibt Menschen, die können 100 und mehr Fakten über Schifffahrtsrecht in einer Geschichte zusammenfügen und füllen Räume mit 300 und mehr Informationen über die Herstellung von Zinnfiguren, während andere sich Geschichten mit 10 bis 20 Rebsorten für die kleine Weinkunde ausdenken und fünf bis zehn wichtige Ereignisse der Französischen Revolution im Schlafzimmer einquartieren.

Tasten Sie sich an Ihre eigenen Grenzen heran. Mit der Zeit werden Sie Routine darin bekommen, Räume passend zu befüllen. Erfahrungswerte zeigen, dass Menschen mit der Zeit intuitiv die gleiche Zahl von

Fakten in allen Räumen ablegen. Und Ihre Geschichten werden wie von selbst länger und komplexer.

Routen: Routen können wegen des ausgeprägten Orientierungssinns des Gehirns deutlich länger sein, als Möbelstücke in Ihrem Wohnzimmer stehen. Es gibt keine normierte Länge, die an dieser Stelle empfohlen werden kann. 50 Punkte sind bei geografischen Routen gut machbar. ABC-Routen haben immer 26 oder 52 Punkte (oder mehr, wenn Sie verdrei- oder vervierfachen). Märchen und Filme können 50 und mehr Punkte enthalten. Zahlen-Routen sind kürzer und überschreiten selten 10 bis 20 Stellen – mit Ausnahme der Major-Route. Das Gleiche gilt für andere Routen wie das Jahr oder der Tagesablauf: 10 bis 20 Punkte sind Durchschnitt.

Maßanzug – Anpassen der Merktechnik

Aber die Auswahl der Technik ist nur der erste Schritt. Wie Sie in den Kapiteln vorher gelesen haben, lassen sich Merktechniken der Art der Informationen anpassen. Und das sollten Sie unbedingt tun! Wenn Sie dem Vortrag eines Nobelpreisträgers in der Festhalle der Universität lauschen, können Sie seine Argumente gleich vor Ort in die Ausstattung des Saals einbauen. Die Länge einer Route und die Größe der Matrix sind abhängig davon, wie viele Fakten Sie darin einbauen wollen. Vermeiden Sie den Aufwand, auf eine Route mit zehn Punkten mit einer Zehnermatrix zu konstruieren, wenn Sie eine Route mit 50 oder 100 Punkten frei haben.

Die richtige Merktechnik zu entwickeln, ist wie ein gutes Rätsel. Je spezieller das Wissen, desto gründlicher sollten Sie überlegen, welche Technik die richtige ist. Das spart die unangenehme Mühe beim Lernen! Wenn Sie tatsächlich öde Zahlenwüsten im Kopf haben müssen, die eine ganz spezielle Struktur haben, entwickeln Sie eine Route ausschließlich für diese Informationen. Das wird Ihnen das Merken erleichtern.

Haltbarkeits-Denktum

Die Einkaufsliste für diese Woche wollen Sie sicher nicht für immer im Kopf behalten, während die Länder der Erde etwas länger zwischen den Ohren bleiben sollten. Was hält? Wie lange? Und vor allem: Wie kleben Sie Wissen sicher in den Kopf?

Zwar haben Sie Merktechniken kennen gelernt, mit denen Sie sich Mengen merken können, die weit über dem Durchschnitt liegen. Trotzdem kann die Biologie nicht völlig ausgehebelt werden. Alles, was gründlich in Ihren Kopf konstruiert ist, wird länger drin bleiben. Erinnern Sie sich an die Farben der Olympischen Flagge? Allerdings werden nicht alle Bilder, die Ihr Kopf sich einfallen lässt, so stark sein, dass sie für immer und ewig an die Innenseiten Ihres Schädels gemalt sind.

Ungenutztes Wissen verblasst mit der Zeit. Das kann ein paar Tage, ein paar Wochen oder länger dauern. Wie Sie bereits gelesen haben, ist langfristiges Sich-Merken im Gehirn kein einmaliger Vorgang. Viele Erinnerungen werden vom Kopf aus düsteren Ecken geholt, abgestaubt und wieder zurück ins Bewusstsein geschoben. Deswegen sollten Sie sich von Zeit zu Zeit an Gemerktes erinnern (es in Gedanken wiederholen, aber nicht durch Nachlesen). Machen Sie einen Spaziergang durch Ihr Wissen. Betrachten Sie die Römischen Räume und wandern Sie über die Routen. Das beste Rezept: Arbeiten Sie mit Ihrem Wissen, indem Sie es benutzen!

Nachfolgend sehen Sie ein paar Tipps, wie Sie aktiv mit Ihrem Wissen umgehen können, um nichts zu vergessen:

- Sichern Sie bestehendes Wissen durch **Verbinden mit neuen Informationen:** Nutzen Sie Räume und Routen, die bereits mit Wissen ausgestattet sind, und legen Sie weitere Informationen darauf ab. Gleichzeitig erinnern Sie sich an bereits vorhandene Bilder und festigen diese.

- Sichern Sie Wissen durch **Anwenden:** Und wenn Sie nur darüber reden, was Sie im Kopf haben. Alles, was in Ihrem Kopf unbenutzt lagert und nie gebraucht wird, ist so gut wie vergessen.
- Machen Sie **Kopf-Spaziergänge:** Flanieren Sie auf Ihren Routen. Betrachten Sie Ihr Wissen in ruhigen Minuten, wenn Sie in der Warteschlange oder im Stau stehen oder am Strand in der Sonne liegen. Sie werden merken, dass es einen besonderen Reiz hat, wenn Sie sich in Ihren Kopf zurückziehen können – fast wie eine Art von Meditation.

Und wenn Sie tatsächlich etwas vergessen haben: Nachschauen ist erlaubt! Aber Sie sollten unbedingt herausfinden, warum Sie sich die Information nicht merken konnten. Die Gründe dafür können zahlreich sein. Hier die häufigsten Vergessensfallen, wenn trotz Merktechnik etwas verloren gegangen ist:

- **Unaufmerksam konstruiert:** Erinnern Sie sich, wann und wo Sie das Vergessene gelernt haben? Vielleicht waren Sie nicht aufmerksam oder im Stress. Optimal funktionieren Merktechniken, wenn Sie sich etwas in Ruhe und ohne Druck merken.
- **Unpassendes oder schwaches Bild:** Seien Sie extrem einfallsreich beim Komponieren von Bildern und Szenen! Haben Sie keine Hemmungen alles zu benutzen, was Ihr Kopf an unglaublichen undenkbaren Bildern produziert. Das hält länger als Superkleber!
- **Bild zu nah am Wissen:** Warum in die Ferne schweifen? Das hat einen guten Grund. Selbstverständlichkeiten blendet das Gehirn aus. Wenn Sie sich an eine Milch erinnern wollen: Verbinden Sie diese nicht mit Trinken, nicht mit Kühen, nicht mit anderen Milchprodukten. Das ist zu gewöhnlich. Das Gehirn wird wach, wenn Sie es mit richtigen Reizen reizen. Streichen Sie mit der Milch den Schornsteinfeger weiß an oder schütten Sie sie sich über die Brust. (Das macht eine weiße Weste.)

- **Falsch verbunden:** Oder gar nicht verbunden. „Ich stelle mir vor, wie das Glas Milch in der Ecke der Garage steht." Und? Diese Vorstellung ist keine echte Verbindung zwischen Milch und Garage. Wie bei den Geschichten: Action und Veränderung kleben fester. Nageln Sie die Milch an die Wand. Schweißen Sie sie am Garagentor fest. Streichen Sie damit die Wände, um die Abgasspuren zu überdecken. Parken Sie Ihren Wagen auf vier Milchgläsern. Das hält besser!

Die letzte Technik: Der Gedächtnispalast

„Wie er es so viele Male in seiner Zelle getan hatte, ließ Dr. Lecter den Kopf zurücksinken, schloss die Augen und zog sich zur Entspannung in die Stille seines Gedächtnispalastes zurück, eines Ortes, der über weite Strecken sehr schön war." (Thomas Harris, Hannibal)

Die weltbekannte Romanfigur Dr. Hannibal Lecter von Thomas Harris benutzt Merktechniken. Im Geiste wandert Lecter durch seinen Wissenspalast. Harris beschreibt das Gebäude als so komplex wie den Topkapi-Palast. Die Auslagen glichen denen in einem Museum, und die Wände seien mit prächtigen Fresken verziert.

Dieses Gebäude existiert nur in der Fantasie eines Menschen. Es besteht aus nichts als Wissen. Es ist nicht vergleichbar mit einer Route zur Arbeit oder dem Badezimmer als Römischem Raum. Ist so etwas tatsächlich denkbar oder nur eine gute Romanidee? Mit viel Fantasie ist es leicht, ein Gedankenarchitekt zu sein: Eröffnen Sie Ihren persönlichen Gedächtnispalast. Beginnen Sie mit einem prächtigen Eingangsportal: Eine Zugbrücke mit einem prächtig bemalten Doppeltor. Und dahinter? Das ist Ihre Sache. Sie können die Eingangshalle – oder den Innenhof, wenn es etwas gewaltiger sein darf – als Zweigstelle in verschiedene Wissensgebiete anlegen. Jedes Tor in die Nebengebäude ist so verziert, dass es einen Hinweis auf das gibt, was sich hinter den Türen verbirgt. Ein Eingang, der einem Buch ähnelt, ist der Weg in Ihre Bibliothek: Ein Komplex aus Hunderten von Räumen. Jeder Raum enthält ein Buch, das Sie gelesen haben. Sie sind verantwortlich für den Innenausbau und die ständige Erweiterung Ihres Palastes! Und wenn Sie keine Schlösser mögen, können Sie eine Raumstation oder eine Großstadt aufbauen!

Bei der Gestaltung können Sie mit Bauverfahren arbeiten, die in diesem Buch beschrieben sind. Der einzige Unterschied: Zum Verbinden und Verorten wird nicht die Wirklichkeit benutzt, sondern die selbst erdachte Welt. Das hat Vor- und Nachteile: Einerseits sind Sie flexibel und können diese Welt genau so konstruieren, dass Sie optimal auf Ihr Wissen zugeschnitten ist. Andererseits erfordert das häufige und intensive Besuche, denn wenn etwas vergessen ist, haben Sie keine Möglichkeit hinzugehen und nachzuschauen.

Ob ein Gedächtnispalast sinnvoll als Wissensarchiv ist, müssen Sie für sich entscheiden: Manche Menschen bevorzugen die Wirklichkeit, während andere ausschließlich gedachte Welten benutzen. Eine Fantasiewelt, die ein paar hundert Räume, Plätze und Gebäude groß ist, kann errichtet werden, ohne den Schreibtisch verlassen zu müssen. Ein Fachbuch bei einem Spaziergang in den Park zu konstruieren, ist dagegen deutlich gesünder.

Wenn Sie schon immer den Wunsch hatten, so viel wie möglich über Weltgeschichte, Kunst, theoretische Mathematik oder Literatur zu wissen, dann können Sie einen kleinen Gedächtnispalast als Versuchsgebäude errichten. Bauen Sie ein Baustilgebäude mit Seitenflügeln, in denen Barock, Renaissance und Gotik abgelegt werden. Oder für Eisen-, Bronze- und Jungsteinzeit jeweils ein Dorf oder Gehöft mit Haupt- und Nebengebäuden, einer Einpfählung und ein paar Wachtürmen an den Ecken. Genauso können Sie Häuser für Strafrecht, Bürgerliches und Öffentliches Recht in einer erdachten Stadt errichten oder (Wissens-)Inseln für Mathe, Physik und Chemie im Kopf schwimmen lassen.

> **Tipp: Denkbauten mit Baustil(en) errichten**
> Ein gutes Spielfeld für geistige Bau-Jungunternehmer sind Baustile. Romantik, Gotik, Renaissance, Barock und Klassizismus sind geprägt von Stilelementen, die Sie im Kopf übereinanderstapeln und ineinanderschieben. Was in der wirklichen Welt die Gesichter von Architekten grün färben würde, ist im Kopf folgenfrei denkbar. Werden Sie zum Bauherrn eines Stilblütenpalastes! Eine Liste mit allen Baustilen finden Sie bei Wikipedia unter folgendem Link: http://de.wikipedia.org/wiki/Geschichte_der_Architektur.

Wenn Ihnen die Arbeit an einer reinen Fantasiewelt zu aufwändig ist, dann bleiben Sie dort, wo Sie sich am besten auskennen. Denn auch die Wirklichkeit kann gedacht immer etwas größer sein: Wenn Sie Platz für neues Wissen brauchen, können Sie ja den einen oder anderen gedachten Raum anbauen.

Randerscheinungen: Was noch alles geht ...

Merktechniken haben nur solange Grenzen, bis Sie die Lösung für ein Merk-Problem gefunden haben. Bisher ist jede Denknuss geknackt worden. Gerade die besonders verrückten und schwierigen Dinge haben einen besonderen Reiz, weil nicht das Lernen im Vordergrund steht, sondern die Suche nach der richtigen Technik.

Auf den ersten Blick wirken manche Dinge unmerklich: abstrakte Kunst, Schriftzeichen, Symbole – all das kann auch mit den passenden Merktechniken behalten werden. Das Gleiche gilt auch für Dinge, bei denen wir eigentlich sprachlos sind (wie bei Gesichtern). Zum Beispiel tragen Farben fantasievolle Namen, aber wie lassen sich ein Grünbeige, Beige und Sandgelb unterscheiden, wiedererkennen und benennen?

Das RAL-Farbsystem ist die bekannteste Liste von Farben in Deutschland. RAL Classic enthält 213 Farbtöne, Nummern und Bezeichnungen. Die Liste finden Sie bei Wikipedia unter http://de.wikipedia.org/wiki/RAL-Farbsystem – inklusive der Einsatzzwecke, zum Beispiel RAL 6002 „Laubgrün", bekannt von Notausgängen (DIN 4844) und Verbandskästen. Versuchen Sie sich daran! Oder für die ganz Eifrigen: 1200 Farben mit so aufregenden Namen wie „Pommes frites", „Fasan" und „Jägerhut" – zu finden im Internet unter http://www.beckfischer.at/Farben/1200er_Karte_ganz.htm. Das schreit geradezu nach: Merk mich! Aber bitte mit der richtigen Technik …

Eine Herausforderung für Auge und Kopf sind schottische Familienmuster (Tartans). Eine für den Merktechniker eher bescheidene Auswahl von 52 Schottenkaros (Das passt perfekt auf eine doppelte ABC-Route.) finden Sie bei Wikipedia unter http://de.wikipedia.org/wiki/Liste_schottischer_Tartans; und die ausführliche Version für die Profis unter http://www.destination-scotland.com/tartans/(Englisch). Auch hier gilt wieder: Mit der richtigen Technik ist das alles andere als schwer. Mehr wird aber nicht verraten!

Machen Sie sich auf die Suche nach Merktechniken, mit denen Sie sich gehirnungerechte Informationen meisterlich merken. Jedes Problem lässt sich lösen, wenn Sie nur lange genug darüber nachdenken!

Spezialfälle,
Spiele und Übungen

Hier ein paar harte Kopfnüsse, Möglichkeiten zum Ausbau der Merktechniken und Anwendungen, die gar nichts mit Lernen zu tun haben – eine Art Magie! Zum Schluss im Abschnitt „Kopf-Fitness" ein paar Tipps, um das Gehirn zu entspannen und auf andere Gedanken zu bringen.

Ass im Kopf statt Trumpf im Ärmel – Spielkarten merken

Immer wieder gut für Wetten ist das Einprägen der Reihenfolge von Spielkarten. Sie können damit in der Bar hervorragend Getränkerechnungen vermeiden (und ein paar Freunde verlieren, die Sie als Eierkopf abstempeln und die Zeche zahlen müssen).

Das Merkprinzip ist denkbar einfach: Sie brauchen eine Route mit 52 Punkten (zum Beispiel eine doppelte ABC-Route) und ein Übersetzungssystem für die Karten. Holen Sie ein Pokerkarten-Set aus der Spielekiste und analysieren Sie die Bilder auf den Karten.

Spielkarten sind eine gute Übung, ein Übersetzungssystem auszuknobeln. Denn Spielkarten bestehen aus zwei unterschiedlichen Sorten von Fakten: Zahlen und Figuren (auch Hofkarten, von „Hofstaat", genannt). Außerdem gibt es jede Reihe viermal (Herz, Kreuz, Karo und Pik). Sie benötigen also drei unterschiedliche Ansätze, um die Werte der Karten in Bilder zu verdenken: Für die Farbe (beziehungsweise das Kartenzeichen), für die Werte (von 2 bis 10 plus Ass) und für die Bilder (Bube, Dame und König). Finden Sie ein solides System, um die Karten in Bilder zu verwandeln!

Zuerst die Analyse: Bei der Suche nach dem Ursprung der heutigen Form der Spielkarten können Sie ein paar Tipps zum Verbildern aufdecken. Das Kreuz stellt ein Kleeblatt dar. (Da bietet sich die Kategorie „Natur" an.) Pik symbolisiert eine Hellebarde oder Pike (mittelalterliche Stechwaffen an Stielen), womit die Farbe als „Waffen" oder „Werkzeuge" übersetzt wird. Karo ist im Englischen „diamond" (Diamant) oder wird als Eckstein bezeichnet (in der Schweiz heute noch „Egge"). Angeblich geht das Zeichen auf das Symbol Karls des Großen zurück. Aus der Mischung von Diamant, König und Kaiser lässt sich die Kategorie „Luxus" oder „Königshof" eröffnen. Und Herz funktioniert einfach mit der Kategorie „Menschen".

Übersetzung der Farben von Spielkarten in Themen

Farbe	Thema
Herz	Mensch
Kreuz	Natur
Pik	Werkzeuge
Karo	Luxus

Auch für die Hofkarten lassen sich Erklärungen finden. Hier die Liste, welche historischen Persönlichkeiten sich hinter Buben, Damen und Königen verbergen:

- Kreuz-König: Alexander der Große
- Kreuz-Dame: Argine, ein Anagramm von Regina (lat. „Königin")
- Kreuz-Bube: Lancelot, ein Ritter der Tafelrunde (Wissen Sie noch, was er in Ihrem Auto tut?)
- Herz-König: Karl der Große
- Herz-Dame: Judit (als Symbol der Frömmigkeit)
- Herz-Bube: La Hire, ein Soldat an der Seite von Jeanne d'Arc
- Pik-König: David
- Pik-Dame: Pallas Athene (griechische Göttin der Weisheit)

- Pik-Bube: Holger Danske (dänischer Sagenheld an der Seite Karls des Großen)
- Karo-König: Julius Caesar
- Karo-Dame: Rachel (als Symbol der Schönheit)
- Karo-Bube: Hektor (ein Heerführer in der Schlacht um Troja)

Diese Liste müssten Sie allerdings lernen, was zwar aufwändig ist, aber Sie könnten beim nächsten Poker- oder Skatspiel mit historischem Hintergrundwissen glänzen. Wenn Sie keine Geschichtsprofessoren als Freunde haben, bleiben Sie bei den Themenbereichen von oben und vergeben Sie passende Bilder: König der Menschen? König des Luxus? Dame der Werkzeuge? Vielleicht die nette Beraterin aus dem orangefarbenen Baumarkt! Suchen Sie sich gute Bilder für alle Karten.

Mit den Zahlen können Sie genauso verfahren, wie bei der Zahlen-Symbol-Route. Woran erinnert Sie eine 3 in Kombination mit der Kategorie Mensch? Ein geschwungener Schnurrbart? Pik-Ass als Werkzeug? Ähnelt einem Zirkel oder Geodreieck, oder?

Wenn Sie für alle Karten Bilder gefunden haben, gehen Sie diese im Kopf durch und prüfen Sie, welche Bilder nicht hängen geblieben sind. Verbildern Sie diese noch einmal gründlicher. Danach wird gemischt und Sie können eine Route Ihrer Wahl belegen.

Tipp: Die beste Hirn-Hantel überhaupt!

Das Pokerset mit 52 Karten ist ein perfektes Trainingsgerät. Es ist überall zu bekommen, außerdem taschenfreundlich, und die Menge der Informationen ist gut geeignet, um sie sich zwischendurch in ein paar Minuten zu merken und sich wieder daran zu erinnern. Stecken Sie sich ein Spiel in die Tasche und üben Sie damit regelmäßig. Das wird Ihre grauen Zellen aktivieren und den Kopf zusätzlich an den Umgang mit Routen gewöhnen.

Selbst als Kartenanfänger sollten Sie nicht viel mehr als zehn Minuten zum Sich-Merken von 52 Karten benötigen. Nach ein paar Versuchen werden Sie sehen, wie sich Ihre Geschwindigkeit steigert. Mit ein wenig Training können Sie sich die Karten bald in vier Minuten oder sogar schneller einprägen. Wenn Sie das Tempo des Rekordhalters Ben Pridmore erreichen wollen (weniger als eine halbe Minute), müssen Sie ein System entwickeln, mit dem sich Kombinationen aus mehreren Spielkarten in einem Bild zusammenfassen lassen. Sie sollten mit einem Blick aus zwei, drei oder vier Karten ein Bild machen und blitzschnell auf einem Routenpunkt ablegen können. Aber gleich vorweg: Solche Verfahren sind aufwändig auszuknobeln und eigentlich nur für den sportlichen Einsatz geeignet. Auch um das Gehirn anspruchsvoll zu beschäftigen (zu aktivieren), ist das Entwickeln eines solchen Verfahrens eine tolle Denksportaufgabe.

Memory®-Meister: Gedächtnisspiele gewinnen – Projektortechnik

Eltern zweifeln häufig an ihren geistigen Fähigkeiten: Kinder gewinnen mühelos gegen die Erwachsenen das bekannte „Zwillingsspiel": Karten mit Bildern (jeweils zwei Karten mit gleichen Abbildungen) werden umgedreht auf dem Tisch verteilt. Jeder Spieler darf pro Zug zwei Karten umdrehen. Zeigen die Karten das gleiche Symbol, darf der Spieler die Karten behalten. Am Ende hat der Spieler mit den meisten Kartenpaaren gewonnen. Solange die Karten im Raster oder in einer Reihenfolge auf dem Tisch liegen, fällt das Sich-Merken leicht. (Schauen Sie sich die Übung im Abschnitt „Wie gehts weiter?" auf Seite 158 an.) Eine ganz andere Art der Herausforderung sind ungeordnet auf dem Tisch verteilte Karten. Wie kann dieses Problem gemerk-meistert werden? Damit Eltern wieder gegen ihre Kinder gewinnen – jedenfalls ab und zu.

Schauen Sie sich die Abbildung auf Seite 227 an und suchen Sie eine Merktechnik, um sich die Position der Bildpaare zu merken.

Haben Sie eine Lösung gefunden, um die Orientierung zu behalten? Lösungsvorschlag: Zum Einprägen wird wieder ein geistiges Regal

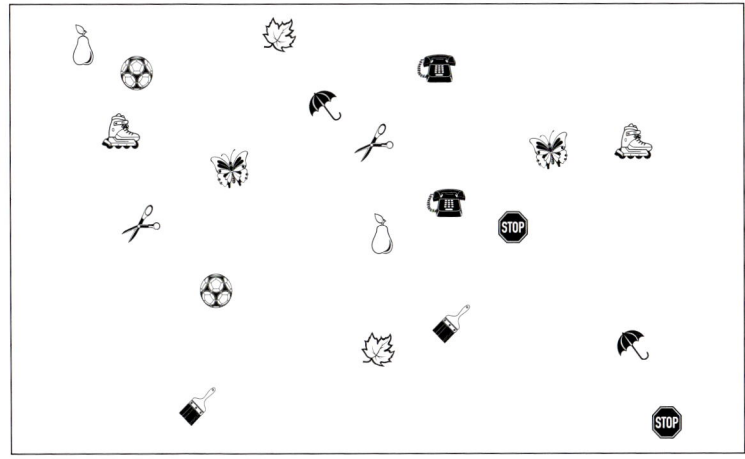

benutzt (wie bei Routen und Römischen Räumen), in das Sie die Bilder einordnen. Das hier benutzte Verfahren nennt sich Projektortechnik: Profispieler benutzen beispielsweise eine Weltkarte als Trägersystem – (Auch für das Zwillingsspiel gibt es Weltmeisterschaften.). Stellen Sie sich vor, die Karten liegen auf einer Landkarte verteilt. Dann können Sie die Karten den Ländern zuordnen, an deren Stelle sie liegen, und jede Karte mit einem typischen Merkmal des Landes zu einer Szene verbinden.

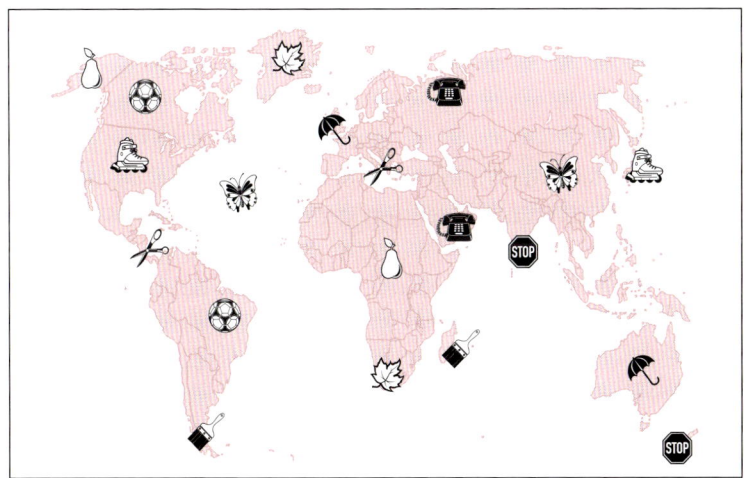

Lösungsvorschlag der Weltkarte: In Alaska werden Eis-Birnen gezüchtet, die in Zentralafrika als Birneneis am Stiel gegessen werden. In Kanada spielen die Bären gerne Fußball – genau wie die Kinder in Brasilien. Der Panama-Kanal zerschneidet (Schere) Amerika, und die Italiener teilen ihre Spaghetti mit der Schere. Feuerland wird mit einem Leimpinsel an Südamerika geklebt, während in Madagaskar gerade das Schiff aus dem Lied frisch gestrichen wird. Im Zentralatlantik ist eine Unterwasser-Schmetterlings-Seuche ausgebrochen. Die Chinesen lassen statt Drachen neuerdings Schmetterlinge an Schnüren steigen. In Indien staut sich der Verkehr an einer Kreuzung wegen eines Stoppschilds, während in Neuseeland sogar die Schafe an so einem Schild anhalten müssen. In England hat jeder wegen des schlechten Wetters einen Regenschirm dabei. Die Australier benutzen Schirme nur gegen die Sonne. In Grönland fallen die Blätter wegen der Kälte von den Bäumen, während in Südafrika die Tiere die Blätter von den Bäumen zupfen. Araber und Russen telefonieren über Ihr Lieblingsthema: Öl. Und schließlich fahren Amerikaner und Japaner auf Inlineskates um die Wette.

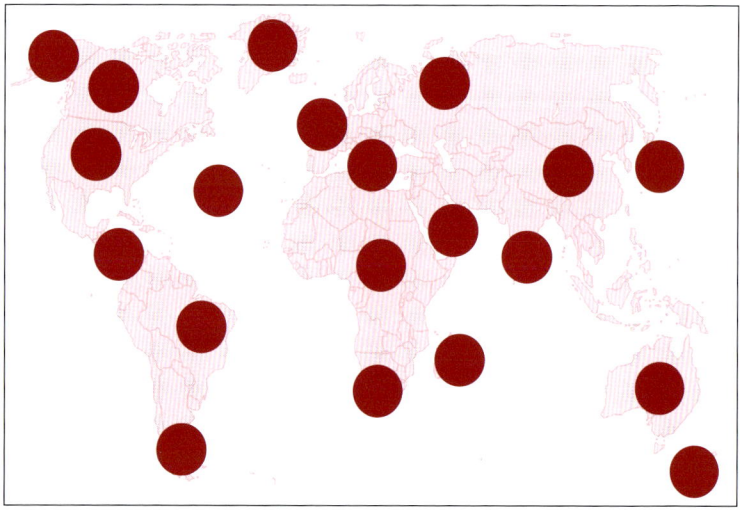

Auf der Karte auf Seite 228 können Sie überprüfen, ob Sie mithilfe der gedachten Karte alle zehn Bildpaare fehlerfrei wiederfinden.

Diese Methode funktioniert auch für Bücherregale und Werkzeugwände. Wie ein Diaprojektor blenden Sie eine Karte über das Regal und verbinden ein Buch, das Sie wiederfinden wollen, mit der entsprechenden Region auf der Karte. Oder Sie stellen neue Bücher gleich in das passende Land. Das *Dschungelbuch* steht in Indien und der Roman *Illuminati* von Dan Brown in Italien (Rom, wenn Sie ein größeres Regal besitzen). Gleichzeitig verbessern Sie damit Ihr geografisches Detailwissen. In der Werkstatt kommt der kleine Schraubenzieher oben rechts nach Japan, wo damit die vielen Mini-Computer zusammengebaut werden. Sie müssen nicht immer Landkarten zum Sich-Merken benutzen: Einen Schrank mit vielen Schubladen können Sie sich als Plan Ihrer Küche denken. Die Schlüssel liegen dort, wo der Herd steht (glühende Schlüssel). Handschuhe und Schals finden Sie in der Nähe des Kühlschranks wieder.

Erinnern Sie sich an die zwanzig Regionen Italiens aus der ersten Aufgabe? Auf Seite 25 haben Sie die Liste der Namen gelernt. Mit dieser Technik können Sie sich auch die Lage der Regionen einprägen. Sie brauchen nur ein vertrautes Bild darüberlegen, zum Beispiel Ihren Körper: Sie liegen unter der italienischen Sonne auf einer Karte von Italien. Dabei haben Sie eine Kerbe (ein Tal) am Kopf, und zwar auf der Anti-Ost-Seite (also im Westen = links). Damit haben Sie das Aostatal bereits an der richtigen Position am und im Kopf. Und die Mischung macht es richtig einfach: Sie stecken sich eine Pastete (englisch „pie") in den Mund. (Piemont liegt direkt darunter wie im Gesicht der Mund unterhalb der Stirn liegt.)

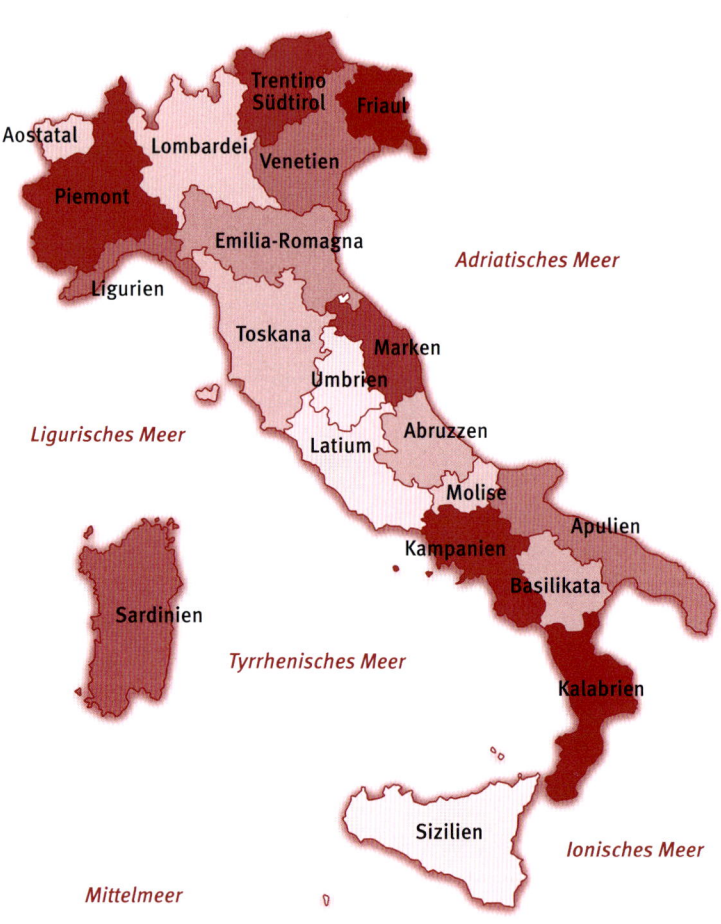

Organisierend denken – Kalender

Termine jeden Tag! Wir wollen wissen, wann und wo wir wie waren! Und wohin wir als Nächstes wollen, sollen oder müssen. Ohne Kalender geht gar nichts und geht niemand nirgendwo hin!

Die Woche und nichts als die Woche

In einem denkbaren Wochenkalender kann jeder Tag verbildert werden: Montag ist die Mondstation, Dienstag das Dienstzimmer im Rathaus usw. Ihre Termine legen Sie in diese Kulissen hinein. In der Tabelle unten sehen sie so einen Wochen-Bild-Kalender mit Vorschlägen für die Römischen Räume, Merkhilfen und ein paar Terminen zum Mitmerken:

Der einfache Wochenkalender

Montag	Dienstag	Mittwoch	Donnerstag	Freitag
Mondstation	Dienstzimmer im **Rathaus**	Reise zum **Mittelpunkt der Erde**	Blitz und Donner: Im Sturm auf hoher See auf einem **Seelenverkäufer**	Freizeit: Urlaub auf einer **karibischen Insel**
15 Uhr: Tennis	16 Uhr: Arzt 21 Uhr: Tante Frieda anrufen	10 Uhr: Bank anrufen	12 Uhr: Mittagessen mit dem Chef	18 Uhr: Tanzkurs (1. Termin)

Die Assoziationen zu den Wochentagen (Mondstation ist Montag) helfen beim Erinnern. Für die Uhrzeit benutzen Sie das Major-System: In einem tiefen „Tal" (15:00 Uhr) auf dem Mond spielen Sie Tennis. Im Festsaal des Rathauses liegen Sie auf einem Tisch (16:00 Uhr), während der Arzt Sie untersucht. Konstruieren Sie für die restlichen Termine passende Bilder. Oder Sie merken sich gleich Ihre eigenen Termine für diese Woche.

Wenn Sie weiter im Voraus planen wollen, konstruieren Sie eine Woche in ein übergeordnetes Thema mit passenden Unter-Räumen: Die erste Woche ist denkbar im Mittelalter mit der Wiese voller Mohnblumen vor der Burg am Montag, der Wachstube oben im Torhaus (Dienst der Soldaten) am Dienstag usw. Motto der zweiten Woche könnte der Weltraum sein, mit dem Mondfeld am Montag, der Kommandozentrale (Dienstraum der Piloten) am Dienstag usw. Wenn eine Woche vergangen ist, fügen Sie ein neues Wochenmotto hinten an.

Tipp: Halbes Reh auf halbem Tisch

Wenn Sie Uhrzeiten abspeichern wollen, die nicht zur vollen Stunde stattfinden, können Sie die Bilder nach der gesprochenen Uhrzeit anlegen: Um halb vier zum Arzt? Dann stellen Sie sich vor, wie Sie versuchen, auf einem durchgesägten Tisch (halb 16) zu liegen, und der Doktor Sie nicht untersuchen kann, weil Sie herunterrutschen. Oder Sie bringen ein halbes Reh (halb 4) zum Arzt und fragen, ob da noch etwas zu retten ist? 15:30 Uhr zu verbildern ist zu aufwändig: Ein „Tal" voller „Moos" durch das Sie zum Arzt schreiten – auch denkbar, aber viel Bild für wenig Uhrzeit.

Der ewige Kopfkalender

„Ich würde gerne morgens aufstehen und wissen, wer heute Geburtstag hat und was sonst an diesem Tag passiert", wünschte sich der Teilnehmer eines Gedächtnistrainings. „Schau einfach auf den Kalender", war die Antwort eines anderen Teilnehmers. Fünfzehn Minuten später hatte der erste Teilnehmer das Konzept für einen Jahreskalender im Kopf und der andere Teilnehmer hatte seine Meinung über Merktechniken grundsätzlich geändert.

Lösungen für Kalender gibt es viele, aber wenige davon sind praktisch anwendbar. (Auch der Wochenkalender auf Seite 231 ist nicht geeignet für Geburtstage und längere Vorausplanung.) Der Grund, warum es so schwer ist, einen Kalender im Kopf zu konstruieren, ist der Aufbau des Gregorianischen Kalenders, den wir heute benutzen. Zwölf Monate mit 28 bis 31 Tagen und das Jahr für Jahr. Wie lässt sich das in eine gehirngerechte Struktur bringen? Oft wird empfohlen, für jedes Jahrhundert eine Themenwelt zu eröffnen (Mittelalter). Darin gibt es Szenen (Kerker, Lichtung, Ritterturnier) für jedes Jahrzehnt, das wiederum in

Jahre eingeteilt wird (Fenstergitter, Butterblumen und Lanze). Das ist vorstellbar, aber nicht praktisch, weil Sie zuerst einen Gedächtnispalast mit allem Drum und Dran erschaffen müssen, bevor Sie sich das erste Datum merken können. Und es ist viel Aufwand, sich zum richtigen Jahr durchzudenken. Das wird schnell mühsame Kopfarbeit!

Ein praktisches Verfahren, das für Geburtstage, historische Daten und den eigenen Terminkalender gleichzeitig funktioniert, baut auf dem Major-System auf. Vielleicht haben Sie die Major-Route noch nicht voll verbaut und sind auf der Suche nach einer geeigneten Information dafür? Der Kopfkalender ist wie dafür gemacht! Und wenn die Route schon belegt ist, belegen Sie sie einfach doppelt! Sie müssen das Major-System nur auf 366 Punkte erweitern. Aber halt: Nicht gleich loslernen! Das können Sie sich zunächst sparen.

Das Jahr besteht beim Kopfkalender nicht mehr aus Monaten und Tagen, sondern nur noch aus Tagen, durchnummeriert von 1 bis 366. (Wenn kein Schaltjahr ist, wird der 29. Februar übersprungen.) Und in diesem Jahreskalender werden die Ereignisse nach Jahren einsortiert, in denen sie stattgefunden haben – ebenfalls mithilfe des Major-Systems.

Zum Mitdenken hier die komplette Konstruktion Schritt für Schritt: Wir verlassen das System von Tagen und Monaten natürlich nicht vollständig. (Sonst gibt's Kommunikationsprobleme, wenn Sie mit anderen Termine vereinbaren wollen.) Ihre Bilder für jeden Tag sind die Major-Begriffe von 1 = „Tee" für den 1. Januar bis 366 = „Macho-Schuhe" (aus blauem Wildleder nach dem Rock'n'Roll-Hit „*Blue Suede Shoes*") für den 31. Dezember. Wie oben bereits geschrieben: Sie brauchen nur Major-Begriffe für die Tage, auf denen Sie tatsächlich Informationen ablegen.

Für den 1. Januar bis 31. Januar ist leicht denkbar, um welche Jahrestage es sich handelt. Darüber hinaus brauchen Sie nur zehn Stützstellen und ein wenig Kopfrechnen, um jedes Datum in den entsprechenden Jahrestag zu verwandeln – und umgekehrt. Sie merken sich lediglich die Anzahl der Tage, die am Ende eines Monats vergangen sind, und addieren das Tagesdatum dazu. In der Tabelle unten sehen Sie die Stützstellen. Ergänzen Sie selbst die fehlenden Merkhilfen.

Stützstellen des Kopfkalenders

Datum	Tageszahl/ Major-Begriff	Merkhilfe
31. Januar	31 (Made)	Eine Made, die in einem Eiswürfel eingefroren ist.
29. Februar	60 (Schuss)	Der Startschuss in die Schi-Saison.
31. März	91 (Boot)	„Im Märzen der Bauer die Rösslein anspannt." Und dahinter ein Boot.
30. April	121 (TNT)	Aprilgewitter, so laut wie Explosionen von TNT (Sprengstoff).
31. Mai	152 (Dylan)	Bob Dylan singt: „Alles neu macht der Mai."
30. Juni	182 (Taufen)	
31. Juli	213 (Anatomie)	
31. August	244 (Honorar)	
30. September	274 (Anker)	
31. Oktober	305 (Meißel)	
30. November	335 (Mumiel)	Im November werden die Mumien mit „Mumiel" gewaschen. Das macht genauso weiß wie *Ariel*!

Wenn Sie jetzt wissen wollen, welcher Tag ein bestimmtes Datum ist, dann addieren Sie das Tagesdatum im Monat mit der Anzahl der Tage, die bis zum Ende des Vormonats vergangen sind. Der 2. Februar ist Tag 33 (31 Tage bis Ende Januar plus 2 Tage im Februar). Der 27. Oktober ist Tag 301 (274 Tage bis Ende September plus 27 Tage im Oktober). Umgekehrt ist es nicht schwerer: Tag 301 liegt hinter dem 30. September, also im Oktober. Ziehen Sie die 274 von der 301 ab. So kommen Sie zurück auf den 27. Oktober.

Wenn Sie sich die Einweihung der Grand Central Station in New York am 2. Februar 1913 merken wollen, brauchen Sie nur zwei Zahlen in Major-Begriffe zu verwandeln: Tag 33 und das Jahr (19)13. Auf das Jahrhundert können Sie verzichten, weil 1813 für die Central Station ein zu frühes Datum ist. Wenn Sie doch auf Nummer sicher gehen wollen, bauen Sie die komplette Jahreszahl ein. Ein Großteil des Bahnhofs liegt tief unter der Erde. Beim Bau wurde in einem Stollen eine „Mumie" (Tag 33) gefunden, die von den Arbeitern scherzhaft „Tom" (13) genannt wurde. In Kurzform denken Sie an die Grand Central Station, in der eine „Mumie" (Tag der Eröffnung) mit Namen „Tom" (Jahr der Eröffnung) eine Fahrkarte kauft. Bleiben Sie immer bei der Abfolge von Tag und Jahr und konstruieren Sie Bilder, die eine zuverlässige Reihenfolge enthalten, damit Sie nicht durcheinanderkommen. Am 27. Oktober, wieder in New York, allerdings ein paar Jahre früher, nämlich 1904, wurde die erste Strecke der U-Bahn in Betrieb genommen. Tageszahl dieses Datums ist 301, was mit dem Major-System übersetzt, das Wort „Mast" ergibt. 1904 in der Kurzversion ist „Zorro" mit einer „Tube" (Zahnpasta) in der Hand. Sie stellen sich einfach vor, wie der schwarze Held sich an einem Mast festhält, der an der New Yorker U-Bahn befestigt ist und sich hinter dem Zug herziehen lässt (seine Art, die neu eröffnete Strecke zu besichtigen). Hier spielt die Reihenfolge der Begriffe keine Rolle, weil die Zahlen 04, 19 und 301 eindeutig sind und nicht verwechselt werden können.

Bauen Sie zur Übung folgende historische Ereignisse in das Format des ewigen Kopfkalenders um:

- **14. März 1879:** Albert Einstein wird in Ulm geboren.
- **7. September 1998:** Die amerikanische Suchmaschine *Google* startete mit einer ersten Testseite im Internet.
- **23. Oktober 4004 v. Chr.:** Erschaffung der Erde (laut der „Weltgeschichte" von James Usher, einem Theologen des 17. Jahrhunderts).
- **11. November 1920:** James Bond wird in Wattenscheid im Ruhrgebiet geboren (laut Bond-Biografie von John Pearson).

■ **17. Dezember 1989:** Die Zeichentrickserie *The Simpsons* wird zum ersten Mal in den USA ausgestrahlt. Sie ist mit über 400 Folgen die am längsten laufende US-Zeichentrickserie.

Tipp: Termine verteilen
Abwechslung erwünscht: Packen Sie jetzt nicht alle Termine in das eine Kalendersystem. Erinnern Sie sich an die „Tee-Ölsardine"? Sie können Daten nach wie vor auch in anderer Form und an anderer Stelle in Ihrem Gedächtnis ablegen. Nämlich dort, wo das Datum hingehört: als Bild an das jeweilige Ereignis – und nicht unbedingt in einer zweiten Gedächtniswelt getrennt davon.

Für die Wochenplanung ist der Kopfkalender nützlich, weil Sie langfristige Termine abspeichern können. Am 14. Oktober um 16:00 Uhr zum Arzt? „Anpfiff" ist der Major-Begriff für Tag 288. Ihr Doktor trillert auf einer Pfeife („Anpfiff") und Sie springen im Behandlungszimmer auf den „Tisch" (16:00 Uhr). Gleichzeitig können Sie sich vorstellen, wie Ihr „Rock" von dem „Anpfiff" ganz heftig flattert, weil gleichzeitig über Ihnen ein Flugzeug mit Schallgeschwindigkeit hinwegsaust. Sollten Sie ein Mann sein, stellen Sie sich vor, dass Sie einen Schottenrock tragen oder dass Sie das Flattern eines anderen Rocks beobachten – Hauptsache „Rock", denn am 14. Oktober 1947 (47 = „Rock") durchbrach das erste Flugzeug die Schallmauer. Doppelt merkt sichs besser!

Tipp: Ereignisse für jeden Tag
Sie können alle Major-Begriffe bis 366 mit historischen Ereignissen für jeden Tag verknüpfen, um die Major-Begriffe abzusichern. Es gibt Nachschlagewerke, in denen zu jedem Tag merkenswerte Ereignisse aufgelistet sind. Auch bei Wikipedia gibt es Fakten für jeden Tag (los gehts hier: http://de.wikipedia.org/wiki/1._Januar). Starten Sie mit der Gründung Australiens am 1. Januar 1901 (die erste Hauptstadt war übrigens Melbourne und nicht Canberra).

Merk-Magie – Zahlenlücke

Der Saal liegt im Dunkeln. Das Publikum starrt schweigend auf die hell erleuchtete Bühne. In der Mitte steht ein Zauberer mit verbundenen Augen. Neben ihm ein Zuschauer mit einer Tafel, auf der die Zahlen 1 bis 100 stehen. Der Zauberer bittet den Zuschauer zuerst, fünf Zahlen einzukreisen. Danach nennt der Zuschauer dem Zauberer die restlichen 95 Zahlen in zufälliger Reihenfolge. Immer wenn er eine Zahl genannt hat, streicht er diese durch. Am Ende konzentriert sich der Zauberer und nennt nach ein paar Sekunden die Zahlen, die der Zuschauer eingekreist hat. Magie? Sie werden es ahnen: Dieses Kunststück ist mit Merktechniken kein Kunststück. Versuchen Sie es selbst! Welche Zahlen von 1 bis 100 fehlen in der Tabelle unten? Versuchen Sie, selbst eine Lösung für diesen Trick zu finden.

Welche Zahlen fehlen? 95 von 100 Zahlen

24	64	32	12	46	41	7	36	72	27
84	2	92	82	19	88	55	79	14	96
10	71	23	53	89	35	49	3	58	73
63	51	83	6	31	66	90	42	97	80
91	17	61	38	87	1	67	28	25	15
40	76	78	47	59	50	13	98	44	57
33	62	9	70	20	93	37	4	99	45
52	5	65	11	81	29	68	100	16	26
85	34	60	43	69	8	74	56	95	94
77	48	18	22	30	?	?	?	?	?

Ohne Merktechniken sind die fehlenden Zahlen nicht leicht zu finden. Sie müssten sich Zahl für Zahl durch das Raster suchen. Und wenn Ihnen die Zahlen zugerufen werden, dann scheint das tatsächlich unmöglich zu sein.

Für die magische (merktechnische) Lösung benötigen Sie die Major-Begriffe von eins bis hundert und das zerstörerische Merken. Beim Zuhören verbildern Sie die genannte Zahl und zerstören diese so lebhaft und lustig wie möglich. Anschließend schalten Sie auf Expressmodus und gehen im Kopf alle Major-Begriffe der Reihe nach durch. Alles, was heile dasteht, wurde nicht genannt! So einfach ist das! Sie sollten nur nicht stundenlang dasitzen und grübeln, während Sie sich durch die 100er-Reihe denken. Ein wenig Tempo muss sein, sonst ist der zauberhafte Effekt weg.

Wenn Sie gerade niemanden in der Nähe haben, der Ihnen Zahlen diktiert, gehen Sie die Tabelle oben der Reihe nach durch. Finden Sie selbst heraus, welche fünf Zahlen fehlen, denn die Auflösung dazu steht nicht in diesem Buch.

Kopf-Fitness

Birne voll, ausgebrannt, durchgebrannt oder glühend heiß? Hier ein paar Techniken, mit denen Sie den Kopf wieder wach bekommen, wenn Sie das Gefühl haben, dass nichts mehr (rein-)geht.

Aktivieren: Machen Sie die Birne fit zum Lernen mit der liegenden acht (fachlich korrekt „Lemniskate" genannt). Schauen Sie ins Leere und bewegen Sie die Augen ein paar Sekunden entlang der Linie einer auf die Seite gedrehten 8. Das aktiviert das Gehirn und bringt die Gehirnhälften in Schwung. Nur nicht übertreiben, sonst kippen Sie vom Stuhl, noch bevor Sie eine Vokabel gelernt haben. Oder nutzen Sie den Sekretärinnen-Effekt: Machen Sie koordinierte Bewegungen mit den Fingern. Es ist nachgewiesen, dass Tippen auf der Schreibmaschine schlau macht. Sie können auch eine Münze über oder einen Stift zwischen den Fingern drehen. Berühmt ist dieses Fingerspiel im James-Bond-Film *GoldenEye* geworden, als der Bösewicht Boris Grishenko (gespielt von Alan Cumming) mit dem explosiven Stift von 007 herumspielt.

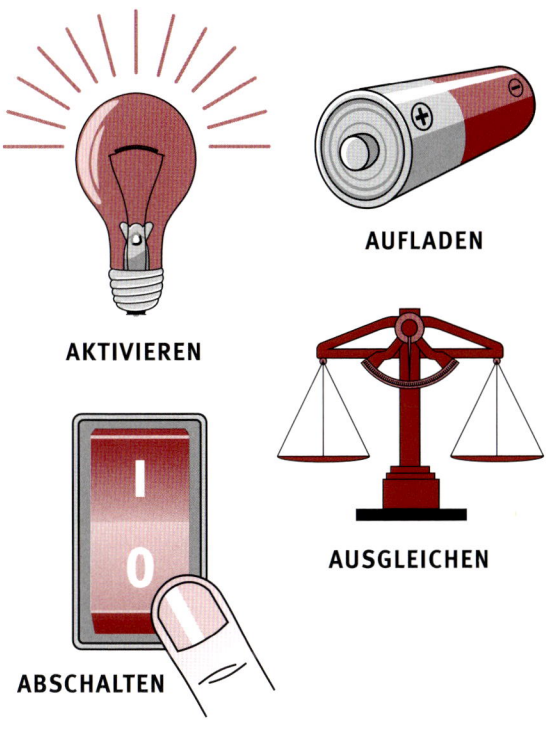

AKTIVIEREN

AUFLADEN

AUSGLEICHEN

ABSCHALTEN

Aufladen: Kugeln drehen macht wach und bringt die geistigen Kräfte zurück in den Kopf! Im alten China wurden noch Nüsse und Kastanien benutzt, um Yin und Yang ins Gleichgewicht zu bringen. Heute sind Qigong-Kugeln in jedem Asienladen erhältlich. Wenn Sie sich ausgelaugt und müde fühlen: Lassen Sie Kugeln über die Handflächen kreisen. Das regt die Nervenpunkte auf den Handflächen an, bringt die Blutzirkulation in Schwung und ist zwischendurch im Büro besser machbar als Yogaübungen auf dem Schreibtisch.

Ausgleichen: Wer viel mit der linken Gehirnhälfte arbeitet (die übliche Büro-Logik), der sollte in den Pausen mit rechts ausgleichen, statt sich flach auf den Rücken fallen zu lassen. Schalten Sie ab, indem Sie Dinge tun, die die rechte Gehirnhälfte fordern. Das macht obendrein kreativ! Eine gute Übung ist Jonglieren. In einer Stunde erlernbar und perfekt für die Pause: Drei Kugeln eine halbe Stunde durch die Luft wirbeln und Sie fühlen sich wie nach einem Wellness-Urlaub! Ein Tipp, bevor Sie teure Silikonbälle im Fachgeschäft kaufen: Tennisbälle aufschneiden (Ein Schlitz von drei Zentimeter Länge genügt.), Reis einfüllen und wieder zukleben. Das Ergebnis sind Bälle mit Idealgewicht (schwer genug, um Vasen zu zertrümmern).

Abschalten: Einfach mal an nichts denken – das große Ziel der Zen-Meditation! Aber Sie müssen nicht jahrelang im Schneidersitz ausharren, um den Kopf auf einen anderen Planeten zu schicken. Mithilfe der Manager-Meditation können Sie sich jederzeit und überall für ein paar Minuten ganz weit weg blenden, an fast nichts denken und dem Gehirn eine wertvolle Portion Ruhe gönnen.

Die Idee zur Manager-Meditation stammt aus der Malerei. Wenn Maler konzentriert auf die Leinwand pinseln, arbeiten sie fast ausschließlich mit der rechten Gehirnhälfte, und links kann sich entspannen (gut beschrieben in dem Buch *Garantiert zeichnen lernen*). Die Rechts-Effekte nach Betty Edwards: „Geringer Bezug zu sprachlichem Ausdruck … Wahrnehmungen werden zu einem Ganzen zusammengefügt … Ohne Zeitgefühl …"

Malen Sie, wenn Sie abschalten wollen – auch wenn Sie nicht malen können! Nehmen Sie sich ein Blatt Papier und einen Stift, setzen Sie in der Mitte an und hören Sie nicht auf, bis Sie das ganze Blatt vollbemalt haben. Sie müssen keinen Picasso hinlegen. Malen Sie Linien, Striche, Schlangenlinien – egal, aber füllen Sie das Papier mit einem gleichmäßigen, eintönigen, äußerst einfachen Muster. Wider Erwarten wird das Gehirn dabei nicht unruhig. Tief versunken können Sie eine halbe Stunde pinseln, ohne dass die linke Gehirnhälfte dazwischenfunkt (weil beim Zeichnen die rechte Hälfte die Kontrolle hat und das Zeitgefühl verdrängt). In der Abbildung sehen Sie ein Beispiel, wie eine halbe Stunde Manager-Meditation aussehen kann.

Das Blatt sollte nicht zu klein sein. Auf einer Haftnotiz können Sie den Kopf nicht abstellen. Wenn Ihre künstlerischen Ergüsse die Größe der Handinnenfläche erreicht haben, beginnt das Hirn abzutauchen. DIN

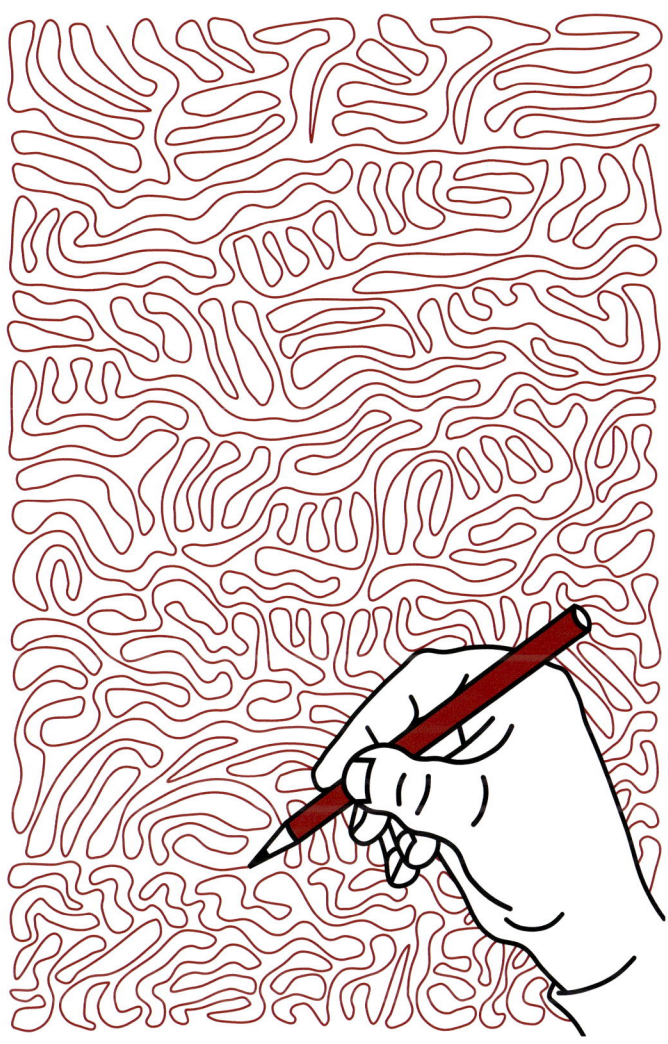

A5 ist der Espresso der Meditation und DIN A4 die große Tasse original italienischer Milchkaffee.

Gönnen Sie Ihrem Schädel ab und zu eine sinnvolle Pause! Und vielleicht entdecken Sie beim Zeichnen ja ein unentdecktes künstlerisches Talent, das in Ihrem Kopf schlummert!

Tanz auf der Eisbergspitze – Schluss, Ende und aus

Angekommen im Anders-Denken! Sie haben das Ende dieses Buchs erreicht. Aber auch wenn es an dieser Stelle nicht mehr weitergeht, geht es ab jetzt woanders weiter: in Ihrem Kopf! Die Tore zu unendlich viel Wissen stehen Ihnen offen!

Merktechniken erleichtern das Lernen von widerspenstigem Faktenwissen, das sinnlos an den Dingen klebt, aber das gewusst werden will. Ohne das besteht nicht die geringste Chance auf die Fernseh-Million, das Diplom und die Karriere im Berufsleben.
Gleichzeitig wird Lernen von immer mehr Menschen verweigert – mit dem Ergebnis massenhafter Blamagen im privaten TV-Programm. Und so genannte internationale Schulleistungsuntersuchungen (kurz PISA) drohen damit, dass – wissenschaftlich belegt – alle Bildungs- und Intelligenzkurven nach unten abbiegen. Argumente gegen den Bildungsdruck sind immer dieselben: „Ich könnte, wenn ich wollte." Heißt übersetzt: Ich habe keine Lust! Oder: Warum sollte ich mir das in den Schädel prügeln? Jugendliche hoffen immer häufiger auf die Abkürzung ohne Ausbildung: Singend und springend zum Star werden ist das Lotto der jungen Generationen geworden.
Das könnte alles anders sein!
Merktechniken sind mehr als ein paar Denkgeräte, die den Kopf durch die Prüfung schleusen. Wer sich damit befasst, der verändert sich vom einen bis zum anderen Ohr. „Wissen Sie schon oder denken Sie noch?" Merktechniken beweisen, dass jeder Kopf viel mehr kann, als er denkt! Merktechniken machen Mut, neue Dinge zu tun. Sie machen selbstbewusst und offen: Das kann ich mir einfach alles merken! Und

die bestandene Prüfung macht obendrein stolz. Die Spirale beginnt sich nach oben zu schrauben.

Albert Einstein wird ein fatales Zitat zugeschrieben: „Zwei Dinge sind unendlich: das All und die menschliche Dummheit." Er soll hinzugefügt haben: „Beim All bin ich mir nicht ganz sicher." Einstein zu widersprechen ist heikel. Trotzdem hätte er besser sagen sollen: „Das All und der menschliche Geist sind unendlich!"

Aber das geht nicht von selbst: Wer nicht anders denkt, denkt gar nicht! Oder mit den Worten des irischen Schriftstellers George Bernard Shaw: „Was wir brauchen, sind ein paar verrückte Leute, seht Euch an, wohin uns die Normalen gebracht haben."

Drehen Sie Ihren Kopf um 360 Grad und noch ein Stückchen weiter. Sie haben gelesen – und hoffentlich auch am eigenen Schädel erfahren –, dass einfach mehr mit dem Hirn zu machen ist, als auf der täglichen dumpfen TV- und Internetwelle zu surfen. Viel mehr! Mit mehr Spaß! Mit Kreativität! Und so vielen anderen Dingen mehr …

Nur eins kann ich noch hinzufügen: Sie haben die Spitze des Eisbergs erreicht. Unter der Wasseroberfläche geht es noch viel weiter. Und lernen Sie bitte keine Telefonbücher auswendig!

„Achte auf deine Gedanken – sie sind der Anfang deiner Taten."

(Chinesisches Sprichwort)

Anhang: Wo gehts weiter?

Wenn Sie mehr wollen, bitte sehr: Hier ist eine Sammlung von Informationen, wo und wie Sie weitermachen können, Ihre Merktechniken zu verbessern und anzuwenden. Ganz viel Futter für den Kopf!

Links – Informationen im Netz

allgemeinbildung.ch (http://www.allgemeinbildung.ch): Mehrere tausend Online-Übungen und Arbeitsmaterialien zu vielen Wissensgebieten.

Chinesisch-Trainer (http://www.chinesisch-trainer.de): Kostenloses Lernprogramm für Schriftzeichen sowie eine Liste mit den häufigsten 500 Zeichen inklusive ausführlicher Beschreibung.

denkreich Blog (http://denkreich.wordpress.com/): Aktuelle Nachrichten und Beiträge des Autors rund um das Thema Gedächtnistraining.

denkreich Videos (http://www.youtube.com/user/denkreich): Videos des Autors über das Merken, Lernen und Wissen.

GEO Wissenstests (http://www.geo.de/GEO/interaktiv/wissenstests/): Probieren Sie aus, was Sie alles im Kopf haben, oder nutzen Sie die Fragen, um die gelernten Merktechniken zu benutzen.

Memo-Masters – Deutsche Gedächtnismeisterschaften (http://www.memomasters.de): Größter deutscher Merkwettbewerb mit umfangreichem Begleitprogramm.

Weltrekorde für Gedächtnis und Kopfrechnen (http://www.record-holders.org/de/list/memory.html): Informationen über Merk-Disziplinen und Rekordhalter.

Bücher

Ankowitsch, Christian: Dr. Ankowitschs Kleines Universal-Handbuch. Für alle, die nicht mehr wissen, was sie noch lernen können.

Bertelsmann Lexikon Verlag: Ich sag Dir alles. Umfangreiches Faktenwissen in Höchstform (massenhaft Tabellen, Listen und Zeittafeln).

Edwards, Betty: Garantiert zeichnen lernen. Das Geheimnis der rechten Hirn-Hemisphäre und die Befreiung unserer schöpferischen Gestaltungskräfte. Die Autorin stellt sämtliche Vorstellungen davon, wie man richtig gut zeichnen lernt, völlig auf den Kopf.

Gladwell, Malcom: Blink! Die Macht des Moments. Ein spannendes Buch über die Intuition der ersten zwei Sekunden.

Halpern, Sue: Memory! Neues über unser Gedächtnis. Ein unterhaltsamer Streifzug durch den Kopf und die Hirnforschung.

Oppolzer, Ursula: Verflixt, das darf ich nicht vergessen. Band 1 bis 3. Fitnesstraining für die grauen Zellen.

Price, Jill: Die Frau, die nichts vergessen kann: Leben mit einem einzigartigen Gedächtnis. Falls Sie mal wieder etwas vergessen haben!

Spitzer, Manfred: Nervenkitzel. Neue Geschichten vom Gehirn. Wissenschaftliche Forschung unterhaltsam und verständlich beschrieben.

Register